"十二五"职业教育国家规划教材

经全国职业教育教材审定委员会审定

汽车发动机电控系统故障诊断与检修

主　编　朱建勇　郑烨珺

参　编　朱郁华　李金欣　王　杰

机械工业出版社
CHINA MACHINE PRESS

本书是经全国职业教育教材审定委员会审定的"十二五"职业教育国家规划教材，是根据教育部最新公布的职业学校汽车类专业教学标准，同时参考汽车维修工职业资格标准编写的。

本书共包含六个项目，项目一对汽油机电控系统的发展、优点、功能和检测设备进行了介绍；项目二详细介绍了电控发动机各系统的常规检查及维护方法；项目三~项目六对电控发动机各系统的工作原理、各重要零部件的结构及工作原理作了详细的讲授，并通过任务使学生掌握各系统传感器和执行器的检测方法。

本书可作为职业教育汽车类专业教材，也可作为汽车类岗位培训教材。

为便于教学，本书配套有电子课件等教学资源，选择本书作为教材的教师可来电（010-88379865）索取，或登录 www.cmpedu.com 网站，注册、免费下载。

图书在版编目（CIP）数据

汽车发动机电控系统故障诊断与检修/朱建勇，郑烨珺主编. —北京：机械工业出版社，2015.9（2025.1重印）

"十二五"职业教育国家规划教材

ISBN 978-7-111-50578-5

Ⅰ.①汽… Ⅱ.①朱…②郑… Ⅲ.①汽车-发动机-电子系统-控制系统-故障诊断-职业教育-教材②汽车-发动机-电子系统-控制系统-检修-职业教育-教材 Ⅳ.①U472.43

中国版本图书馆 CIP 数据核字（2015）第136391号

机械工业出版社（北京市百万庄大街22号　邮政编码100037）
策划编辑：曹新宇　　责任编辑：于志伟
责任校对：佟瑞鑫　　封面设计：张　静
责任印制：常天培
北京机工印刷厂有限公司印刷
2025年1月第1版第9次印刷
184mm×260mm · 16.5印张 · 407千字
标准书号：ISBN 978-7-111-50578-5
定价：49.80元

电话服务　　　　　　　　网络服务
客服电话：010-88361066　　机 工 官 网：www.cmpbook.com
　　　　　010-88379833　　机 工 官 博：weibo.com/cmp1952
　　　　　010-68326294　　金 书 网：www.golden-book.com
封底无防伪标均为盗版　　机工教育服务网：www.cmpedu.com

前 言

本书是根据教育部《关于中等职业教育专业技能课教材选题立项的函》(教职成司[2012] 95 号),由全国机械职业教育教学指导委员会和机械工业出版社联合组织编写的"十二五"职业教育国家规划教材,是根据教育部最新公布的职业教育汽车类专业教学标准,同时参考汽车维修工职业资格标准编写的。

本书共六个项目,20 个任务,主要内容包括汽油机电控燃油喷射系统的认知、电控燃油喷射系统的组成及控制内容、空气供给系统的故障诊断与检修、燃油供给系统的故障诊断与检修、电控点火系统的故障诊断与检修、辅助控制系统的故障诊断与检修。同时,书中还提供了学习中所需车型的相关技术资料。

本书每个任务均由"学习目标""任务呈现""知识储备""任务实施""任务评价""任务拓展""课后测评"组成。其中,"学习目标"明确学生在本任务中需掌握的知识或技能;"任务呈现"选取了有教学价值的真实故障;"知识储备"详细提供了读者完成任务所需的相关知识;"任务拓展"则提供了举一反三的练习或其他知识补充,部分任务还有"任务解析","任务解析"根据不同任务和不同车辆进行分析。同时,项目一、项目二以感性认知和掌握常规维护为主;项目三至项目六则深入介绍各系统的传感器和执行器的检测。如此设置既符合学生由浅入深、由感性到理性的学习规律,也能为不同层次的读者提供恰当的帮助。

本书由日照市技师学院朱建勇、上海大众工业学校郑烨珺主编,上海大众工业学校朱郁华,日照市技师学院李金欣、王杰参加编写。其中,朱建勇、李金欣、王杰合作编写项目三、项目四、项目五、项目六,郑烨珺、朱郁华合作编写项目一、项目二。

本书在编写过程中参考了国内同行和汽车生产厂家的大量文献资料,在此谨向这些文献的作者和厂家表示衷心的感谢。同时,感谢上海大众工业学校严杏鹏、潍坊瑞德汽车销售服务有限公司销售总监封磊、日照市技师学院技能大赛选手韩秀伟、杨洋的支持和帮助。本书经全国职业教育教材审定委员会审定,评审专家对本书提出宝贵的建议,在此对他们表示衷心的感谢!

由于编者水平有限,在编写中难免有不妥和疏漏之处,恳请广大读者批评指正。

编 者

目 录

前言

项目一　汽油机电控燃油喷射系统的认知 ·· 1
　任务一　了解汽油机电控燃油喷射系统的发展及特点 ································· 1
　任务二　了解发动机诊断常用的检测仪器和设备使用 ································· 13

项目二　电控燃油喷射系统的组成及控制内容 ·· 22
　任务一　发动机电子控制系统的维护 ·· 22
　任务二　空气供给系统的维护 ··· 33
　任务三　燃油供给系统的维护 ··· 43
　任务四　点火系统的维护 ··· 53

项目三　空气供给系统的故障诊断与检修 ··· 65
　任务一　空气流量传感器的故障诊断与检修 ··· 65
　任务二　进气歧管绝对压力传感器的故障诊断与检修 ······························· 80
　任务三　节气门位置传感器的故障诊断与检修 ·· 91
　任务四　温度传感器的故障诊断与检修 ··· 106
　任务五　怠速控制系统的故障诊断与检修 ·· 122

项目四　燃油供给系统的故障诊断与检修 ··· 136
　任务一　喷油器的故障诊断与检修 ··· 136
　任务二　氧传感器和空燃比传感器的故障诊断与检修 ······························· 153

项目五　电控点火系统的故障诊断与检修 ··· 170
　任务一　曲轴位置传感器的故障诊断与检修 ··· 170
　任务二　凸轮轴位置传感器的故障诊断与检修 ·· 186
　任务三　点火线圈的故障诊断与检修 ·· 193
　任务四　电子控制点火提前角的故障诊断与检修 ····································· 207

项目六　辅助控制系统的故障诊断与检修 ··· 221
　任务一　燃油蒸发排放控制系统的故障诊断与检修 ·································· 221
　任务二　可变配气相位控制系统的故障诊断与检修 ·································· 233
　任务三　可变进气系统的故障诊断与检修 ·· 244

附录　2013 款科鲁兹轿车维修手册部分电路图 ·· 254
参考文献 ·· 259

项目一

汽油机电控燃油喷射系统的认知

项目描述

发动机电控系统发展的每个阶段都有自身的特点和不同的系统组成，了解发动机电控系统的发展能帮助维修人员更深入地理解先进电控系统的技术来源。同时，能够识别电控发动机的种类，根据不同的故障选择合适的维修工具，是各类维修人员必须要掌握的技能和必须要做的工作。

任务一　了解汽油机电控燃油喷射系统的发展及特点

学习目标

1. 能准确讲述发动机电控系统的发展。
2. 能准确讲述发动机电控系统的特点。
3. 能识别电控发动机的种类和电控元件。

任务呈现

一辆2013款1.6L自动档科鲁兹轿车到店，请对车辆及发动机系统进行识别，并对发动机电控系统重要元器件进行安装确认。

知识储备

一、汽车发动机电控系统发展概况

早在20世纪60年代，由于工业发达国家汽车拥有量的增加，汽车排放对大气的污染已相当严重。为此，美国、德国和日本等工业发达国家先后制订了严格的汽车排放法规，用以限制汽车尾气排放中 CO、HC、NO$_x$ 等有害物质的排放量。到了 20 世纪 70 年代中期，工业发达国家又受到两次能源短缺危机的冲击，又开始相继制订油耗法规。由于这两个法规的要求，迫使化油器式、机械点火系统必须进行技术改进，以便减少有害物质的排放量和节约燃油，否则，发动机将难以达到法规要求。

在 20 世纪 60 年代后期，电子工业的发展带动了汽车工业的发展。单片微型计算机产生后，广泛应用在汽车上。1967 年，德国博世公司研制成功了 K-Jetronic 机械式汽油喷射系统。1982 年，博世公司又推出 KE-Jetronic 机电结合式汽油喷射系统，该系统大量运用于奔驰级奥迪轿车上。

1967 年，博世公司研制 D 型 EFI 系统，就是利用进气歧管绝对压力信号和模拟计算机来控制空燃比，并装备在奔驰 280SE 轿车上，使汽车的排放首先达到了美国加州的排放标准。

1973 年，博世公司又改进发展成 L 型 EFI 系统，L 型系统是利用叶片式空气流量传感器直接测量进气管内的进气量，大大提高了进气量检测精度。

1973 年，美国通用汽车公司又改进了发动机点火技术，使用了集成电路 IC 式点火控制器。而在 1976 年，美国克莱斯勒公司生产的汽车开始使用微机控制点火系统。1977 年，美国通用汽车公司也开始采用微机控制点火系统。

1977 年，美国福特公司和日本东芝公司开发出同时控制点火时刻、废气再循环和二次空气喷射的 EEC 系统。1978 年，福特公司在 EEC 系统的基础上又改进成 EEC-Ⅱ系统，1979 年又改进成 EEC-Ⅲ系统，20 世纪 80 年代又改进成 EEC-Ⅳ系统。

而在 1979 年，博世公司又在 L 型 EFI 的基础上，研制出将点火控制和燃油喷射控制组合在一起的数字式燃油喷射系统，成为广泛采用的 Motronic-Jetronic 系统。

在 1979 年和 1980 年，日本日产汽车公司和丰田汽车公司又研制成 ECCS 和 TCCS 系统，这两大系统都是综合控制点火、空燃比、急速、爆燃和废气再循环。

1981 年，博世公司又在 L 型的基础上，改进而成 LH-EFI 系统。该系统用热线式空气流量传感器取代了叶片式空气流量传感器，取名为 LH—Jetronic 系统，使进气量的测量更为精确。

二、发动机电子控制的优点

1. 更精确的燃油喷射和点火正时

采用化油器时，由于各缸进气情况不同，造成实际冲入的混合气空燃比不均匀。为了照顾最差的气缸，不得不多供油，结果使燃油消耗上升。在点火方面，电控系统可以提供更理想的点火时刻和点火能量，即点火时刻更靠近 MBT，其精度远非机械离心式与真空式提前角可比，如图 1-1 所示。

2. 更高质量的燃油雾化与汽化

这是由于喷油嘴的压力较高，特别是采用直喷技术的电控发动机（图 1-2），更有利于燃油雾化、喷油精准，从而提高了燃烧效率和减少排放。而涡轮增压则可以通过提高充气效率提升发动机动力，好处就是在同等动力的情况下相对大排量发动机较轻而且节省发动机舱空间，车用涡轮增压与缸内直喷最早是用于柴油机上的。近年来出现很多涡轮增压与缸内直喷的汽车，在节能减排方面是相当有优势的。

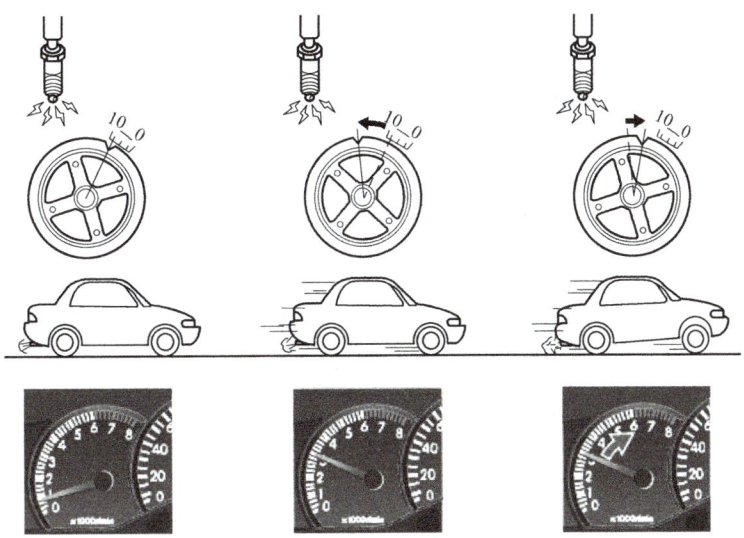

图1-1 更精确的点火正时

3. 更完善的燃油经济性

采用电控系统之后,不需要考虑油滴的汽化,所以进排气可以分开布置在发动机的两侧,而不需要加热进气管。于是,进气密度加大了,相应的气缸充气量也提高了。同时,进气管的设计优化充分考虑了气流流动的因素(图1-3),可以使用谐振进气管、VVT等技术,使充气量大大增加。

4. 更精确的空燃比控制

因为采用了诸如氧传感器(图1-4)等电控元件,使得空燃比控制更精确,可以得到更加理想的混合气。电控不仅可以保证流量变化时的空燃比维持在理想状态下不变,还可在工况或者环境条件变化时及时提供随之变化的空燃比,这是化油器不能达到的。

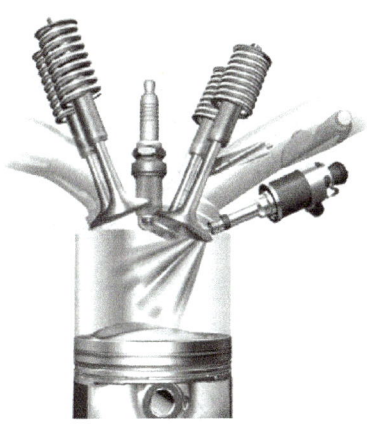

图1-2 汽油直喷技术

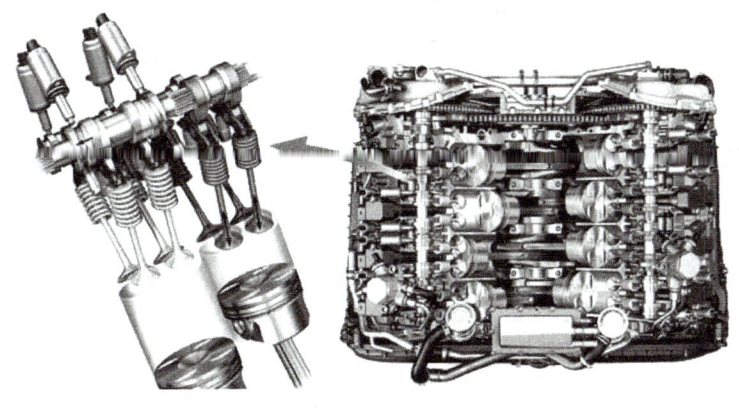

图1-3 先进的进气技术

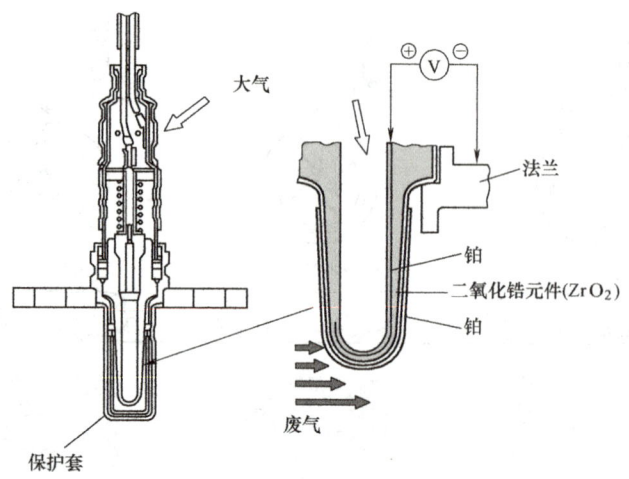

图 1-4 氧传感器

5. 更低的排放

空燃比是影响排放的最大因素，电控车采用氧传感器后使得喷油量更加精确，无论是在急速工况还是在行驶工况下都改善了排放。

此外，电控发动机还采用专门的排放控制措施，如 EGR、燃油蒸汽净化、二次空气喷射等使排放改善很多。

三、电控发动机的分类

1. 按喷油器的安装部位分类

（1）单点燃油喷射系统　单点燃油喷射系统（图 1-5a），简称 SPI，是在节气门体上安装一个或两个喷油器（图 1-5b），向进气歧管中喷射燃油。这种燃油喷射系统对混合气的控制精度比较低，各个气缸混合气的均匀性也比较差。

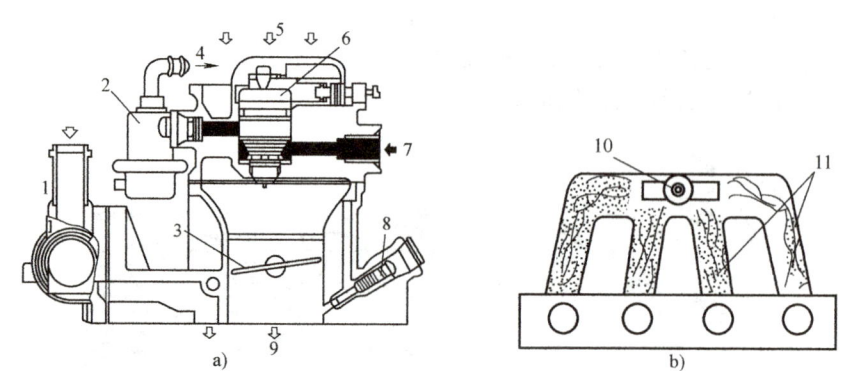

图 1-5　单点燃油喷射系统

a）单点燃油喷射系统　b）喷油器

1—空气阀　2—压力调节器　3—节气门　4—通汽油箱　5—自空气滤清器来的空气
6—喷油器　7—来自电动汽油泵　8—调节螺钉　9—通往发动机
10—节气门上带有喷油器　11—混合气

（2）多点燃油喷射系统　多点燃油喷射系统（图 1-6），简称 MPI，是在每缸均装有一只喷油器（安装在各缸进气门前），因而能保证各缸之间混合气浓度的一致性，由于该系统进气道仅仅通过空气，而空气的流动性要比燃油颗粒的流动性好，因而进气管可以自由设计，满足发动机的负荷的要求，以求获得较大的转矩和功率。相比之下，多点燃油喷射系统比单点燃油喷射系统的控制精度要好得多。

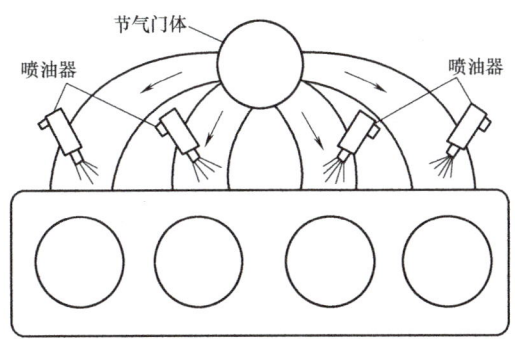

图 1-6　多点燃油喷射系统

2. 按喷射类型分类

（1）同时喷射系统　同时喷射系统（图 1-7）是指发动机在运行期间，各缸喷油器同时开启，同时关闭。通常将一次燃烧所需要的汽油量按发动机每工作循环分两次进行喷射，即曲轴转一圈，喷油器喷射一次燃油。所有喷油器受同一个喷油信号控制打开或关闭。

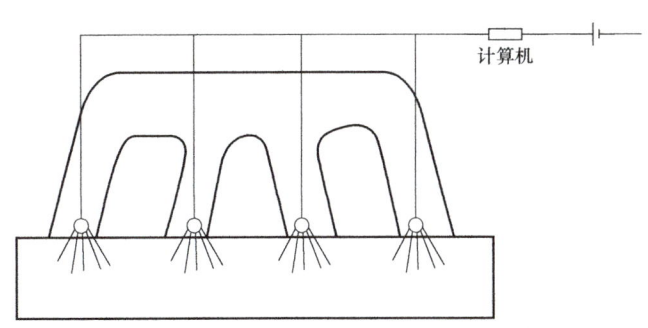

图 1-7　同时喷射系统

（2）分组喷射系统　分组喷射系统（图 1-8）是将喷油器按发动机的每个工作循环分成若干组交替地进行喷射。

（3）顺序喷射系统　顺序喷射系统（图 1-9）是指喷油器按发动机的工作顺序进行喷射，现在绝大部分的车型都使用这种喷射系统。

相比之下，由于顺序喷射方式在最佳的喷油时间向各缸喷射汽油，所以有利于改善发动机的燃油经济性。但要求系统对喷油的气缸进行识别，同时要求喷油器驱动回路与气缸的数目相同，故控制方式比较复杂。目前，绝大部分车型都适用于燃油顺序喷射系统。

3. 按电子控制系统的控制模式分类

在电控燃油喷射系统中，按电子控制系统的控制模式进行分类，可将发动机分为开环控

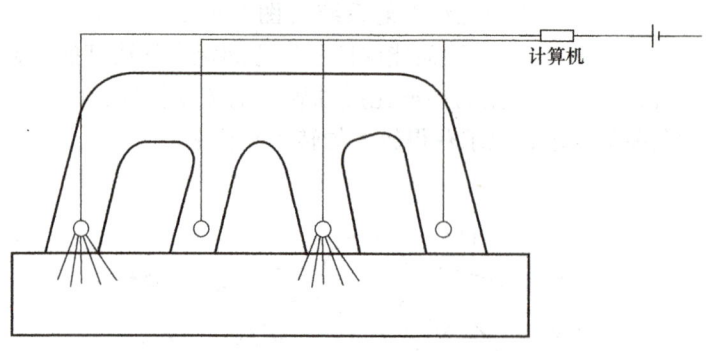

图1-8 分组喷射系统

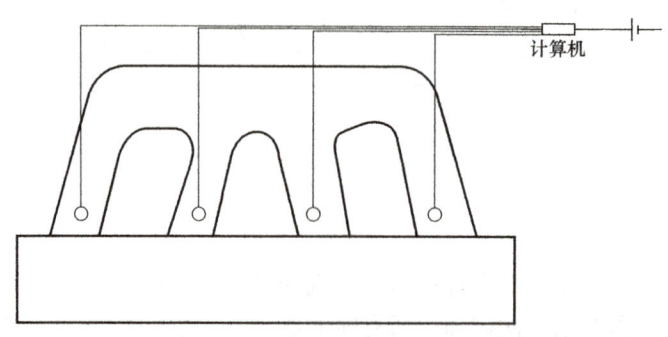

图1-9 顺序喷射系统

制和闭环控制两种类型。

(1) 开环控制 开环控制(图1-10)是根据实验确定的发动机的各种运行工况所对应的最佳供油量的数据事先存入计算机中,发动机在实际运行过程中,主要是根据各个传感器的输入信号,判断发动机所处的运行工况,然后ECU会计算出最佳的供油量,并发出控制信号。

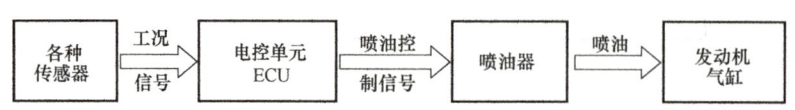

图1-10 开环控制

由于开环控制系统只受发动机的运行工况参数的控制,且按事先设定在计算机中的试验数据流工作,其控制精度直接依赖于所设定的基准数据的精度和电磁喷油器的调整标定的精度。但当喷油器性能或环境发生变化时,混合气就不能正确保持在原预定的空燃比值上。因此,它对发动机的控制系统的各个组成部分的控制精度要求高,并且系统本身抗干扰能力差,而且当使用工况超出预定范围时,就不能实现最佳控制。

(2) 闭环控制 闭环控制(图1-11)是在排气管上加装了氧传感器,可根据排气中的含氧量的变化,测出吸入发动机燃烧室内的混合气的空燃比值,并把它输入到计算机中再与

项目一 汽油机电控燃油喷射系统的认知

设定的目标空燃比值进行比较，再驱动电磁喷油器喷油，使空燃比保持在设定目标值附近。因此，闭环控制可达到较高的空燃比控制精度，稳定性好，抗干扰性能好。

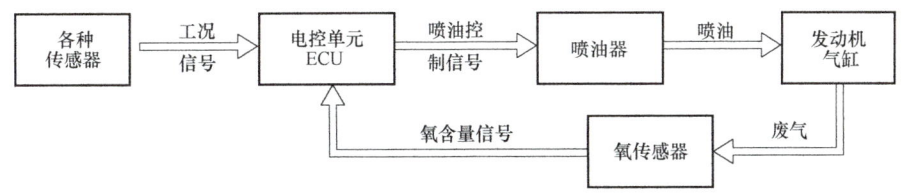

图1-11 闭环控制

任务实施

任务解析 科鲁兹轿车介绍

科鲁兹（CRUZE）轿车，如图1-12所示，是通用汽车整合优势资源开发的全球战略车型，是通用汽车公司"全球共享零部件供应，全球共享产品平台"战略的具体体现，是通用全球产品转型的重要组成部分，也是上海通用汽车公司又一款"绿动未来"的重量级产品。

图1-12 科鲁兹轿车

通用全球共享Delta平台，是最新一代紧凑型平台，是通用汽车公司紧凑级车型的最新全球战略平台，始于2005年，在位于德国法兰克福Russelsheim的通用欧洲研发中心，由欧宝主导研发。自2009年起，全新Delta平台将全面替代通用原有的T、J、Z三大平台，成为真正的紧凑车型的全球平台。

该车型于2009年4月在中国上市销售，它达到世界一流品质，拥有年轻动感的造型设计和运动风格的动力操控性能，展现出雪佛兰全新的设计理念。

1）确认整车型号、车辆识别代码、发动机代号。科鲁兹轿车车型号、车辆识别代码位于副驾驶座侧车门处，发动机代码位于发动机与变速器结合部位，如图1-13，图1-14所示。

图1-13　整车型号、车辆识别代码

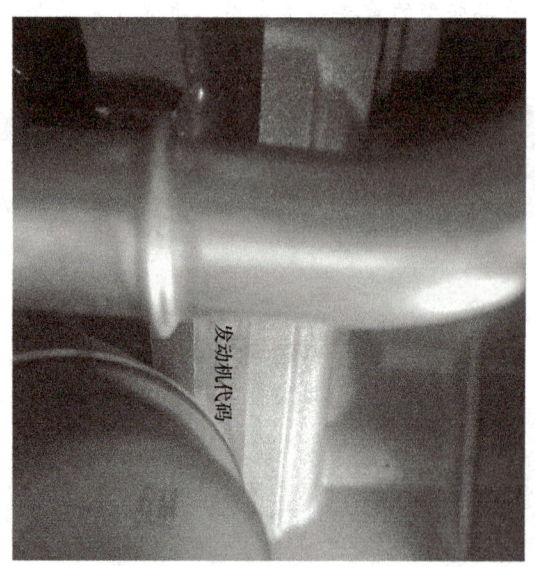

图1-14　发动机代码

2）确认ECU安装位置，科鲁兹轿车ECU安装位置位于蓄电池左侧，如图1-15所示。

3）确认点火类型及点火模块安装位置。科鲁兹轿车点火模块安装于发动机顶部，采用独立点火形式，如图1-16所示。

4）确认喷油类型和喷油器安装位置。科鲁兹轿车采用顺序喷油，喷油器安装在进气歧管上部，将燃油喷射在进气门前部，如图1-17所示。

项目一　汽油机电控燃油喷射系统的认知

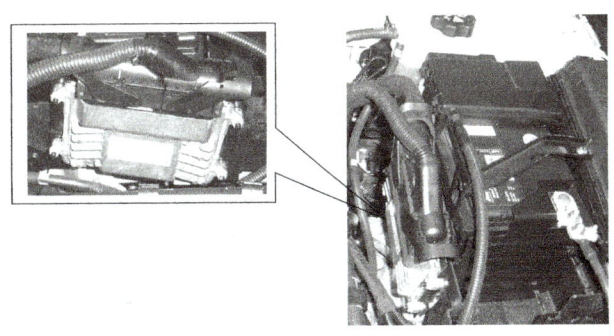

图 1-15　ECU 安装位置

图 1-16　点火模块安装位置

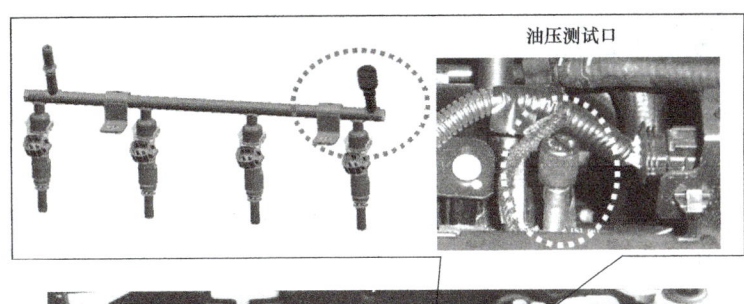

图 1-17　喷油器及油压测试口

5）确认进气系统类别。科鲁兹轿车采用可变进气歧管技术，如图1-18所示。

图1-18　可变进气歧管真空阀

6）确认氧传感器安装位置。科鲁兹轿车采用前后氧传感器，如图1-19所示。

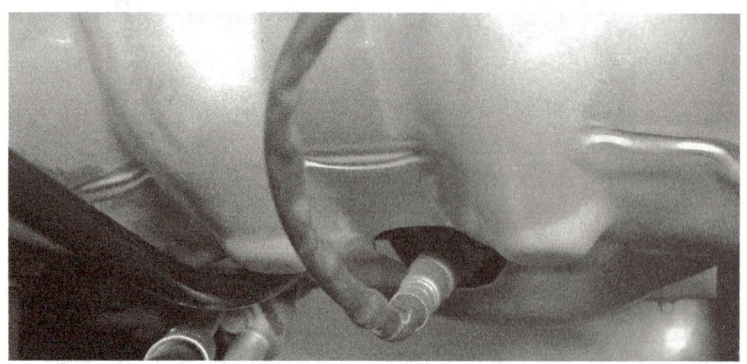

图1-19　前氧传感器

7）确认空气流量传感器安装位置。空气流量传感器安装于空气滤清器后部，节气门体前部，如图1-20所示。

图1-20　空气流量传感器

任务评价

表 1-1　任务评价表

任务名称	空气流量传感器的故障诊断与检修		姓名		日期	
序　号	评 价 内 容		要　求	分值	自评	互评
1	讲述发动机电控系统的发展		表达清楚准确	20		
2	讲述发动机电控系统的优点		表达清楚准确	20		
3	讲述电控发动机的分类		表达清楚准确，思路清晰	20		
4	识别科鲁兹电控发动机类别及重要部件		思路清晰，操作规范	20		
5	操作过程 5S 管理		工具摆放，场地整理按 5S 要求	20		
6	总分					
教师评语						

任务拓展

以一汽丰田 2010 款卡罗拉发动机为例，利用课上时间进行电控发动机识别，并完成工单。

1）确认整车型号、车辆识别代码发动机型号，并填写表 1-2。

表 1-2　车辆信息表

整 车 型 号	
车辆识别代码	
发动机型号	

2）确认 ECU 安装位置，并填写表 1-3。

表 1-3　ECU 安装位置表

元 件 名 称	是 否 装 备	安 装 位 置
ECU		

3）确认点火类型及点火模块安装位置，并填写表 1-4。

表 1-4　点火类型及点火模块安装位置表

元 件 名 称	点 火 类 型	安 装 位 置
点火模块		

4）确认喷油类型和喷油器安装位置，并填写表1-5。

表1-5 喷油类型和喷油器安装位置表

元件名称	喷射类型	安装位置
喷油器		

5）确认进气系统类别，并填写表1-6。

表1-6 进气系统类别表

元件名称	是否装备	安装位置
可变歧管技术		

6）确认氧传感器安装位置，并填写表1-7。

表1-7 氧传感器安装位置表

元件名称	是否装备	安装位置
氧传感器		

7）确认空气流量传感器安装位置，并填写表1-8。

表1-8 空气流量传感器安装位置

元件名称	是否装备	安装位置
空气流量传感器		

课后测评

一、判断题

1. 由于结构简单，成本低廉，轿车普遍采用单点燃油喷射系统。（   ）
2. 电控系统的发展主要是为满足燃油排放的要求。（   ）
3. 由于德国博世公司，所以该公司生产的系统只安装在德系车上。（   ）
4. 科鲁兹轿车上安装了空气流量传感器，所以就不需要安装进气歧管压力传感器。
（   ）

二、简答题

1. 画出燃油闭环系统控制模式。

2. 当代轿车普遍采用什么形式的喷射类型？为什么？

项目一 汽油机电控燃油喷射系统的认知

任务二　　了解发动机诊断常用的检测仪器和设备使用

学习目标

1. 能准确讲述各检测设备的作用及使用场合。
2. 能根据实际情况选择合适的检测设备。
3. 能准确使用检测设备对电控发动机进行检测。

任务呈现

一辆 2013 款 1.6L 自动档科鲁兹轿车到店，请用检测工具对该车发动机电控系统进行检查。

知识储备

一、跨接线

一般常见的跨接线有两种，一种是鳄鱼夹式，另一种是测试针式，如图 1-21 所示。
在使用过程中必须注意以下事项：
1）跨接时必须确认电器元件的工作电压相同。
2）绝对禁止错误地将电源与接地跨接。

二、测试灯

如图 1-22 所示，用两个 LED 灯和一个 330Ω 的电阻器组成一个测试灯，它的作用是检测系统和元器件的工作电源电压。将测试灯一端接地，另一端接电器部件电源，如测试灯亮，证明电源正常，如测试灯不亮，证明出现故障。

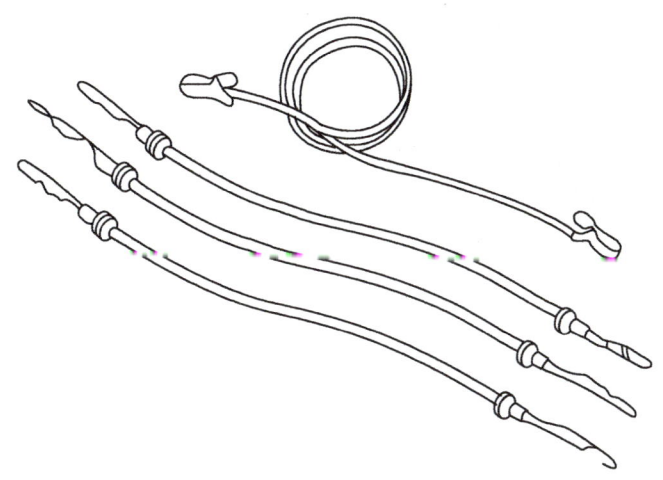

图 1-21　跨接线

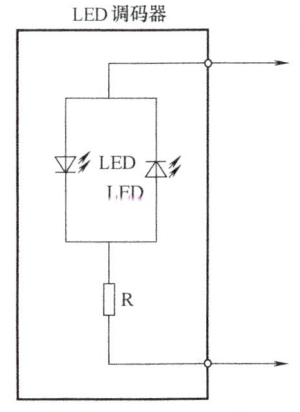

图 1-22　测试灯

三、万用表

一般万用表都具备电压、电流、电阻、电容、晶体管和二极管的测试功能，有些万用表在前几个功能的基础上增加了一些功能，如测试转速、频率和温度等。虽然后者功能增加，但常用的测试功能有两项，一是电压测试，二是电阻测试。

如图1-23所示的配线有断路故障，可用万用表采用"检查导通"或"检查电压"的方法确定断路的部位。

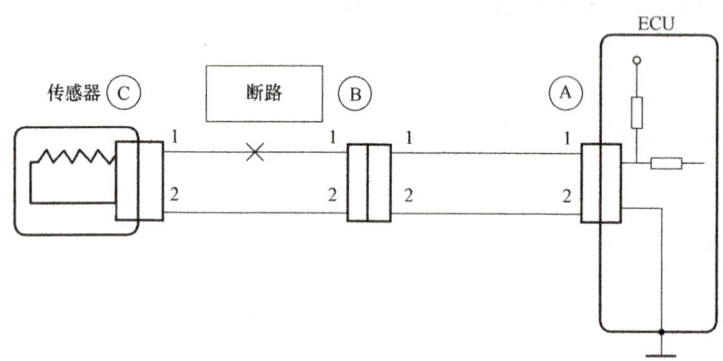

图1-23 线路断路

1."检查导通"方法

1）脱开插接器A和C，测量它们之间的电阻值（图1-24）。若插接器A端子1与插接器C端子1之间的电阻值为无穷大，则表明它们之间存在断路。

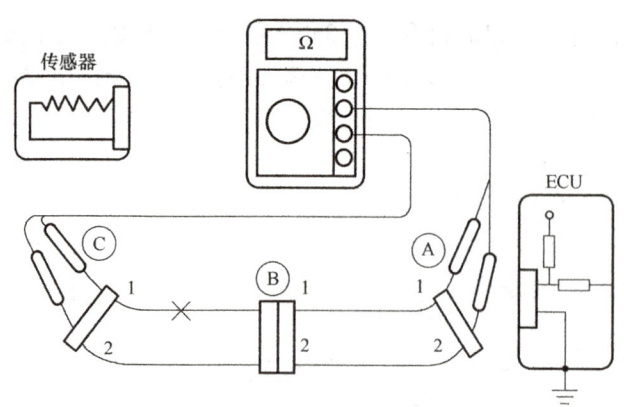

图1-24 电阻法检查断路

若插接器A端子2与插接器C端子2之间的电阻值为0，则表明它们之间导通。

2）脱开插接器B，测量插接器A与B、B与C之间的电阻值，若插接器A端子1与插接器B端子1之间的电阻值为0，而插接器B端子1与插接器C端子1之间的电阻为无穷大，则插接器A端子1与插接器B端子1之间导通，而插接器B端子1与插接器C端子1之间有断路故障。

2. "检查电压"方法

在微机插接器端子加有电压的电路中,可以用"检查电压"的方法来检查断路故障。在各插接器接通的情况下,微机输出端子电压为5V的电路中,如果依次测量插接器A端子1、插接器B端子1和插接器C端子1与车身(搭铁)之间的电压,测得的电压值分别为5V、5V和0V,则可以判定:在B端子口与C端子1之间的配线有断路故障,如图1-25所示。

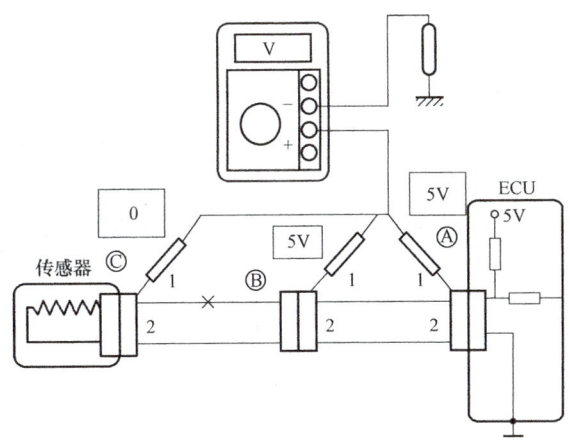

图1-25 电压法检查断路

3. 短路检查法

如果配线短路,可通过检查配线与车身(或搭铁线)是否导通来判断短路部位,如图1-26所示。

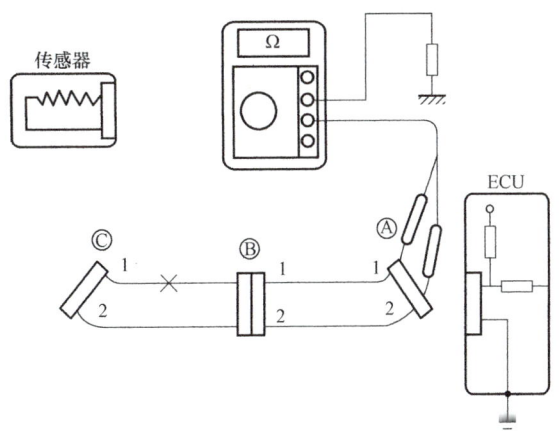

图1-26 短路检查

1)脱开插接器A和C,测量插接器A端子1和端子2与车身之间的电阻值。如果测得的电阻值分别为0和无穷大,可判定插接器A端子1与插接器C端子1的配线与车身之间有短路故障。

2)脱开插接器B,分别测量插接器A端子1和插接器C端子1与车身(或搭铁线)之间的电阻值。如果测得的电阻值分别为无穷大和 0，则可判定：插接器 B 端子 1 与插接器 C 端子 1 之间的配线与车身之间有短路故障。

四、电脑检测仪

电脑检测仪又称为电脑解码器，如图 1-27 所示，是用于检测电喷发动机控制系统电脑及控制系统的常用仪器。电脑检测仪种类很多，目前常见的主要有两类：一类是专用型电脑检测仪，另一类是通用型电脑检测仪。

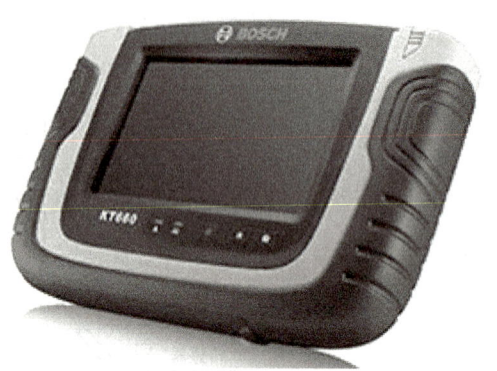

图 1-27　电脑检测仪

1. 电脑检测仪的分类

专用型电脑检测仪又可分为两种，一种是汽车制造厂家针对自己生产的汽车而设计制造的专用汽车电脑检测仪，不可用于其他汽车制造厂生产的汽车；另一种是由电喷发动机专用生产厂针对自己生产的电喷发动机控制系统设计制造的专用电脑检测仪，它可用于检测所有装配该发动机的汽车。

通用型电脑检测仪是由一些汽车维修设备专用厂（或公司）设计制造的，可检测不同厂家生产的汽车。

2. 电脑检测仪的功能

电脑检测仪的功能可分为基本测试功能和特殊测试功能。基本测试功能为读取和清除故障码。特殊测试功能包括：动、静态数据流测试，执行元件测试，基本设定和控制单元编码等，具体如下：

1）读取故障码。
2）消除故障码。
3）动态数据流测试。
4）静态数据流测试。
5）执行元件测试。
6）基本设定。
7）控制单元的编码。
8）音响解码功能。

五、汽车专用示波器

汽车专用示波器种类较多，基本组成如图 1-28 所示，主要由诊断模块、测试主机、存储卡、外接电源线、热启动开关、主电源开关、串行接口、外部电源接口和测试线缆等组成。

汽车专用示波器的主要功能就是对汽车电控系统中的模拟信号和数字信号进行波形显示，如图 1-29 所示。

项目一 汽油机电控燃油喷射系统的认知

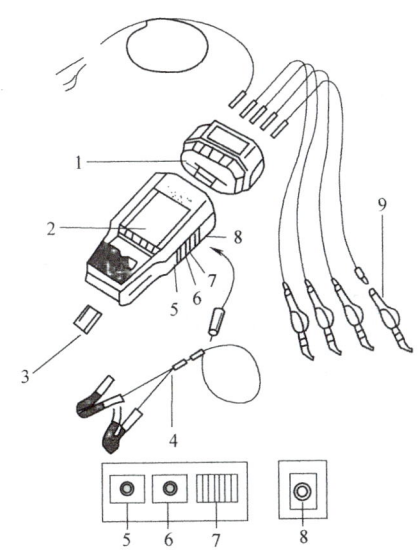

图1-28 典型示波器

1—诊断模块 2—测试主机 3—存储卡
4—外接电源线 5—热启动开关 6—电源开关
7—串行接口 8—外部电源接口 9—测试线缆

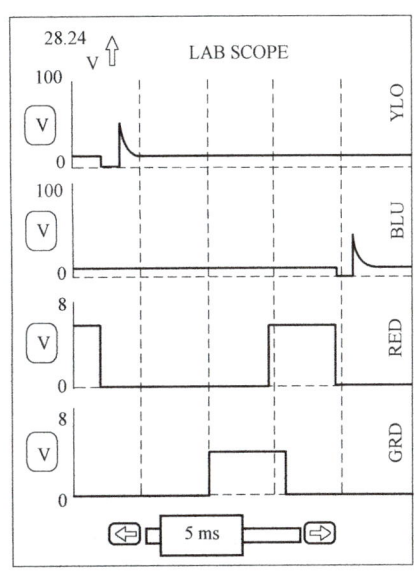

图1-29 数字波形

示波器使用十分方便,只要打开示波器电源开关,将示波器地线与汽车蓄电池负极连接,在汽车电控装置工作时,将示波器探头与被测电路连接,就可以从示波器屏幕上看到所测得的电信号波形。通过将波形与正常波形相比较,就可判定所测电信号有无异常。

任务实施

> **任务解析 金德KT600综合智能诊断仪介绍**
>
> KT600综合智能诊断仪是集多种功能于一体的新型诊断设备,包含了大多数原厂通信协议及控制器局域网(CAN)的通信协议,可扩充性强。配备CF卡,可扩充升级程序,实时保存诊断结果,并且带有精密的微型打印机,可实时打印诊断报告。
>
> 该设备可通过更换内置卡选择配置诊断系统或三通道示波器、五通道示波器。配备压力接头和温度探头后具有压力和温度测量功能,相当于四通道压力表和四通道温度表。

科鲁兹发动机电控系统的检测过程如下:

1) 用万用表检查蓄电池电压。万用表调至直流电压档12V,两表笔分别连接至蓄电池正负极端子,电压应在12V左右,如图1-30所示。

2) 万用表检查蓄电池负极端子至车身搭铁是否良好。万用表调至欧姆档,两表笔分别连接至蓄电池负极端子至发动机壳体,电阻应小于1Ω,如图1-31所示。

3) 使用金德KT600综合检测仪连接发动机ECU,检查ECU是否记录故障码,如图1-32所示。

图 1-30　用万用表检测电压

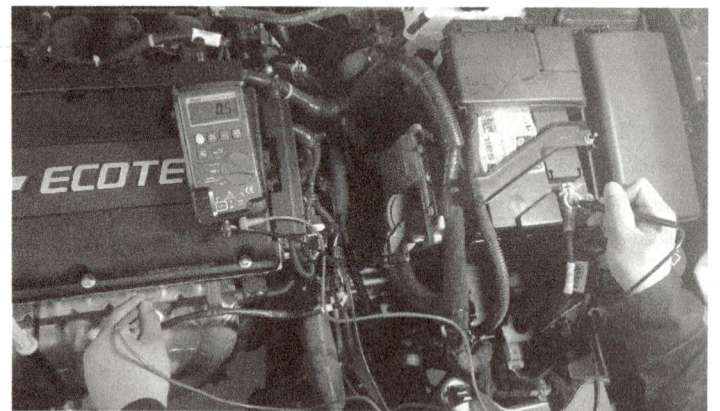

图 1-31　用万用表测量电阻

图 1-32　用检测仪读取故障码

4）读取发动机动态数据流，观察数据流是否异常，如图1-33所示。

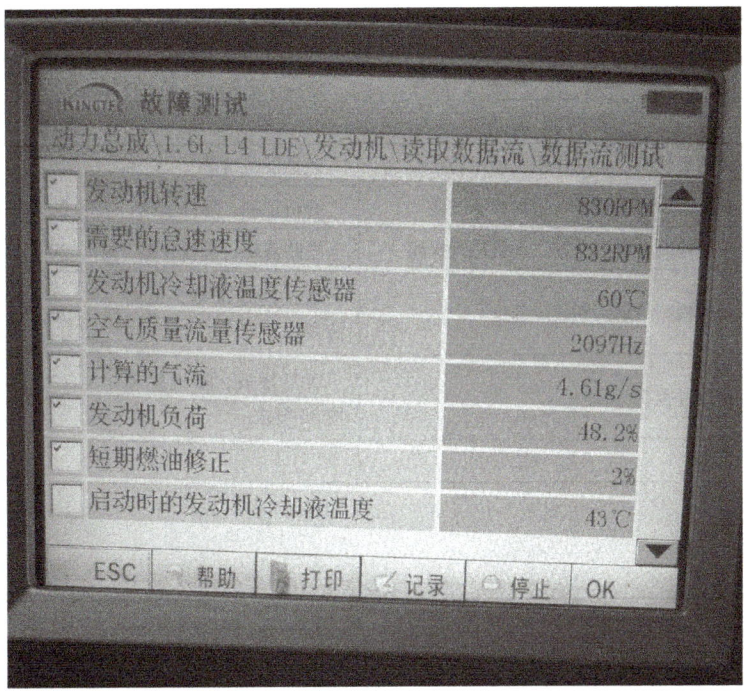

图1-33　用检测仪读取动态数据流

5）起动发动机，使用金德示波器读取空气流量传感器波形，并打印波形，如图1-34所示。

图1-34　准备读取空气流量传感器数据流

任务评价

表1-9 任务评价表

任务名称	空气流量传感器的故障诊断与检修		姓名		日期	
序 号	评 价 内 容		要 求	分值	自评	互评
1	讲述各检测设备的作用及使用场合		表达清楚准确	20		
2	根据实际情况选择合适的检测设备		分析正确，思路清晰	20		
3	使用检测设备对电控发动机进行检测		思路清晰，操作规范	20		
4	根据检测结果判断故障部位		表达清楚准确，思路清晰	20		
5	操作过程5S管理		工具摆放，场地整理按5S要求	20		
6	总分					
教师评语						

任务拓展

以一汽丰田2010款卡罗拉发动机为例，使用仪器，利用课上时间对发动机电控系统进行检查，并完成工单。

1）检查蓄电池电压，并填写表1-10。

表1-10 蓄电池电压检查表

仪器连接	条 件	检测电压
蓄电池正极至负极	始终	

2）检查蓄电池负极端子至车身搭铁是否良好，并填写表1-11。

表1-11 蓄电池搭铁连接检查表

仪器连接	条 件	检测电阻
蓄电池负极至车身	始终	

3）检查发动机故障码，并填写表1-12。

表1-12 发动机故障码表

仪器连接	条 件	故障码及含义
发动机诊断接口	点火开关"ON"位置	

4）读取数据流，填写表1-13。

项目一 汽油机电控燃油喷射系统的认知

表 1-13 数据流表

检测项目	动态数据	是否正常

5）读取并画出喷油器波形。

课后测评

一、判断题

1. 跨接线使用时注意不要将电源线与搭铁线直接跨接。（ ）
2. 专用诊断仪可以诊断绝大多数汽车生产厂家生产的汽车。（ ）
3. 因为电控系统中 ECU 接收信号，所以汽车传感器信号都为数字信号。（ ）
4. 由于检测方便快捷，结果明了，测试灯在发动机电控系统维修中经常使用。（ ）

二、简答题

1. 什么情况下适合使用示波器？

2. 什么情况下需使用诊断仪中的动态数据测试功能？

项目二

电控燃油喷射系统的组成及控制内容

项目描述

本项目详细介绍了电控发动机各系统的常规检查及维护方法，通过常规维护使读者对电控发动机的各主要系统的作用、组成、外观形状和重要零部件安装部位有一个感性的认识，并通过设置的相关任务使读者掌握电控系统的常规维护和检查方法。

任务一　发动机电子控制系统的维护

学习目标

1. 能准确讲述发动机电控系统的组成及功能。
2. 能准确讲述发动机电控系统的控制内容。
3. 能规范完成雪佛兰科鲁兹轿车发动机电控系统的维护。

任务呈现

一辆 2013 款 1.6L 自动档科鲁兹轿车行驶 20000km，请对该车发动机电子控制系统进行常规维护及检查。

知识储备

一、轿车电子控制系统框架

轿车电子控制系统主要<u>由传感器、发动机电子控制单元（ECU）和执行器三部分组成</u>，其基本组成如图 2-1 所示。

项目二 电控燃油喷射系统的组成及控制内容

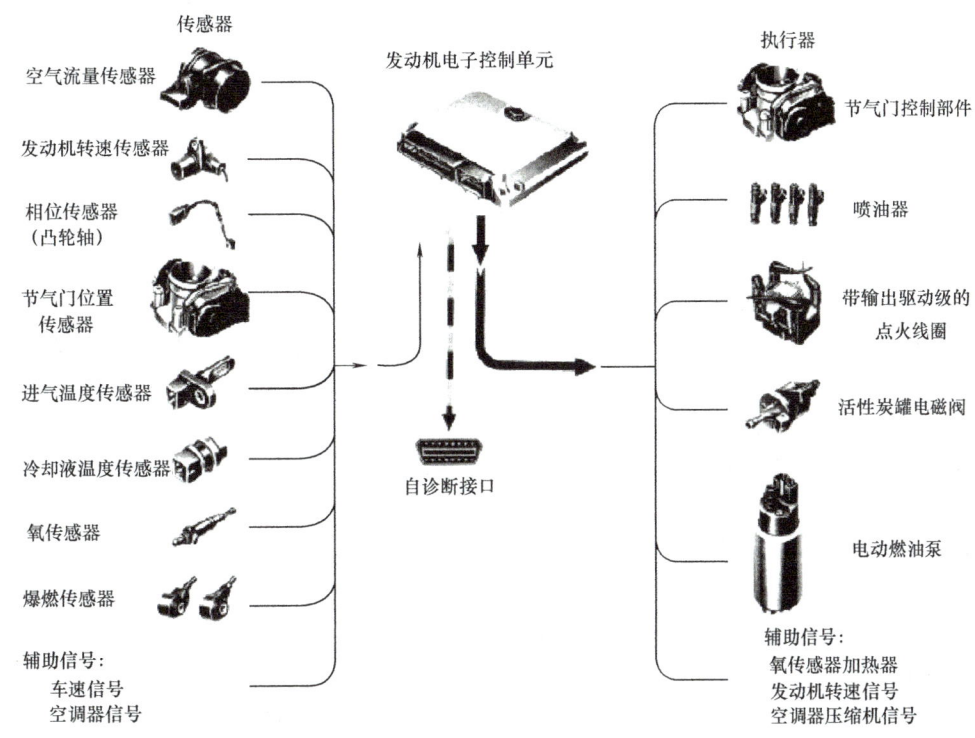

图 2-1 电子控制系统框架

1. 传感器

轿车中的传感器是电子控制系统的"眼睛"和"耳朵",它将反映发动机的工况以及将各种物理量转变为电信号,并输送给电子控制单元,作为判断车况和驾驶人驾驶意愿的依据。汽车各种传感器如图 2-2 所示。

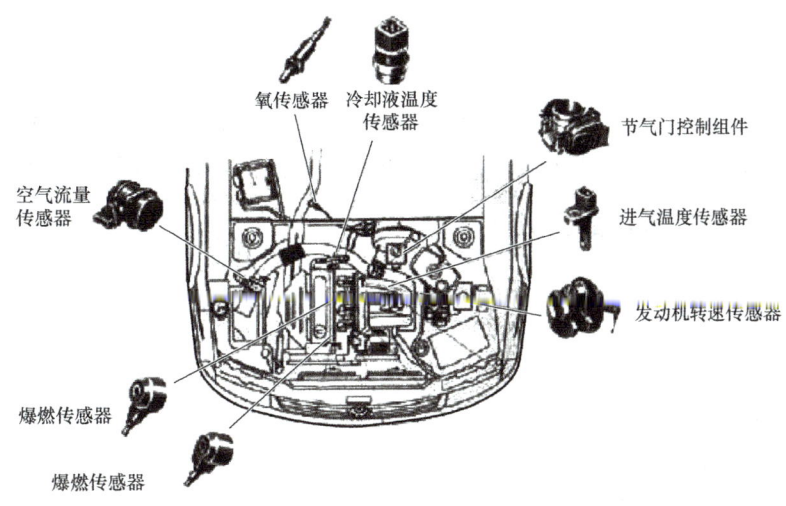

图 2-2 汽车各种传感器

（1）空气流量传感器或进气歧管压力传感器　进气量的检测是发动机电控系统中最重要的工作之一。空气流量传感器直接检测进气量，歧管压力传感器只能间接检测进气量。

（2）曲轴位置传感器和凸轮轴位置传感器　曲轴位置传感器的功用是检测发动机曲轴转角和转速信号；凸轮轴位置传感器的功用是检测曲轴转角基准位置，即活塞第一缸上止点位置，故又称为气缸识别传感器。这两个信号是电控系统喷油和点火必不可少的重要信号。

（3）节气门位置传感器　节气门位置传感器的功用是检测节气门开度和加、减速信号，如节气门全开、全闭、部分开启以及节气门变化的速率，该信号直接反映驾驶人的驾驶意愿。

（4）爆燃传感器　爆燃传感器的功用是检测发动机是否发生爆燃。

（5）冷却液温度传感器　冷却液温度传感器的功用是检测发动机冷却液的温度，简称水温传感器。

（6）氧传感器　氧传感器的功用是通过检测废气中氧含量的多少来计算喷油量是否满足空燃比的要求，从而调节喷油量。

（7）进气温度传感器　进气温度传感器的功用是检测发动机的进气温度。

2. ECU

电子控制单元简称 ECU，是英文 Electronic Control Unit 的缩写，常说的汽车电脑，即指 ECU。

ECU 的作用是通过各种传感器将发动机各种工况下（温度、压力、负荷）的信号或信息收集起来，计算并转换成脉冲信号（数字信号），ECU 通过这些信号来分析与判断，确定发动机在不同负荷、道路坡度和不同温度时所需要的喷油量、开始喷射时间和点火时间。ECU 形状如图 2-3 所示。

3. 执行器

执行器是电子控制系统的"手"和"脚"，根据 ECU 输出的控制信号执行某些相应的动作，以实现某些预定的功能，使被控对象工作在设定的最佳状态。例如，燃油喷射控制中的喷油器和燃油泵，点火控制中的点火线圈，急速控制中的步进电动机等都是执行元件。常见执行器如图 2-4 所示。

图 2-3　ECU 形状

二、发动机电控系统的组成及功能

1. 燃油供给系统

燃油供给系统的作用是根据发动机的工况不同，向发动机气缸供给一定量的可燃混合气，它主要由汽油箱、电动汽油泵、汽油滤清器、油压脉动阻尼器、压力调节器、燃油导轨及喷油器等组成，如图 2-5 所示。

2. 进气供给系统

进气供给系统为发动机可燃混合气的形成提供必需的空气，其主要由空气滤清器、空气流量传感器（L 型）、进气压力传感器（D 型）、节气门体和进气管等组成，如图 2-6 所示。

项目二　电控燃油喷射系统的组成及控制内容

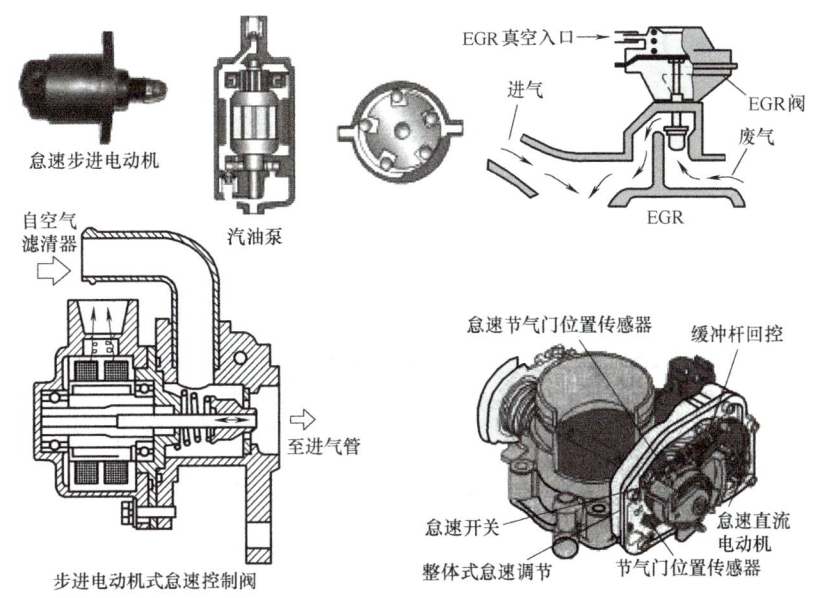

图 2-4　常见执行器

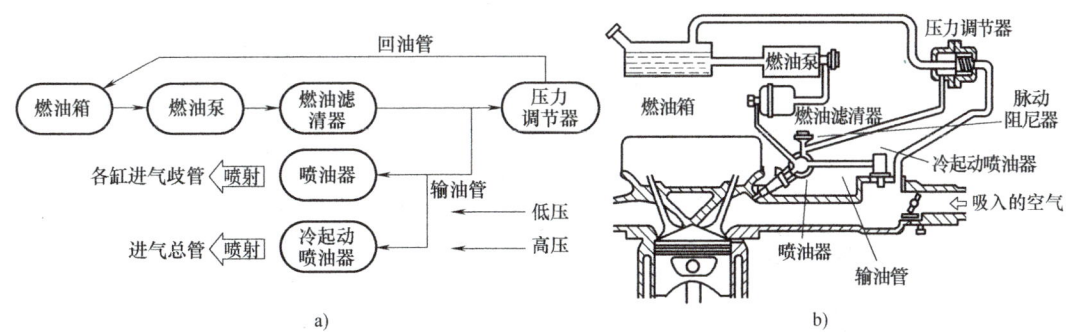

图 2-5　燃油供给系统
a）系统框图　b）系统构成图（MPI）

3. 点火系统

点火系统的作用是在适当的时刻点燃被压缩的可燃混合气，使之燃烧。点火系统主要由曲轴位置传感器、凸轮轴位置传感器、爆燃传感器、点火控制模块以及火花塞等组成，如图 2-7 所示。

4. 排气控制系统

现代汽车采用了由 ECU 控制的多种排气净化装置，如废气再循环（EGR）装置、三元催化转换器、燃油蒸发控制装置及二次空气喷射控制系统等。

三、ECU 电源控制电路

ECU 必须有合适的供电电压才能可靠工作。当 ECU 供电电压降到一定值（一般为 10V）以下，就无法工作。所以 ECU 的电源电路很重要，在实际维修过程中也经常会遇到由于 ECU 电源电路的问题而出现的故障。

ECU 电源电路由三部分组成：电源电路、内部电源电路和接地电路。

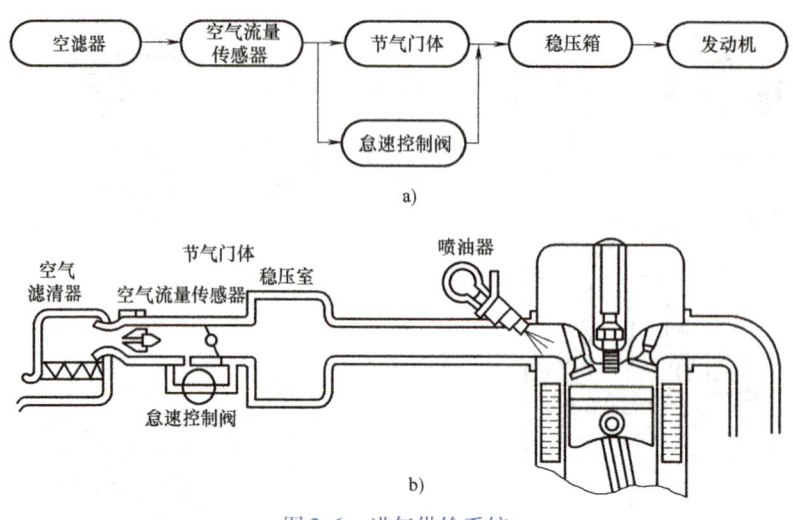

图 2-6 进气供给系统
a) 进气系统框图 b) 进气系统简图

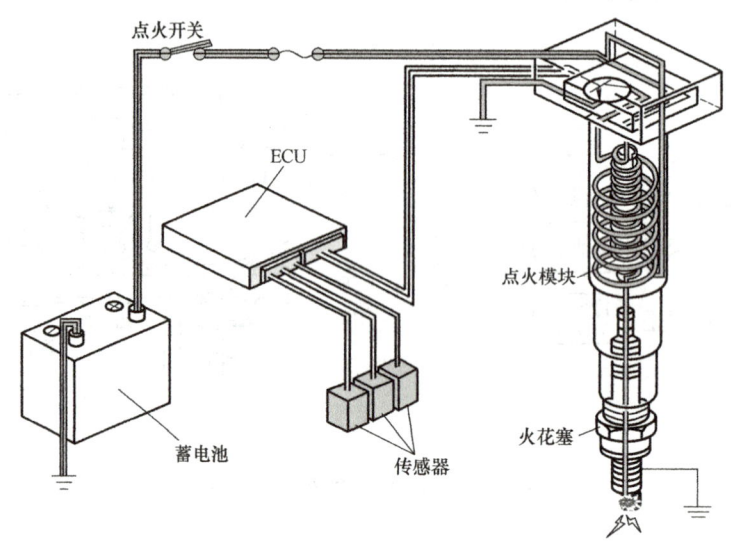

图 2-7 点火系统

1. 电源电路

电源电路不但要保证 ECU 在点火开关接通时立即获得电源电压,而且还要保证 ECU 特定的端子在点火开关关闭时也要与电源连通(即获得不间断的电源电压)。点火开关接通时,ECU 经一个熔丝获得电源电压,并将蓄电池电压调节到 5V 或 12V 后供给内部和外部元件使用。点火开关关闭时,ECU 也需要供电,以保存相应的车辆参数和诊断故障码等信息。因此,还有一个电路通过一个独立的熔丝不间断地为 ECU 提供蓄电池电压,若此电路断路,将使 ECU 中存储的怠速学习参数、燃油修正参数和故障码等信息全部丢失。

2. 内部电路

内部电源电路给微处理器和传感器提供电源。具体实现过程是施加在 ECU 的 +B 和 +B_1 端子的蓄电池电压(12~14V),通过内部电源电路(即 +5V 恒定电压电路)产生恒

项目二 电控燃油喷射系统的组成及控制内容

定的 5V 电压,并供应给微处理器和传感器,作为它们的电源电压,如图 2-8 所示。当内部电源电路断路或短路时,由 ECU 提供 5V 电源电压的传感器都不再工作;当内部电源电路短路时微处理器不再工作,所以使 ECU 也不工作。

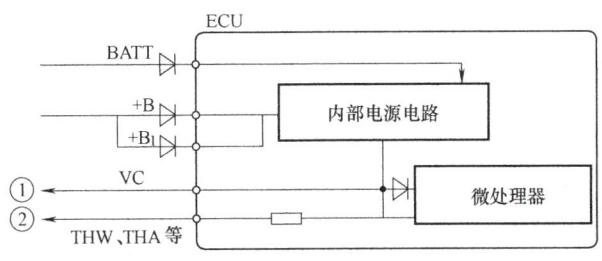

图 2-8 ECU 内部电路

①—从 5V 恒定电压电路输出 5V 电压
②—从 5V 恒定电压电路经过电阻器输出 5V 电压

3. 接地电路

接地电路对发动机管理系统的正常工作十分关键。因此,ECU 一般至少有两条地线,以确保 ECU 总是有良好的接地。以丰田汽车的发动机控制单元(ECU)为例,它有以下三种类型的接地电路:将 ECU 搭铁,如 E_1 端子;将所有传感器搭铁,如 E_2 端子;将喷油器或怠速空气控制等执行器的驱动电路接地,如 E_{01} 和 E_{02} 端子。如图 2-9 所示,这些接地电路在发动机控制单元内连接在一起。

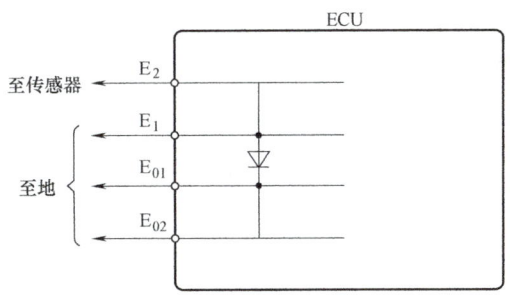

图 2-9 ECU 接地电路

任务实施

任务解析 科鲁兹轿车发动机电控系统介绍

科鲁兹轿车采用了 Siemens Simtec 76 发动机电控系统,该系统的特点是采用了 VVT 技术、电子节气门控制和变磁阻式曲轴位置传感器等全新的管理技术,如图 2-10 所示。

其中,发动机控制模块是发动机控制系统的控制中心。它不断监测来自各个传感器和其他输入的信息,并控制会影响发动机性能和排放的系统。发动机控制模块也对系统的各个部分执行诊断测试,并能在识别影响排放的运行问题时打开故障指示灯。当发动机控制模块检测到故障时,它会存储一个故障诊断码。通过设定的特殊故障诊断码可识别故障部位,这有助于技术人员进行维修。

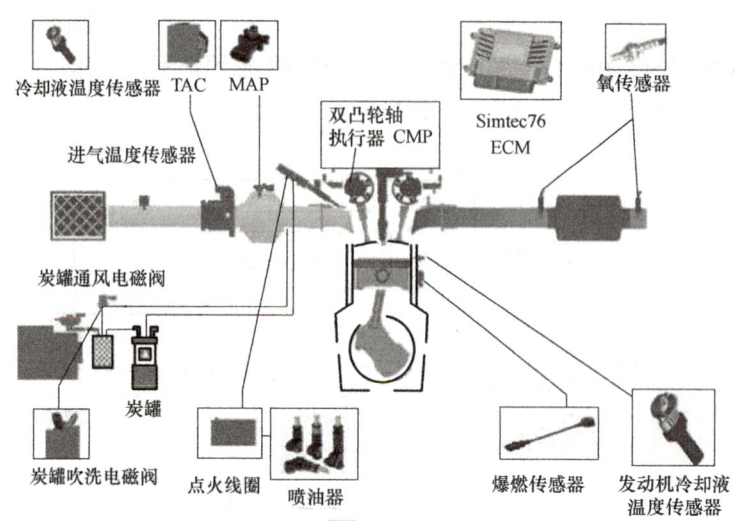

图 2-10 科鲁兹 Siemens Simtec 76 系统

科鲁兹轿车发动机电子控制系统的维护过程：

1）检查 ECU 安装情况，螺栓是否安装牢固，轻轻晃动 ECU，是否有明显松动，如图 2-11 所示。

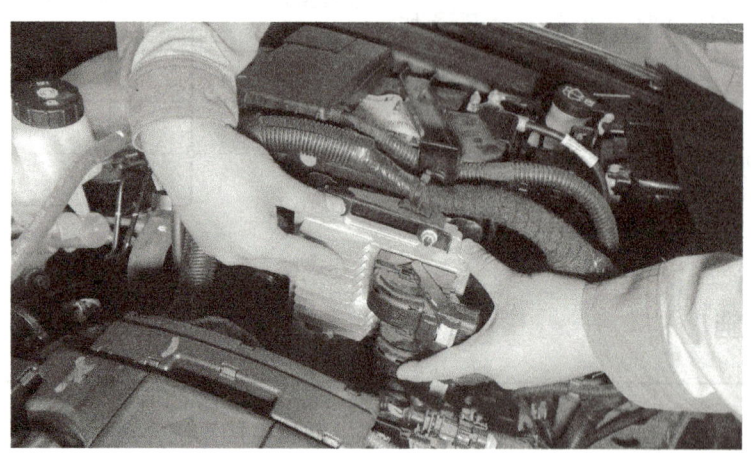

图 2-11 检查 ECU 安装情况

2）在关闭点火开关的情况下，检查 ECU 插接器，其簧片是否接触良好，插脚有无烧黑及变色等，如图 2-12 所示。

3）检查电控系统线束和插接器的连接状况，线束外壳是否有破裂，插接器是否有损坏，如图 2-13 所示。

4）检查每个传感器和执行器外壳有无明显的损伤，如图 2-14 所示。

5）观察发动机故障指示灯，起动发动机后故障指示灯熄灭，如图 2-15 所示。

6）连接诊断仪，读取静态故障码、冻结帧和数据流，检查 ECU 是否记录故障码，如图 2-16 所示。

项目二 电控燃油喷射系统的组成及控制内容

图 2-12 检查 ECU 插接器

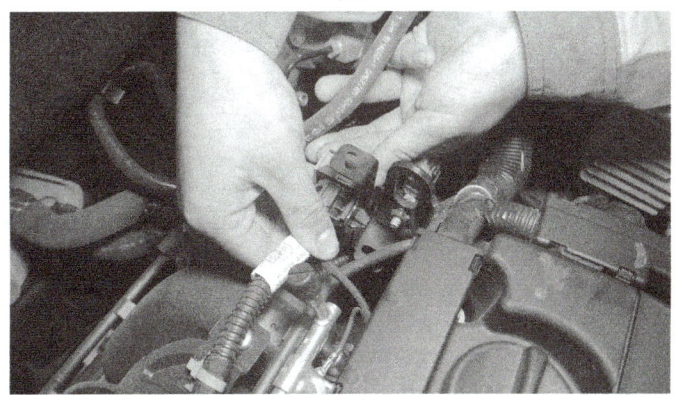

图 2-13 检查线束及插接器

图 2-14 检查执行器和传感器外壳

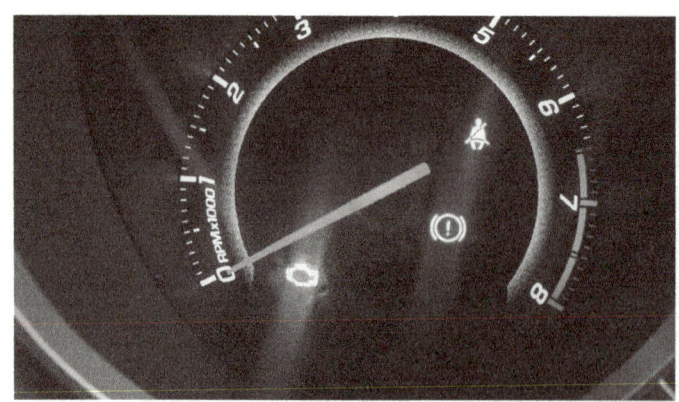

图 2-15　检查发动机故障指示灯

图 2-16　读取故障码

7）运转发动机并检查进、排气歧管及氧传感器处是否有泄漏，如图 2-17 所示。

图 2-17　检查泄漏情况

8）起动发动机，检查有无爆燃、敲缸、失速、进气管或排气管放炮等现象，如图 2-18 所示。

图 2-18　检查发动机工作情况

任务评价

表 2-1　任务评价表

任务名称	空气流量传感器的故障诊断与检修		姓名		日期	
序　号	评价内容		要　求	分值	自评	互评
1	讲述发动机电控系统作用		表达清楚准确	20		
2	讲述发动机电控系统组成		表达清楚准确	20		
3	结合原理图叙述科鲁兹轿车各传感器及执行器作用		原理图解析要清楚，思路清晰	20		
4	操作完成科鲁兹发动机电控系统维护		思路清晰，操作规范	20		
5	操作过程 5S 管理		工具摆放，场地整理按 5S 要求	20		
6	总分					
教师评语						

任务拓展

以一汽丰田 2010 款卡罗拉发动机为例，利用课上时间进行电子控制系统的维护，并完成工单。

1）检查 ECU 安装情况，填写表 2-2。

表 2-2　ECU 安装情况检查表

检查项目	条　件	检查结果
ECU 安装情况	始终	

2）检查 ECU 插座，填写表 2-3。

表 2-3　ECU 插接器检查表

检查项目	条　件	检查结果
ECU 插接器	始终	

3）检查各线束及插接器，填写表 2-4。

表 2-4　线束和插接器检查表

检查项目	条　件	检查结果
线束和插接器	始终	

4）检查发动机故障指示灯，填写表 2-5。

表 2-5　发动机故障指示灯检查表

检查项目	条　件	检查结果
发动机故障指示灯	关闭发动机	
发动机故障指示灯	起动发动机	

5）检查是否存在故障码，填写表 2-6。

表 2-6　故障码检查表

仪器连接	条　件	检查结果
连接诊断仪	点火开关置于"ON"位置	

6）检查进排气管是否存在泄漏，填写表 2-7。

表 2-7　进气管泄漏检查表

检查项目	条　件	检查结果
进气管泄漏	起动发动机	

7）检查有无异响，填写表 2-8。

表 2-8　发动机异响检查表

检查项目	条　件	检查结果
发动机异响	起动发动机	

课后测评

一、填空题

1. 汽车电子控制系统一般由_____、_____和_____组成。

2. 传感器的作用是＿＿＿＿＿＿＿＿＿＿＿＿＿＿＿＿＿＿＿＿＿＿＿＿＿＿＿＿＿＿＿＿＿＿。
3. 执行器的作用是＿＿＿＿＿＿＿＿＿＿＿＿＿＿＿＿＿＿＿＿＿＿＿＿＿＿＿＿＿＿＿＿＿＿。
4. ECU 的作用是＿＿＿＿＿＿＿＿＿＿＿＿＿＿＿＿＿＿＿＿＿＿＿＿＿＿＿＿＿＿＿＿＿＿＿。
5. 发动机电控系统通常由＿＿＿＿、＿＿＿＿、＿＿＿＿和＿＿＿＿组成。

二、简答题

1. 燃油供给系统的作用是什么？

2. 点火系统的作用是什么？

3. ECU 电压由哪几部分组成？

任务二　空气供给系统的维护

学习目标

1. 能准确讲述空气供给系统的作用。
2. 能准确讲述空气供给系统的组成，并在实车指出其安装位置。
3. 能规范完成科鲁兹轿车空气供给系统的维护。

任务描述

一辆 2013 款 1.6L 自动档科鲁兹轿车行驶 20000km，请对该车发动机空气供给系统进行常规维护及检查。

知识储备

一、空气供给系统作用

空气供给系统的作用是为发动机提供清洁的空气并控制发动机正常工作时的进气量。

二、空气供给系统组成

空气供给系统的组成如图 2-19 所示，主要由空气滤清器、空气流量传感器、进气压力传感器、节气门体、怠速空气调整体、谐振腔、动力腔和进气歧管等组成。有些发动机为了提高气压、增加充气量，应用了涡轮增压技术和二次进气技术。发动机工作时，驾驶人通过加速踏板操纵节气门的开度，以此来改变进气量，控制发动机的运转。进入发动机的空气经空气滤清器滤去尘埃等杂质后，经空气流量传感器，沿节气门通道进入动力腔，再经进气歧管分配到各个缸中。

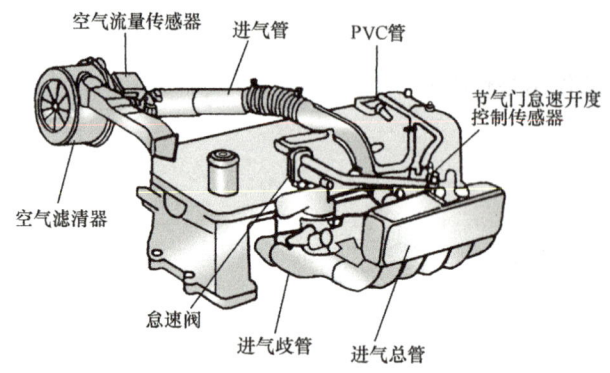

图 2-19　空气供给系统

三、空气供给系统工作原理

发动机工作时，空气经空气滤清器后，通过空气流量传感器（L 型）节气门体进入进气总管，再通过进气歧管分配给各缸。节气门体中设置有节气门，从而控制进入发动机的空气量，进而控制发动机的输出功率。在节气门的外部或内部设有与主进气道并联的旁通怠速进气通道，并由怠速控制阀控制怠速时进气量。

D 型——进气歧管压力传感器测量的是进气歧管内的绝对压力，流经怠速控制阀的空气也在此检测范围之内。怠速控制阀由 ECU 直接控制。D 型喷射系统的组成如图 2-20 所示。

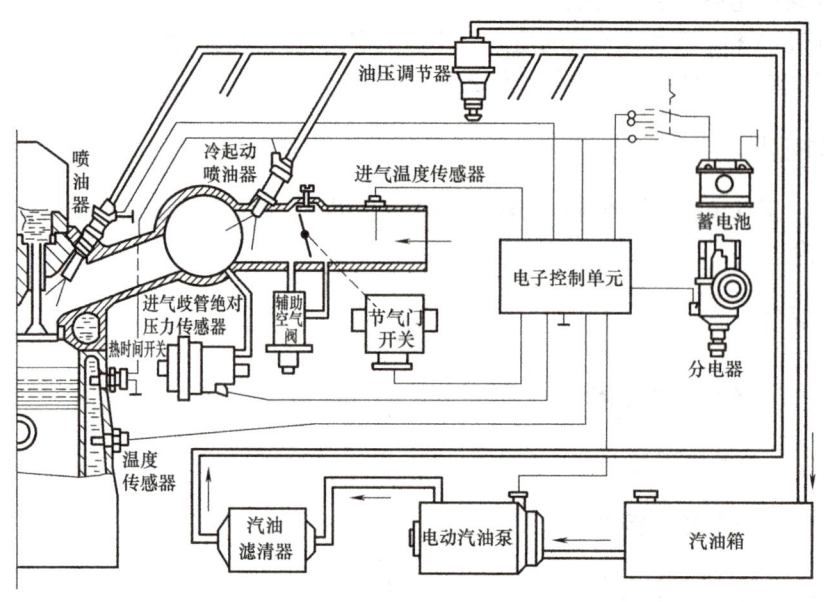

图 2-20　D 型喷射系统的组成

L 型——流经急速控制阀的空气首先经过空气流量传感器测量。L 型喷射系统的组成如图 2-21 所示。

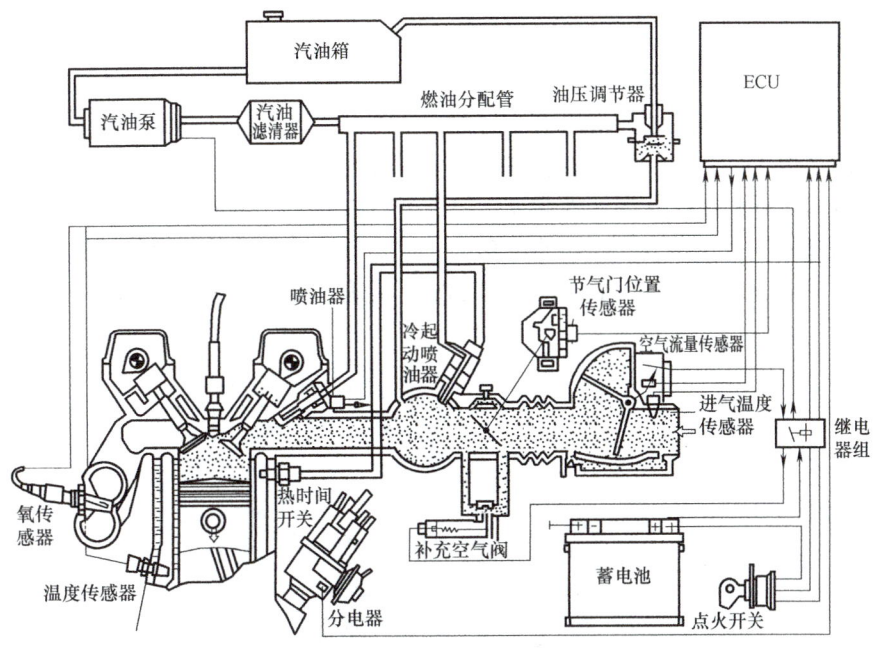

图 2-21　L 型喷射系统的组成

四、空气滤清器

空气滤清器是主要负责清除空气中的微粒杂质的装置。汽车发动机工作时，如果吸入的空气中含有灰尘等杂质就将加剧零件的磨损，所以必须装有空气滤清器，如图 2-22 所示。

图 2-22　空气滤清器

五、节气门体

节气门体是控制发动机吸气多少的一个阀门。电子节气门属汽车发动机进气系统的节气门部件,它包括节气门本体、节气门阀片、节气门轴、直流电动机和齿轮减速机构,如图 2-23 所示。信号输出至单片机的节气门位置传感器,还具有扭簧,其一端固定在节气门本体上,另一端固定在节气门轴的齿轮上。另外,节气门体还具有怠速调节装置:外调节螺钉旋接在节气门本体上,内调节螺钉旋接在外调节螺钉内腔,顶杆置于外调节螺钉内腔,其上有一台肩,台肩之前的顶杆外端从外调节螺钉的开口中伸出,弹簧顶靠在顶杆台肩与内调节螺钉之间;顶杆外端抵靠在节气门轴的齿轮上,在无电动机驱动时,使节气门阀片处于一个微斜度位置。高低怠速位置可调,在怠速工况下精确控制发动机进气量,同时降低制造精度。

图 2-23 节气门体结构

为了改善节流阀的低温使用性能,特别是在寒冷地区,为了防止节流阀轴和阀的转动部位结冰,在一些发动机中的节流阀体的外围设置了加热水管,以便加热节流阀体,如图 2-24 所示。

图 2-24 绝大多数节气门体均有加热水管

六、进气歧管

进气歧管（图 2-25）位于节气门与进气门之间，之所以称为"歧管"，是因为空气进入节气门后，经过歧管缓冲后，空气流道就在此"分歧"了，对应发动机气缸的数量，如四缸发动机就有四道，五缸发动机则有五道，将空气分别导入各气缸中。以自然进气发动机来说，由于进气歧管位于节气门之后，所以当发动机加速踏板开度小时，气缸内无法吸到足量的空气，就会造成歧管真空度高；而当发动机加速踏板开度大时，进气歧管内的真空度就会变小。因此，喷射供油发动机都会在进气歧管上装设一个压力计，供给 ECU 判定发动机负荷，而给予适量的喷油。

图 2-25　进气歧管

七、怠速控制系统

发动机怠速控制的目的是用高怠速实现发动机起动后的快速暖机过程，自动维持发动机怠速在目标转速下稳定运转，其控制方法有旁通道式和节气门直动式两种。

1. 旁通道式（图 2-26）

怠速时，节气门完全关闭，怠速进气量由怠速控制阀控制的旁通空气道提供。现代轿车的怠速控制阀通常采用步进电动机。

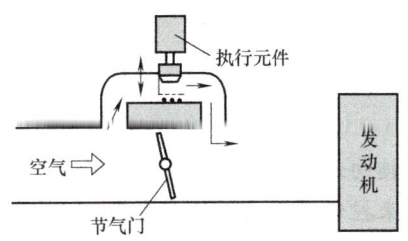

图 2-26　旁通道式

2. 节气门直动式（图 2-27）

怠速进气量由节气门较小的开度提供，不设旁通空气道。节气门在怠速状态的开度大小由发动机 ECU 通过怠速电动机控制。

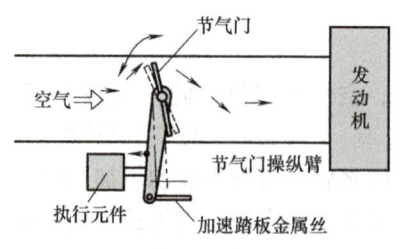

图 2-27 节气门直动式

任务实施

任务解析　科鲁兹轿车发动机可变进气歧管介绍

可变进气歧管通常由上下两部分组合而成。在上半部的各缸体进气管口均装有一个歧管调节电磁阀，经连杆联动机构、真空膜盒和电磁真空阀，由 ECU 根据发动机转速进行控制。

当发动机转速大于 4000r/min 时，歧管调节阀打开，进气被短路，相当于进气歧管路径长度缩短，进气谐波波长变短，与高速相匹配，产生谐波增压效果，增大发动机功率输出，如图 2-28 所示。

在发动机静止状态和转速低于 4000r/min 的中低转速时，该阀总是关闭，进气歧管路径长度长，进气谐波波长大，与中低转速相匹配，也可获得谐波增压效果，增大输出功率，如图 2-29 所示。

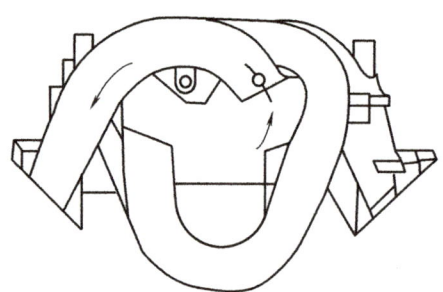 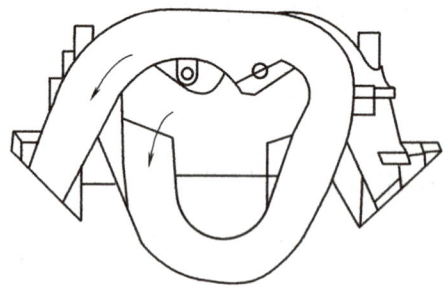

图 2-28　歧管调节阀打开　　　　　图 2-29　歧管调节阀关闭

该过程中，蓄电池直接向进气歧管调节电磁阀提供。发动机控制模块通过内部驱动器开关使控制电路搭铁来控制进气歧管调节电磁阀。驱动器的主要功能是为进气歧管调节电磁阀提供搭铁。发动机控制模块通过监测控制电路电压来确定控制电路是否断路、对搭铁短路或对电压短路。

科鲁兹轿车空气供给系统的维护过程：
1）检查并按压空气滤清器软管总成，应无损坏，安装紧固，如图 2-30 所示。

项目二　电控燃油喷射系统的组成及控制内容

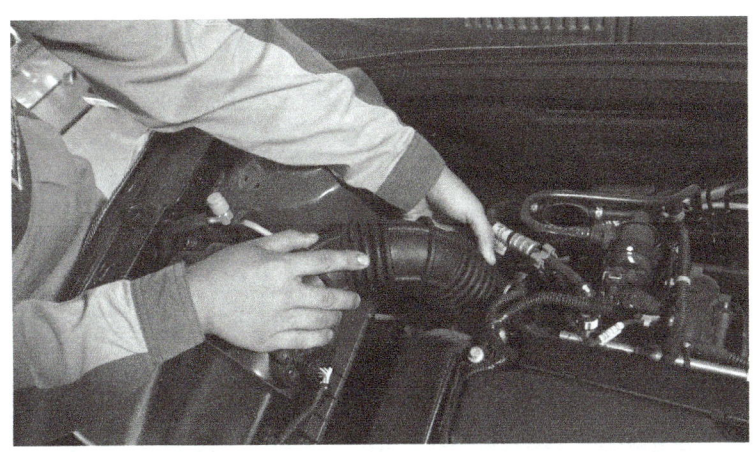

图 2-30　检查软管总成

2）检查通风软管，应无损坏、无老化，安装紧固，如图 2-31 所示。

图 2-31　检查通风软管

3）检查制动助力器真空软管，应无损坏、无老化，安装紧固，如图 2-32 所示。

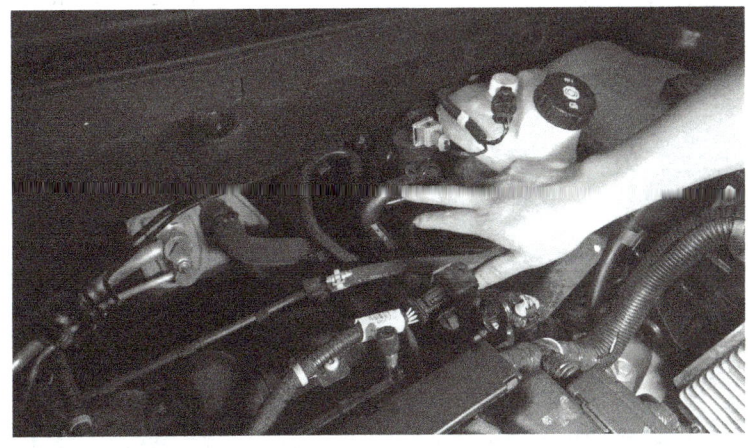

图 2-32　检查制动助力器真空软管

4)检查各连接面衬垫、卡箍等是否有破损、泄漏现象,如图2-33所示。

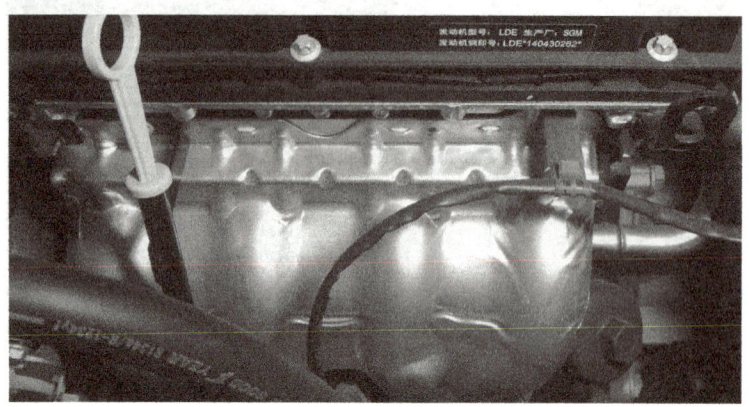

图2-33 检查各连接面情况

5)检查空气流量传感器及插接器,无松动、脱落,线束及外壳无损坏,如图2-34所示。

图2-34 检查空气流量传感器安装情况

6)检查节气门体,卡箍安装牢固、无松脱、无断裂,如图2-35所示。

图2-35 检查节气门体安装情况

7）检查空气滤清器，无污垢，安装正确。

任务评价

表 2-9　任务评价表

任务名称	空气流量传感器的故障诊断与检修		姓名		日期	
序　号	评价内容	要　　求	分值	自评	互评	
1	讲述空气供给系统的作用	表达清楚准确	20			
2	讲述空气供给系统的组成和各部件的作用	表达清楚准确	20			
3	在实车上指出空气供给系统各部件安装位置	原理图解析要清楚，思路清晰	20			
4	完成科鲁兹轿车空气供给系统的维护	思路清晰，操作规范	20			
5	操作过程5S管理	工具摆放，场地整理按5S要求	20			
6	总分					
教师评语						

任务拓展

以一汽丰田 2010 款卡罗拉发动机为例，利用课上时间进行空气供给系统的维护，并完成工单。

1）检查空气滤清器，填写表 2-10。

表 2-10　空气滤清器检查表

检查项目	条　件	检查结果
空气滤清器	始终	

2）检查空气流量传感器或进气压力传感器安装情况，填写表 2-11。

表 2-11　安装检查表

检查项目	条　件	检查结果
空气流量传感器或进气压力传感器	始终	

3）检查节气门体安装情况，填写表 2-12。

表 2-12　节气门体安装检查表

检查项目	条　件	检查结果
节气门体	始终	

4）检查进气歧管安装情况，填写表2-13。

表2-13 进气歧管安装检查表

检查项目	条件	检查结果
进气歧管	始终	

5）检查空气供给系统各部件端子及线束情况，填写表2-14。

表2-14 部件端子及线束检查表

检查项目	条件	检查结果
空气流量传感器或进气压力传感器导线端子及线束	始终	

课后测评

一、填空题

1. 空气滤清器一般安装在_____前端。
2. 怠速控制方式一般有_____式和_____式两种控制方式，科鲁兹轿车采用_____式。
3. 旁通道式怠速控制方式用_____来控制进气量。

二、简答题

1. 空气供给系统的作用是什么？

2. 空气流量传感器D型和L型的区别是什么？

3. 科鲁兹轿车为什么要采用可变歧管技术？

任务三　燃油供给系统的维护

学习目标

1. 能准确讲述燃油供给系统的作用。
2. 能准确讲述燃油供给系统的组成，并在实车指出其安装位置。
3. 能规范完成科鲁兹轿车燃油供给系统的维护。

任务描述

一辆 2013 款 1.6L 自动档科鲁兹轿车行驶 20000km，请对该车发动机燃油供给系统进行常规维护及检查。

知识储备

一、燃油供给系统的作用

根据发动机工作的需要，适时、适量地给发动机提供燃油，如图 2-36 所示。

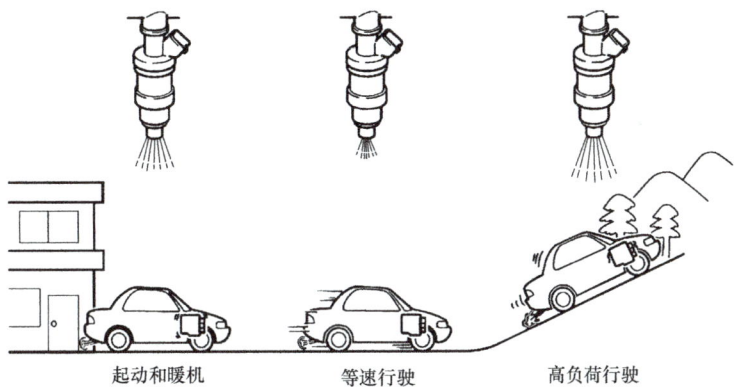

图 2-36　燃油供给系统作用

二、燃油供给系统的工作过程

1. 着车阶段

当将钥匙转动到 ON 位时，行车电脑开始对各传感器和执行器进行自检，并同时接通汽油泵继电器供油。这时如果车厢内部很静，你会听到在油箱里的电子油泵转动的声音，1~2s 后，当油压达到标准压力后，汽油泵停转。同时，电脑将向位于节气门处的怠速步进电动机供电，使其进入正常位置。这时将钥匙转向 Start 位置，接通起动继电器，起动机开始转动。

2. 怠速阶段

起动机开始转动后，电脑开始读取位于发动机飞轮处的曲轴位置传感器和位于分电器中的同步传感器这两个传感器的读数，如果读数正常，且两信号数据变化与起动条件吻合，则电脑再根据当前的发动机冷却液温度，进气歧管空气温度数据调整怠速步进电动机，将怠速调整杆调整到合适位置。一切就绪后，电脑开始根据曲轴位置传感器和同步传感器传来的信号计算出点火时机，并根据冷却液温度和气温传感器的数据计算出喷油脉宽，然后根据计算结果开始向喷油器线路供电。

3. 加速工况

当踩下加速踏板时，电脑及时从节气门上的节气门位置传感器读到数据，并结合节气门上的进气歧管绝对压力（真空度）传感器和分动箱上的行车速度传感器共同计算出车辆负荷信息，调整喷油脉宽，加大喷油量，完成加速动作。

4. 减速工况

当松开加速踏板时，电脑如上述加速工况一样，根据各传感器信号，调整喷油脉宽实现减速，但此时为保证减速效果平稳，电脑会对喷油量进行控制。当松开加速踏板后，又踏上了制动踏板，电脑会从制动板下的制动开关处得到信号，该情况下，电脑会停止喷油器喷油，以产生最好的发动机制动效果，并且此时，电脑还会调整怠速电动机到合适位置，保证在发动机转速低到合适位置时开始喷油，保证不熄火。

燃油供给系统主要由燃油箱、燃油泵、燃油滤清器、燃油压力调节器、燃油分配管和喷油器等组成，如图2-37所示。

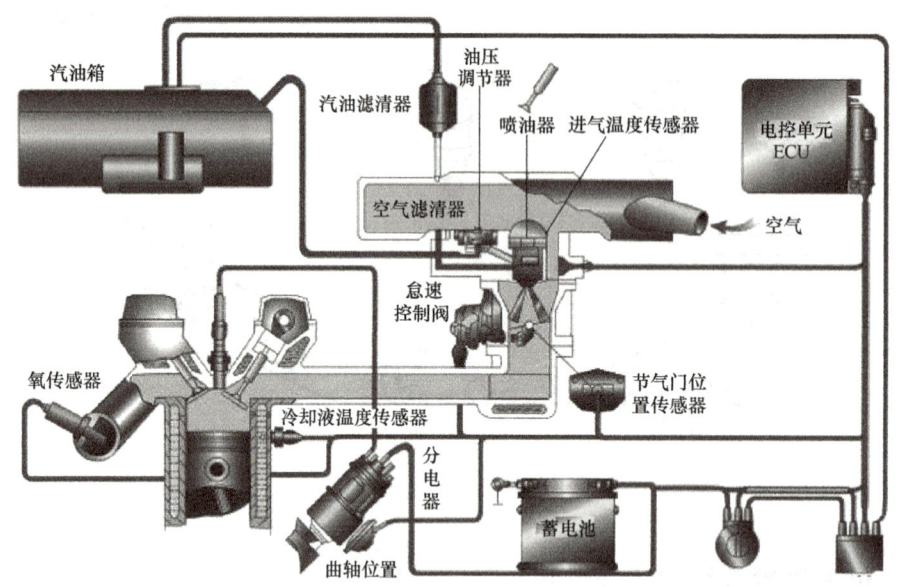

图2-37 燃油系工作原理及组成

三、燃油供给系统的组成

1. 燃油箱

燃油箱的作用是储存一定量的燃油，同时起散热、分离油液中的气泡、沉淀杂质等作用，如图2-38所示。

2. 燃油泵

燃油泵的作用是把燃油从燃油箱中吸出、加压后输送到供油管中，并通过喷油器给发动机，与燃油压力调节器配合建立一定的燃油压力。在电控汽油喷射系统中应用的电动汽油泵通常有两种类型，即滚柱式电动燃油泵和叶片式电动燃油泵，如图 2-39 所示。

3. 燃油滤清器

燃油滤清器是把含在燃油中的氧化铁、粉尘等固体杂物除去，防止燃油系统堵塞（特别是油嘴），减少机械磨损，确保发动机稳定运行，提高可靠性。燃油滤清器如图 2-40 所示。

图 2-38 燃油箱

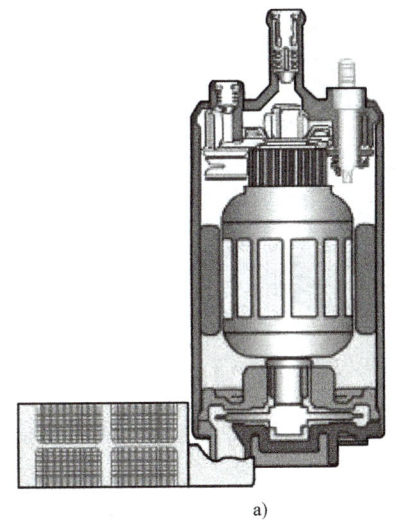
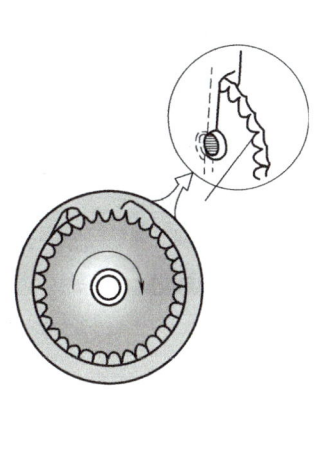

图 2-39 电动燃油泵
a）滚柱式电动燃油泵　b）叶片式电动燃油泵

4. 燃油分配管

燃油分配管的作用是把燃油均匀地分配到各喷油器，喷油器安装在燃油分配管上，如图 2-41 所示。

图 2-40 燃油滤清器　　　　图 2-41 燃油分配管

5. 油压调节器

（1）有回油管路的燃油调节系统　根据进气歧管绝对压力的变化来调节系统油压（燃油分配管油压），使燃油压力与进气管压力之差保持常数，使喷油器的燃油喷射量唯一地取决于它的开启持续时间。在燃油压力的顶力和进气歧管内的负压吸力共同作用下膜片向上运动，下方的球阀打开，燃油分配管内的燃油就会通过球阀进入回油管回到油箱中，使分配管内压力下降。相同的时间内压力不同，喷油器喷油量就会不同，从而使发动机功率的不同。燃油压力调节器如图 2-42 所示。

图 2-42　燃油压力调节器

油压调节器主要由壳体、膜片、回油阀门和校正弹簧组成，膜片将调节器分成上下两个腔，如图 2-43 所示。

（2）无回油管路的燃油调节系统　由于带回油管调压系统使得流回燃油箱的汽油有较多

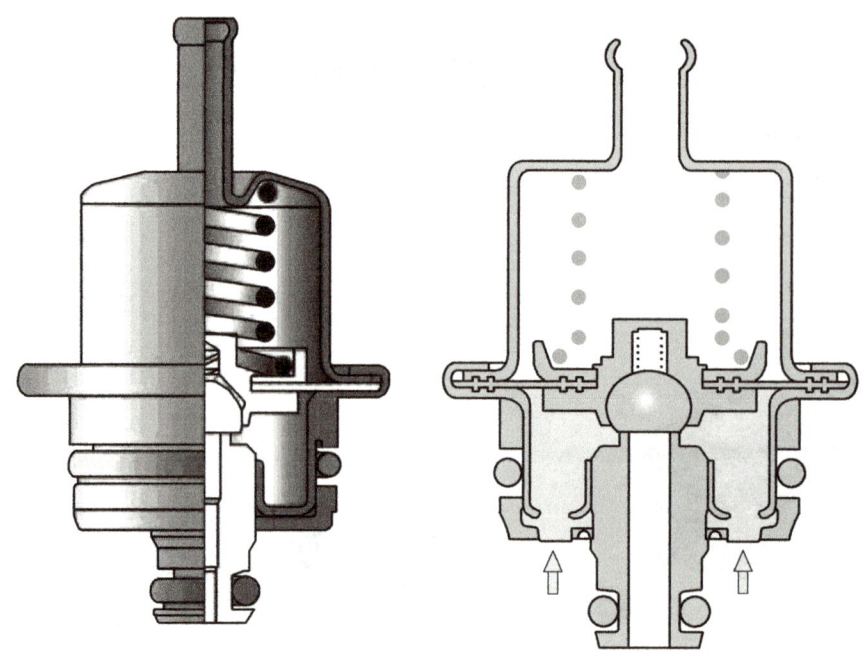

图 2-43　油压调节器结构

的时间与空间吸收发动机的热量，其温度较高，流入燃油箱后，将导致燃油箱内油温升高，使得燃油箱内蒸气压力升高，增加了蒸发排放控制系统的工作负荷。同时，也会导致热机起动时，由于泵入供油管路的汽油温度较高，部分汽油汽化而使喷油量减少，降低起动性能。因此，大部分电控发动机采用无回油管路调压系统，如图 2-44 所示。

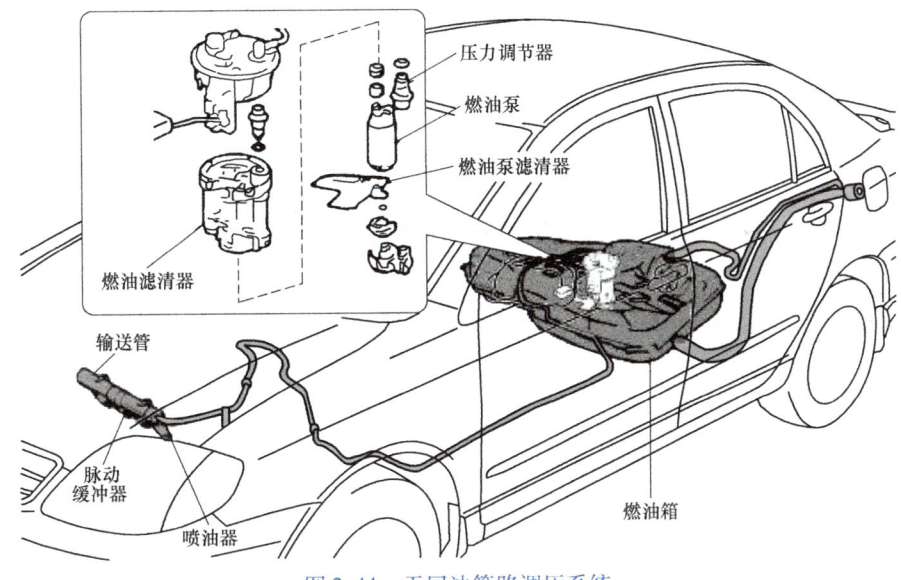

图 2-44 无回油管路调压系统

这种燃油调节方法是将油压调节器直接安装在燃油泵附近，当燃油压力超过压力调节器弹簧的压力时，阀门开启，使燃油回流到燃油箱并调节压力，使输送至发动机的燃油压力控制在一个恒定的压力值，如图 2-45 所示。

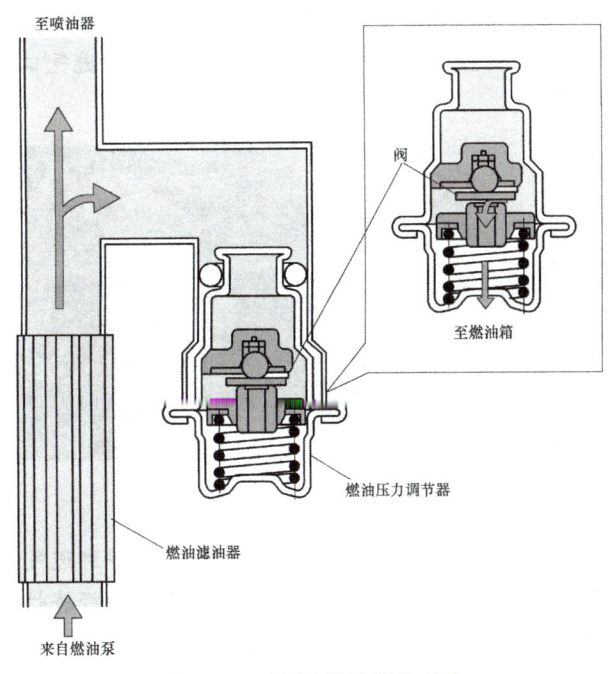

图 2-45 无回油管路调节系统

6. 喷油器

喷油器的工作原理是接收 ECU 送来的喷油脉冲信号，精确地控制燃油喷射量，如图 2-46 所示。

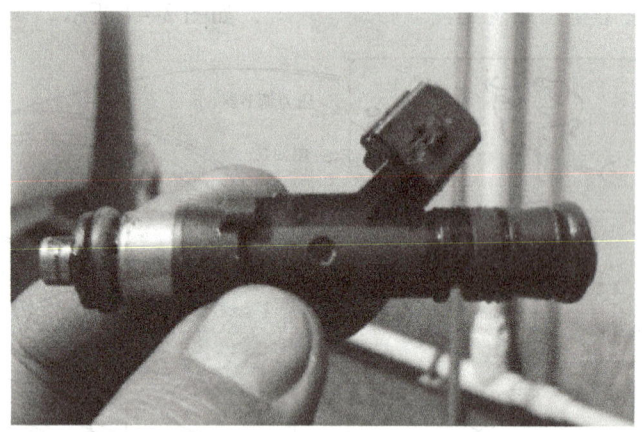

图 2-46　电子喷油器

任务实施

任务解析 1　科鲁兹轿车发动机燃油供给系统介绍

科鲁兹发动机燃油系统采用无回路设计。油压调节器是燃油泵模块的一部分，不需要安装发动机回油管。无回路燃油系统不使热燃油从发动机返回至燃油箱，以降低燃油箱的内部温度。燃油箱内部温度的降低导致较低的蒸发排放。

燃油导轨总成安装气缸盖上，将喷射器定位在气缸盖的进气口，向喷射器均匀分配燃油，如图 2-47 所示。

图 2-47　科鲁兹燃油总管

该系统喷射方式采用缸外喷射。燃油从喷射器喷嘴引导到进气门，使燃油在进入燃烧室前进一步雾化和气化。此细微的雾化过程可改善燃油经济性和排放性能。

科鲁兹轿车发动机燃油供给系统的维护过程：

1）检查燃油箱是否有损坏、泄漏和腐蚀等情况，如图2-48所示。

图2-48 燃油箱检查

检查燃油箱盖垫片是否变形或者损坏；真空阀是否锈蚀或者粘住，如图2-49所示。

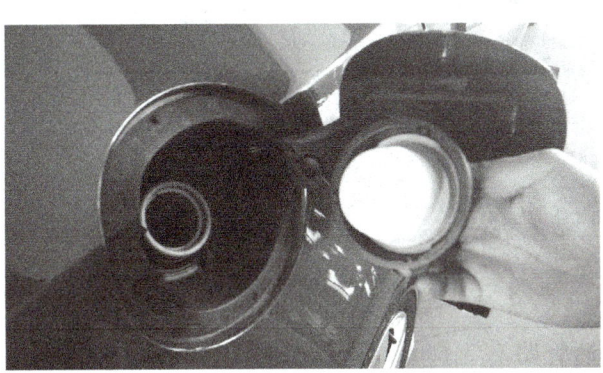

图2-49 燃油箱盖垫片检查

2）安装燃油箱盖，能发出咔嗒声而且能够自由转动，如图2-50所示。

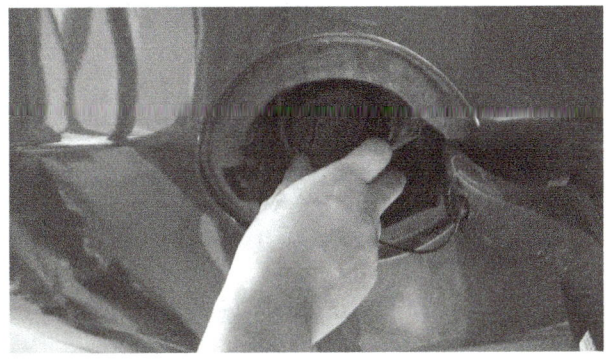

图2-50 燃油箱盖检查

3）检查发动机舱盖燃油管路及接头有无泄漏，管路有无扭结、磨损、腐蚀或其他损坏，如图 2-51 所示。

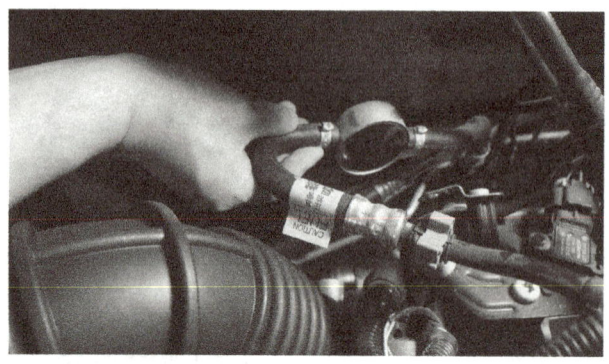

图 2-51　发动机舱燃油管路检查

4）检查底盘燃油管路的安装支架有无损坏、脱落，如图 2-52 所示。

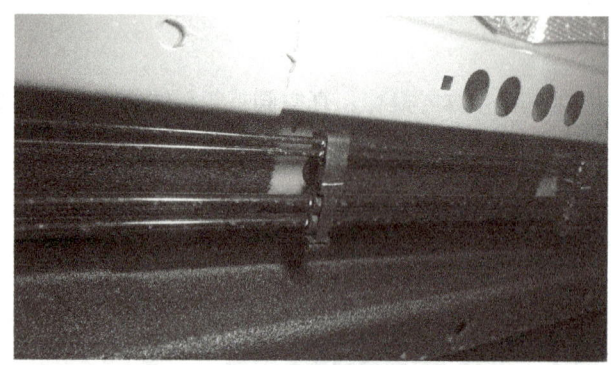

图 2-52　燃油管路安装支架检查

5）检查底盘燃油管路有无泄漏，有无扭结、磨损、腐蚀或其他损坏，如图 2-53 所示。

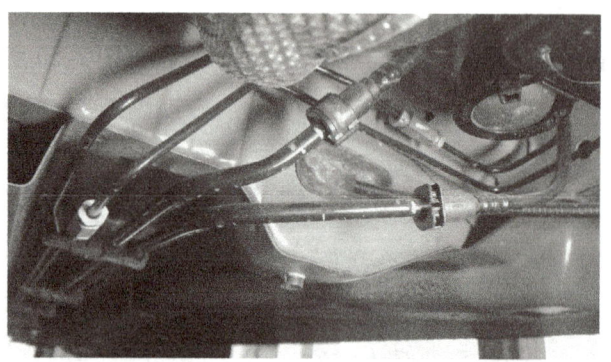

图 2-53　底盘燃油管路检查

任务评价

表 2-15 任务评价表

任务名称	空气流量传感器的故障诊断与检修		姓名		日期	
序 号	评价内容		要 求	分值	自评	互评
1	讲述燃油供给系统的作用		表达清楚准确	20		
2	讲述燃油供给系统的组成和各部件的作用		表达清楚准确	20		
3	在实车上指出燃油供给系统各部件安装位置		原理图解析要清楚，思路清晰	20		
4	完成科鲁兹轿车燃油供给系统的维护		思路清晰，操作规范	20		
5	操作过程 5S 管理		工具摆放，场地整理按 5S 要求	20		
6	总分					
教师评语						

任务拓展

以一汽丰田 2010 款卡罗拉发动机为例，利用课上时间进行燃油供给系统的维护，并完成工单。

1）燃油箱外观检查，并填写表 2-16。

表 2-16 燃油箱外观检查表

检查项目	条 件	检查结果
燃油箱	始终	

2）检查发动机舱燃油管的检查，并填写表 2-17。

表 2-17 发动机舱燃油管检查表

检查项目	条 件	检查结果
发动机舱燃油管	始终	

3）检查发动机舱燃油管接头的检查，并填写表 2-18。

表 2-18 发动机舱燃油管接头检查表

检查项目	条 件	检查结果
发动机舱燃油管接头	始终	

4）检查底盘燃油管路接头，并填写表 2-19。

表 2-19　底盘燃油管路接头检查表

检查项目	条件	检查结果
底盘燃油管接头	始终	

5）检查底盘燃油管路，并填写表 2-20。

表 2-20　底盘燃油管路检查表

检查项目	条件	检查结果
底盘燃油管路	始终	

6）检查底盘燃油管路支架，并填写表 2-21。

表 2-21　底盘燃油管路支架检查表

检查项目	条件	检查结果
底盘燃油管路支架	始终	

7）检查汽油滤清器工作情况，并填写表 2-22。

表 2-22　汽油滤清器检查表

检查项目	条件	检查结果
汽油滤清器	始终	

8）检查燃油滤清器安装情况，并填写表 2-23。

表 2-23　燃油滤清器检查表

检查项目	条件	检查结果
燃油滤清器	始终	

课后测评

一、填空题

1. 现代轿车燃油泵一般安装在_____内。
2. 无回油管路的油压调节器与_____并联。
3. 有回油管路的油压调节器的真空腔与_____相连。
4. 有回油管路的油压调节器，如果真空管破裂，喷油压力将_____。

二、简答题

1. 燃油供给系统的作用是什么？

2. 燃油供给系统一般由哪几个部分组成？

3. 为什么要采用无回油管路的系统？

任务四 点火系统的维护

学习目标

1. 能准确讲述发动机点火系统的作用及组成。
2. 能准确讲述雪佛兰科鲁兹轿车点火系统各部件的安装位置。
3. 能规范完成雪佛兰科鲁兹轿车点火系统的维护。

任务描述

一辆2013款1.6L自动档科鲁兹轿车行驶20000km，对该车发动机点火系统进行常规维护及检查。

知识储备

一、点火系统的作用

汽油发动机气缸内的可燃混合气在压缩终了时，利用电火花点燃后燃烧所产生的强大的能量推动活塞运动，使发动机完成做功过程。能适时在燃烧室内产生电火花的装置，称为点火系统。点火系统的作用就是使火花塞产生火花，在气缸内点燃燃油混合气。要点燃压缩过的燃油混合气，必须产生足以击穿火花塞的高压电（2~30kV或更高），并且具有足够的点火能量，并将这种高电压按照气缸的点火顺序分配到各个气缸的火花塞上，使其点火。

二、高电压产生原理

点火系统主要运用互感原理将蓄电池的12V低电压转变成30kV左右的高电压。

两个绕组如图2-54所示放置，当第一个绕组（一次绕组）的电流改变时，那么在另一个绕组（二次绕组）会产生感应电动势，在方向上它阻止第一个绕组的磁通的变化，这种现象称为互感效应。

如果恒定的电流流过一次绕组，磁力线不会发生变化，所以在二次绕组中也不会产生电动势。

如果迅速将开关由"ON"转至"OFF"，那么由于一次绕组中电流突然消失，磁通也就突然消失，二次绕组就会产生一个感应电动势。此电动势在方向上阻止一次绕组磁通消失，因此，变压器允许电流通过一次绕组，当电路突然断开时，由于一次绕组的自感效应产生的高电压通过互感效应在一次绕组和二次绕组中近一步增大。

这种设备产生的感应电动势的大小随着以下条件变化。

1. 磁通量变化的速度

如果磁通量变化是一定的，那么它变化所需时间越短，产生的电动势就越大。

2. 磁通量的大小

磁通量变化越大，产生的电动势就越大。

3. 二次绕组的匝数

如果磁通量变化量一定，匝数越多的绕组产生的电动势越大。

因此，为了得到二次绕组的高电压，通过一次绕组的电流应尽量大；其次，电流断开的速度应尽可能快。

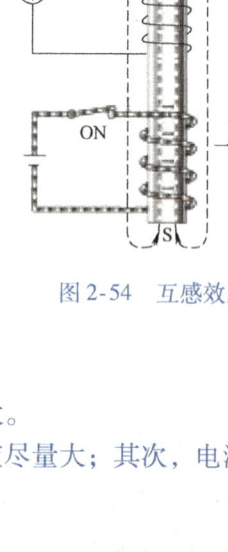

图 2-54　互感效应

三、点火系统组成

现代轿车普遍采用微机控制点火系统，该系统可根据发动机的各种负荷情况，控制最佳点火时间，使发动机获得接近理想的点火提前角，降低排放，节约燃油，提高发动机的转矩，避免工作中产生爆燃，让发动机运转更平稳。同时，也可获得稳定理想的点火电压，使点火性能恒定不变。

微机控制点火系统主要由蓄电池、传感器、ECU、点火模块和火花塞组成，如图 2-55 所示。

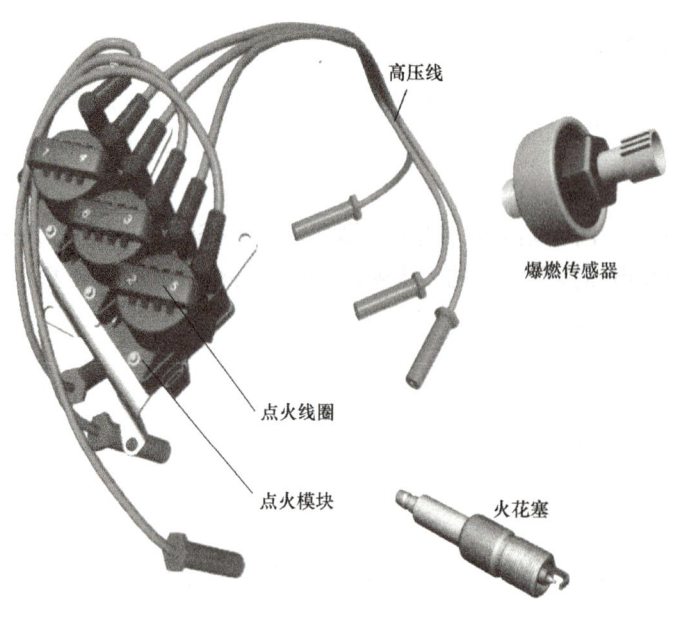

图 2-55　点火系统组成

项目二 电控燃油喷射系统的组成及控制内容

1. 传感器

传感器用来检测与点火有关的发动机工作和状况的信息,并将检测结果输入 ECU,作为计算和控制点火时刻的依据。传感器主要包括曲轴位置传感器、凸轮轴位置传感器及爆燃传感器。

2. ECU（图 2-56）

ECU 接收到各种传感器发送来的信号后,按预先编制的程序进行计算和判断,并向点火模块发送含有点火提前角及点火闭合角信号的点火控制信号,该信号将控制点火模块产生高电压以驱动火花塞跳火,最终点燃混合气。

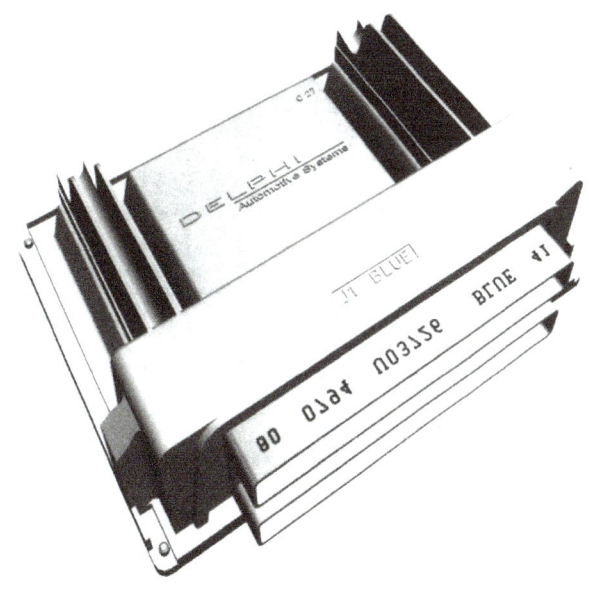

图 2-56　ECU

3. 点火模块的作用

目前微机控制点火系统中主要采用利用二次绕组两端作为输出端的点火模块和独立点火模块两种。

利用二次绕组两端作为输出端的点火模块也称为同时点火模块或分组点火模块,如图 2-57 所示。这种点火模块一个二次绕组同时控制两个同位气缸的火花塞,因此,仍需要分缸线将高压电传给火花塞。点火时,一个气缸位于压缩行程上止点,而另一个位于排气行程上止点,由于点火时两个火花塞电极间的电阻不同,故处于压缩行程上止点的气缸分得更多的能量,点燃混合气。所以,该点火系统仍有一定的能量损失。

所谓的独立点火模块,它将点火放大器与点火线圈集成于一体,每一个气缸均有一个点火模块,所以这种点火方式也称独立点火,如图 2-58 所示。

4. 火花塞

火花塞在发动机上的作用主要是在发动机燃烧室中形成火花放电,使可燃混合气燃烧。火花塞的工作条件十分恶劣,承受很大的机械、化学及电负荷,因此必须能够承受冲击性高电压和强烈的温度变化,应有良好的热特性和足够的机械强度。火花塞的电极采用难熔、耐腐、耐蚀的材料制成。

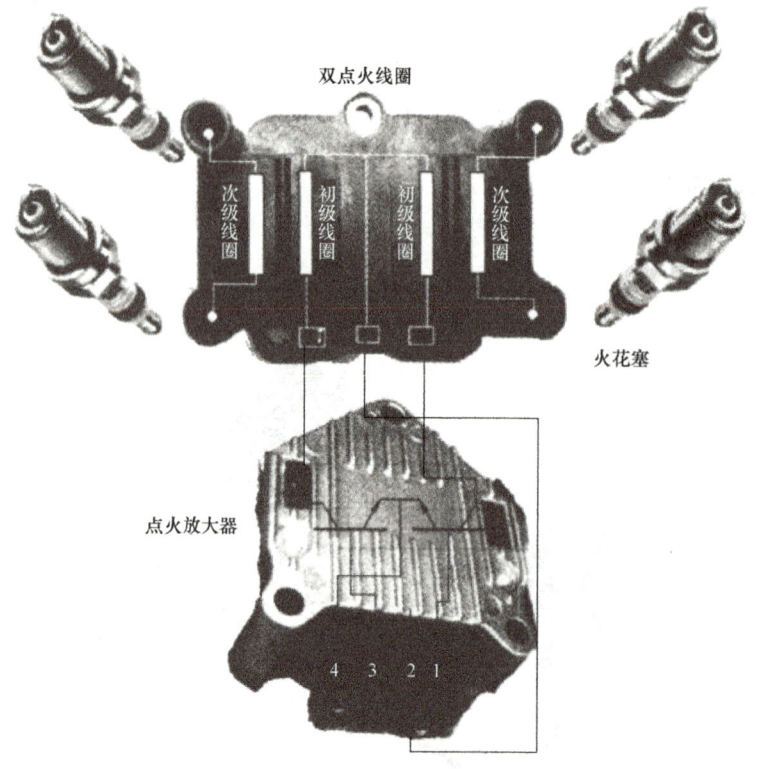

图 2-57 桑塔纳 2000GSi 点火模块

火花塞的结构如图 2-59 所示,中心电极用镍铬合金制成,具有良好的耐高温、耐腐蚀性能,导电玻璃起密封作用。火花塞间隙多为 0.6~0.7mm,采用高性能电子点火时,间隙可增大至 1.1~1.3mm。

图 2-58 卡罗拉独立点火模块

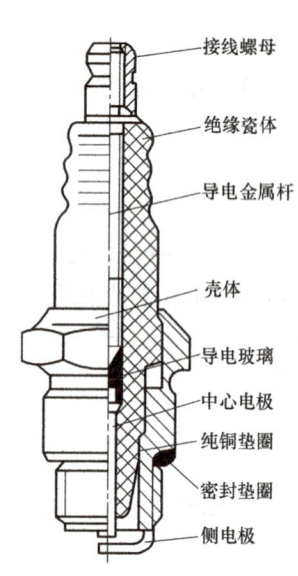

图 2-59 火花塞结构

火花塞型号由三部分组成：

第一部分为汉语拼音，表示火花塞结构类型及主要尺寸。

第二部分为阿拉伯数字，表示火花塞热值。

第三部分为汉语拼音，表示火花塞派生产品的结构特征、材料特性及特殊技术要求。

例如，F5RTC 型火花塞，表示螺纹规格为 M14x1.25、旋合长度为 19mm、壳体六角对边为 20.8mm、热值为 5 的电阻、镍铜复合电极、绝缘体突出型平座火花塞。

任务实施

任务解析 科鲁兹轿车发动机电控点火系统介绍

1. 科鲁兹轿车一体式点火模块

科鲁兹轿车采用一体式的点火模块，它将 4 个点火模块集成在一起，只有一个插接器，如图 2-60 所示。因此，点火模块需同时拆卸或更换。点火模块安装位置如图 2-61 所示。

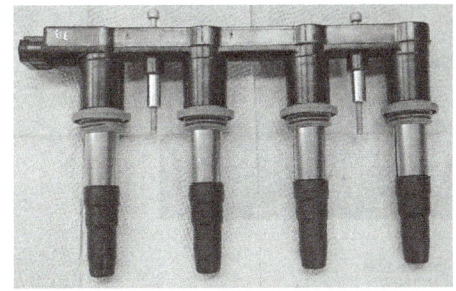

图 2-60 科鲁兹轿车点火模块

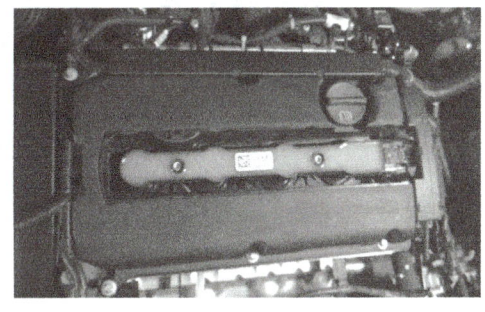

图 2-61 点火模块安装位置

2. ECU 安装位置

科鲁兹 ECU 由四个螺栓安装于蓄电池左侧，如图 2-62 所示。

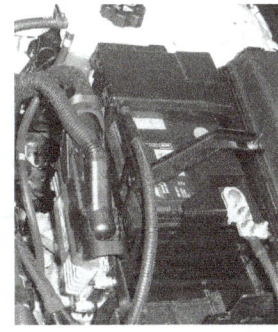

图 2-62 ECU 安装位置

科鲁兹轿车发动机电控点火系统维护过程：

1）摇动蓄电池正、负极接线及电缆夹，应无氧化、污垢现象，连接牢固，如图 2-63 所示。

汽车发动机电控系统故障诊断与检修

图 2-63　检查正负极接线柱

2）用万用表检测蓄电池电压，应为 9～12V，如图 2-64 所示。

图 2-64　检测蓄电池电压

3）轻轻摇动点火模块，安装牢固，无松旷现象，如图 2-65 所示。

4）轻轻摇动各导线，检查各导线是否从端子处脱开，线束外壳无明显损坏痕迹，如图 2-66 所示。

图 2-65　检查点火模块安装情况

图 2-66　检查导线

5）按下点火模块插接器锁舌，将插接器向外拔出，断开线束插接器，如图2-67所示。

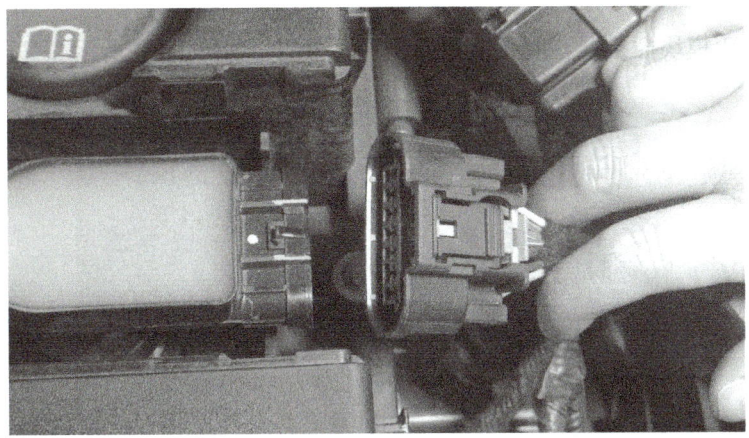

图2-67　断开点火模块插接器

6）选用内六角扳手，依次拧松点火模块固定螺栓，并用手取下，如图2-68所示。

图2-68　旋松点火模块固定螺栓

7）用力拔出点火模块，使点火模块与火花塞脱离后按垂直方向拔出，如图2-69所示。

图2-69　拔出点火模块

注意事项：拔出点火模块时，不要损坏发动机缸盖罩开口上的火花塞盖或火花塞套筒管顶部边缘。

8）检查点火模块插接器，应无损坏、锈蚀、弯曲，如图2-70所示。

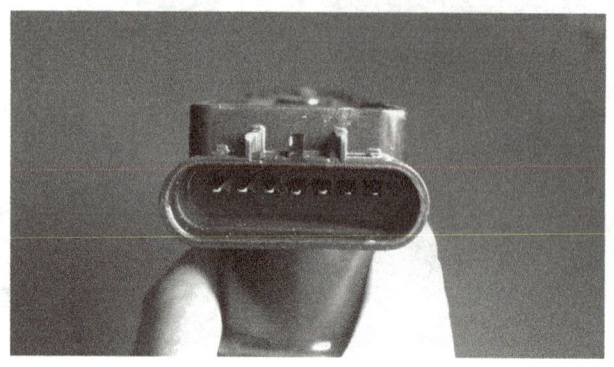

图2-70　检查点火模块插接器

9）检查点火模块外壳，应无损坏、破裂，如图2-71所示。

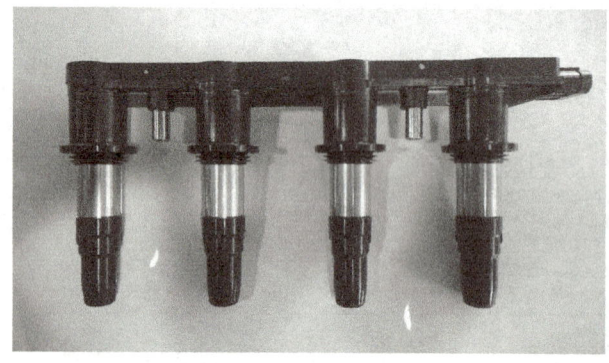

图2-71　检查点火模块外观

10）检查点火模块橡胶部位，应无损坏、老化和裂纹，如图2-72所示。

11）选用加长杆、棘轮扳手及火花塞套筒拆卸火花塞，如图2-73所示。

图2-72　检查点火模块橡胶部位

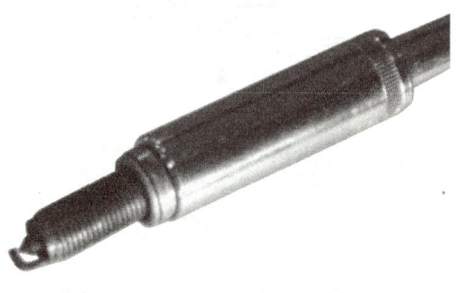

图2-73　拆卸火花塞

12）检查导管，应无明显油迹、脏污，如图 2-74 所示。

图 2-74　检查导管

13）目视检查火花塞，螺纹应完好，陶瓷部分应无裂纹，如图 2-75 所示。

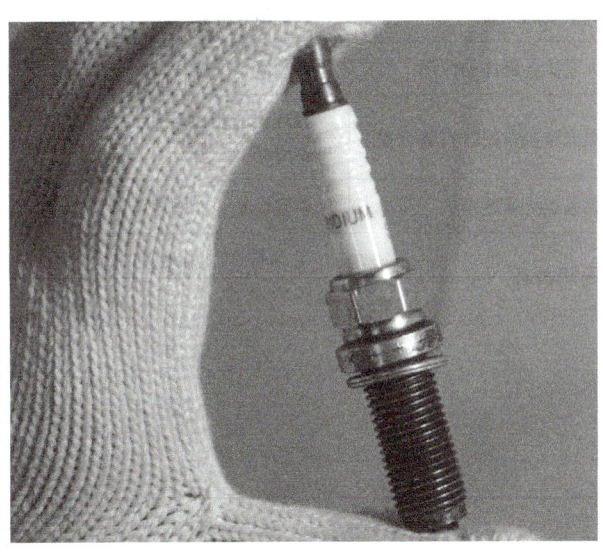

图 2-75　检查火花塞外观

14）用塞尺检查火花塞电极间隙，旧火花塞最大间隙为 1.3mm；新火花塞间隙为 0.9～1.1mm，如图 2-76 所示。

15）更换火花塞，复装点火模块。

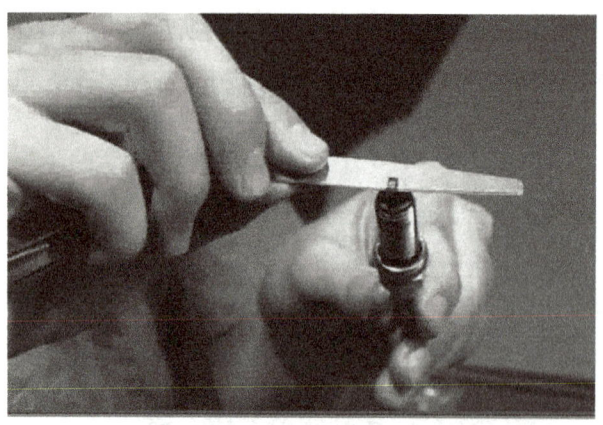

图 2-76　检查火花塞间隙

任务评价

表 2-24　任务评价表

任务名称	电控点火系统维护	姓名		日期	
序　号	评 价 内 容	要　　求	分值	自评	互评
1	讲述点火系统的组成	表达清楚准确	20		
2	讲述点火系统各部件的作用	表达清楚准确	20		
3	能指出点火系统各部件安装位置	原理图解析要清楚，思路清晰	20		
4	完成科鲁兹点火系统维护	思路清晰，操作规范	20		
5	操作过程5S管理	工具摆放，场地整理按5S要求	20		
6	总分				
教师评语					

任务拓展

以一汽丰田 2010 款卡罗拉发动机为例，利用课上时间进行点火系统维护，并完成工单。
1）检查蓄电池电压，填写表 2-25。

表 2-25　蓄电池电压检查表

检测仪连接	条　　件	检 测 电 压
蓄电池正极至蓄电池负极	始终	

项目二 电控燃油喷射系统的组成及控制内容

2)检查点火模块及插接器安装情况,填写表 2-26。

表 2-26 点火模块安装情况检查表

检 查 项 目	条 件	检 查 结 果
点火模块及插接器安装情况	始终	

3)检查端子及线束情况,填写表 2-27。

表 2-27 端子及线束检查表

检 查 项 目	技 术 条 件	检 查 结 果
点火模块导线端子及线束	始终	

4)检查点火模块插接器,填写表 2-28。

表 2-28 点火模块插接器检查表

检 查 项 目	条 件	检 查 结 果
点火模块插接器	始终	

5)检查点火模块插接器外壳,填写表 2-29。

表 2-29 点火模块外壳检查表

检 查 项 目	条 件	检 查 结 果
点火模块外壳	始终	

6)检查导管,填写表 2-30。

表 2-30 导管检查表

检 查 项 目	条 件	检 查 结 果
导管	始终	

7)检查火花塞外观,填写表 2-31。

表 2-31 火花塞外观检查表

检 查 项 目	条 件	检 查 结 果
火花塞外观		

8)检查火花塞电极间隙及绝缘电阻,填写表 2-32。

表 2-32 电阻检查表

检测仪连接	条 件	检测电阻
火花塞电极间隙至绝缘电阻	始终	

课后测评

一、填空题

1. 电磁感应现象中感应电动势的大小决定于_____、_____和_____。
2. 轿车中，蓄电池电压为_____V，而点火所需的电压为_____V。
3. 点火系统一般由_____、火花塞、_____、_____等组成。

二、简答题

1. 点火系统的作用是什么？

2. 点火系统中曲轴位置传感器的作用是什么？

3. 独立点火的优势有哪些？

项目三

空气供给系统的故障诊断与检修

项目描述

一车辆由于空气供给系统工作不良导致发动机性能故障，需对空气供给系统各元件及控制电路进行检查，确定故障部位，并维修或更换。

任务一　空气流量传感器的故障诊断与检修

学习目标

1. 能准确讲述空气流量传感器的作用，并在发动机上指明部件所在位置。
2. 能准确讲述空气流量传感器的类型。
3. 结合原理图能准确叙述各类空气流量传感器的工作原理。
4. 能准确规范地完成热膜式空气流量传感器的诊断与检修。

任务描述

一辆 2013 款 1.6L 自动档科鲁兹轿车，发动机指示灯点亮，加速无力，踩下加速踏板时转速保持在 3000r/min，无法上升，对故障车进行检测，发现空气流量传感器有故障，经维修处理后，车辆运行正常。

知识储备

一、空气流量传感器（MAF）

空气流量传感器又称空气流量计，一般安装在空气滤清器和节气门体之间的进气道上，如图 3-1 所示。从字面上就可以看出，此传感器就是检测空气流量的一个装置，它的作用是测量进入发动机的空气流量，然后将此信号输送给电子控制单元 ECU，ECU 根据此信号决定将要喷射的油量，给发动机提供最佳比例的空燃比。为了达到此目的，空气流量传感器必须准确地测量每一瞬间吸入发动机的空气量，以此作为 ECU 控制喷油量的主要依据。如果空气流量传感器出现了问题，ECU 收不到准确的进气量信号。此时，喷油量就不能准确控制，将会造成空燃比过浓或过稀，使发动机不能正常工作。

图 3-1　空气流量传感器实物图

二、空气流量传感器类型

根据检测进气量方式的不同，空气流量传感器分为 D 型（即压力型）和 L 型（即空气流量型）两种。"D"型来源于德文"Druck（压力）"的第一个字母，是利用压力传感器检测进气歧管的绝对压力，测量方法属于间接测量法，装备"D"型传感器的系统称为"D"型燃油喷射系统，控制系统利用该绝对压力和发动机转速来计算吸入气缸内的空气量。"L"型来源于德文"Luftmengen（空气流量）"的第一个字母，是利用流量传感器直接测量吸入进气管的空气流量。此种检测方式，因为采用了直接测量的方法，所以进气量的测量精确度较高。

汽车采用的"L"型传感器分为体积流量型（如翼片式、涡流式）传感器和质量流量型（如热丝式和热膜式）传感器。

体积流量型传感器包括翼片式空气流量传感器和卡门漩涡式空气流量传感器。

质量流量型传感器包括热线式空气流量传感器和热膜式空气流量传感器。

三、热线式空气流量传感器

热线式空气流量传感器于 20 世纪 80 年代初开发研制，广泛应用于丰田卡罗拉等车型，具有响应速度快、测量精度高、进气阻力小、无磨损、可以直接测量进气空气质量流量而无需进行大气压力修正和温度修正等优点；缺点是制造成本高，容易受到空气中灰尘的污染，影响精度，发动机回火时容易造成断线等。

热线式空气流量传感器是现代轿车广泛应用的一种空气流量传感器，实物图如图 3-2 所示。它上面分别有"热线"（铂热丝）和"冷线"（温度传感器），如图 3-3 所示。根据铂热丝在流量传感器中安装位置不同，又分为主流测量方式和旁通测量方式两种结构形式。

"热线"是一根暴露在进气流中的铂热丝，控制电路将热线加热至某一温度，进气流则对热线有冷却的作用，使热线的温度降低。为了保持热线原来的温度，控制电路需加大加热电流。即进气量越大，热线需要的加热电流就越大。控制电路将加热电流的变化转变为电压的变化，作为进气量信号输出。

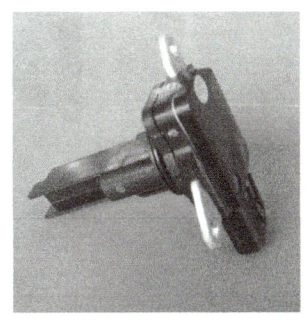

图 3-2　热线式空气流量传感器实物图

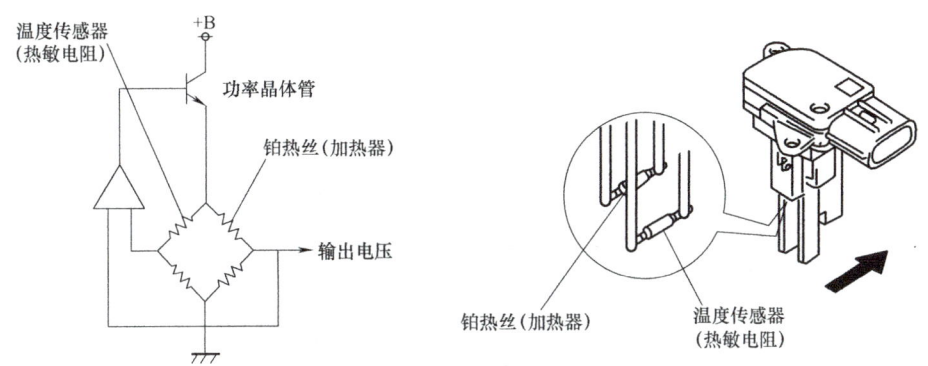

图 3-3　热线式空气流量传感器工作原理图

进气温度的变化会使热线温度发生改变，从而影响进气量的测量精度。为消除这种影响，在热线附近安置一根温度补偿电阻（称为"冷线"），冷却温度接近进气温度（图 3-3 中其还作为温度传感器使用）。工作时，控制电路使热线温度始终高于冷线温度一个固定值（如 100℃），这样冷线温度起到参考标准作用，使进气温度的变化不会影响到传感器的测量精度。

为了克服热线易受污染的缺陷，有些电控系统在控制单元（ECU）中设有自洁电路，在发动机熄火后，自动将热线加热至 1000℃，持续 1s，将尘埃烧掉；也有一些电控系统将热线的保持温度提高至 200℃，防止污染物污染热线，如图 3-4 所示。

四、热膜式空气流量传感器

热膜式空气流量传感器是热线式空气流量传感器的改进产品，如图 3-5 所示。热膜式空气流量传感器的结构和工作原理与热线式空气流量传感器基本相同，属于第四代产品，在现代电控发动机中使用广泛。唯一区别在于热膜式空气流量传感器的发热体由热线改为热膜，如图 3-6 所示。热膜为固定在薄的树脂膜上的金属铂，或者用厚膜工艺将热线、冷线、精密电阻镀在一块陶瓷片上，有效地降低了制造成本。

热膜式空气流量传感器的发热体不直接承受空气流动所产生的作用力，从而提高了发热体的轻度和工作可靠性，且结构简单，使用寿命长，不易受尘埃污染。这种流量传感器的主要缺点是空气流速分布不均匀，易影响测量精度。

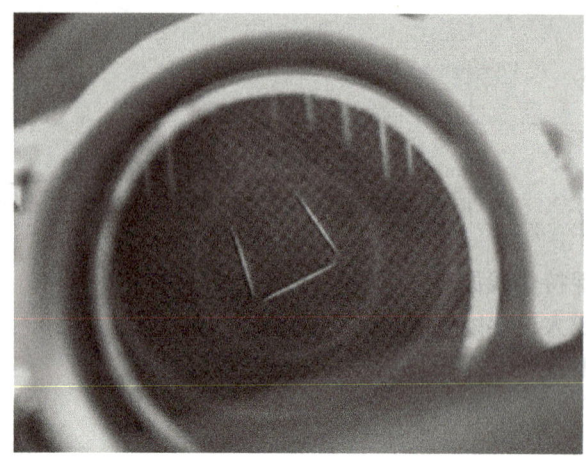

图 3-4 自洁功能示意图

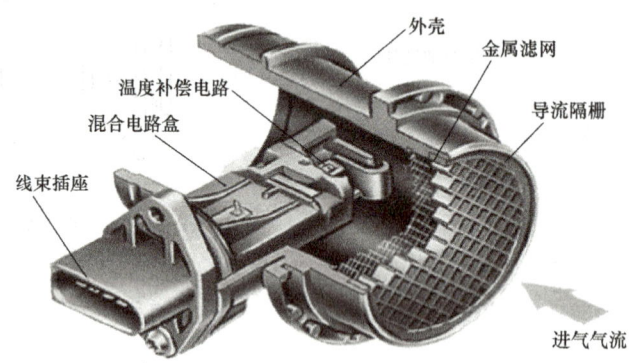

图 3-5 热膜式空气流量传感器

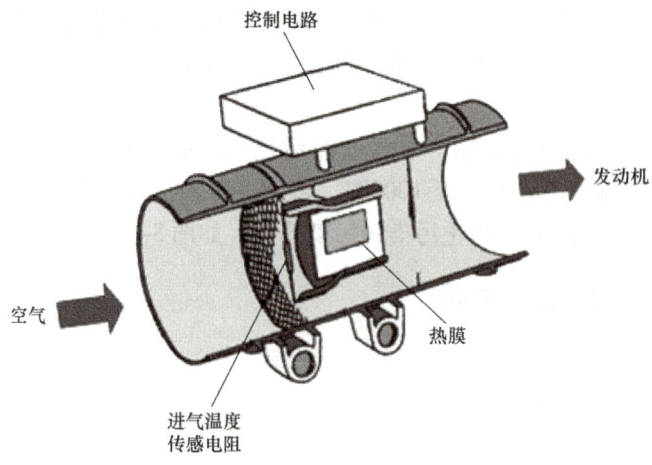

图 3-6 热膜式空气流量传感器结构图

五、翼片式空气流量传感器

翼片式空气流量传感器属于体积流量型，20 世纪 70 年代较为流行，应用在 L 型电控燃油喷射系统中，属于第一代空气流量传感器，目前已经很少应用。

翼片式空气流量传感器（图 3-7）具有结构简单，性能可靠，价格便宜等优点，缺点是体积大，不便于安装，进气阻力大，急加速时反应迟钝，必须进行大气压力修正和温度补偿等。翼片式空气流量传感器主要由翼片部分、电位计部分、CO 调整螺钉组成。

翼片式空气流量传感器构造如图 3-8 所示，两个铸成一体的测量翼片和缓冲翼片是主要部件，被安装在空气流量传感器壳体上的翼片转轴上，螺旋复位弹簧安装在电位计部分内，空气旁通气道也设置在空气流量传感器上。

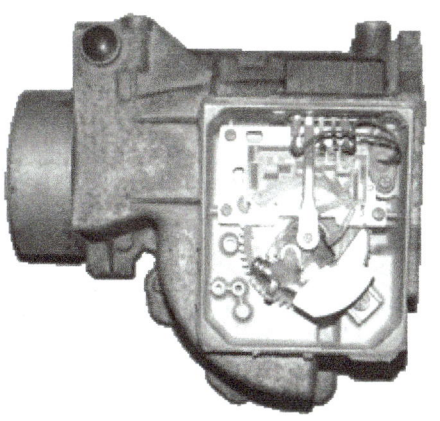

图 3-7 翼片式空气流量传感器实物图

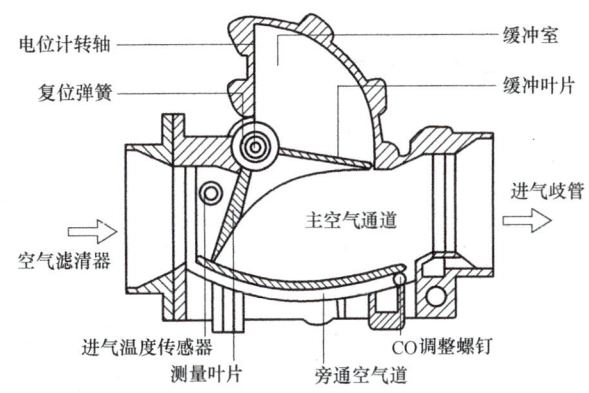

图 3-8 翼片式空气流量传感器构造图

测量翼片随空气流量的变化在主空气通道内偏转，同时缓冲翼片在缓冲室内偏转。缓冲室内的空气阻力对缓冲翼片起阻尼作用，当发动机吸入的空气量急剧变化和气流脉冲时，能够减小测量翼片的脉冲，以保证输出信号平稳。当复位弹簧的弹力与吸入的空气气流对测量翼片的推力平衡时，翼片即处于某一稳定位置。

空气流量传感器主空气道下方，设置有空气旁通通道，在旁通通道的一侧设有可改变旁通空气量的 CO 调整螺钉，以便在小空气流量时，对空气流量传感器的输出特性进行调节。

电位计部分布置在空气流量传感器壳体上方，由平衡配重、滑臂、螺旋复位弹簧、调整齿圈和印制电路板组成，如图 3-9 所示。

螺旋复位弹簧的一端固定在翼片转轴上，另一端固定在调整齿圈上，调整齿圈由一卡簧锁止。调整齿圈上有刻度标记，改变调整齿圈的固定位置，可以调整弹簧的预紧力，以便在使用中调整空气流量传感器的输出特性。翼片转轴上端装着平衡配重和滑臂，随测量翼片一起转动，滑臂与印制电路上的镀膜电阻接触，并在其上滑动。印制电路板采用陶瓷基镀膜工艺制成。

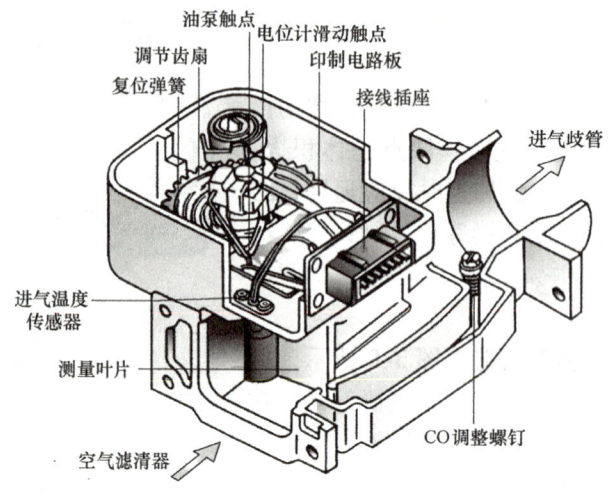

图 3-9　电位计结构图

六、卡门漩涡式空气流量传感器

当外架空中的电线被风吹时，就会发出"嗡嗡"的响声，风速越高声音频率越高，这就是气流流过电线后形成旋涡所致。在流体中放置一个柱状物体（称为旋涡发生器）后，在其下游流体中就会形成两列平行状旋涡，并且左右交替出现，因此，根据旋涡出现的频率，就可测量出流体的流量。因为这种现象首先被卡门发现，所以称为卡门涡旋。

卡门旋涡式空气流量传感器属于体积流量型，主要由设置在空气通道中央的锥状卡门旋涡发生器和相应的旋涡检测装置等组成，如图 3-10 所示。当空气流过卡门旋涡发生器时，在其后部将会不断产生卡门旋涡。在单位时间内产生的卡门旋涡的个数（即发生频率）与气流的速度有关，只要测出卡门旋涡的发生频率，即可知道空气流量的大小。

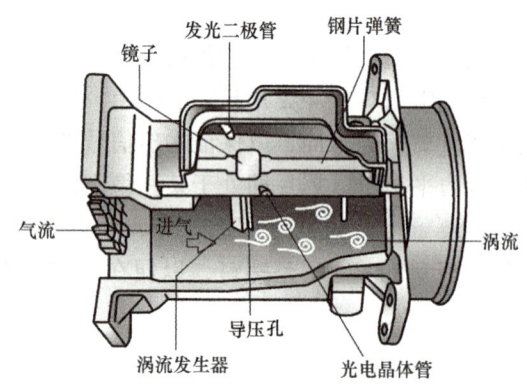

图 3-10　卡门旋涡式空气流量传感器

卡门旋涡式空气流量传感器具有响应速度快、进气阻力小、无磨损、结构紧凑、输出信号为脉冲信号容易检测和处理等优点；缺点制造成本高，需要进气大气压力修正和温度修正，因此目前只有少数中高档轿车采用。

按照卡门旋涡频率的检测方式对其进行分类，主要有反光镜检测式和超声波检测式。

1. 反光镜检测式

反光镜检测方式的旋涡检测装置由反光镜、发光二极管、光敏晶体管和板弹簧等组成，如图 3-11 所示。

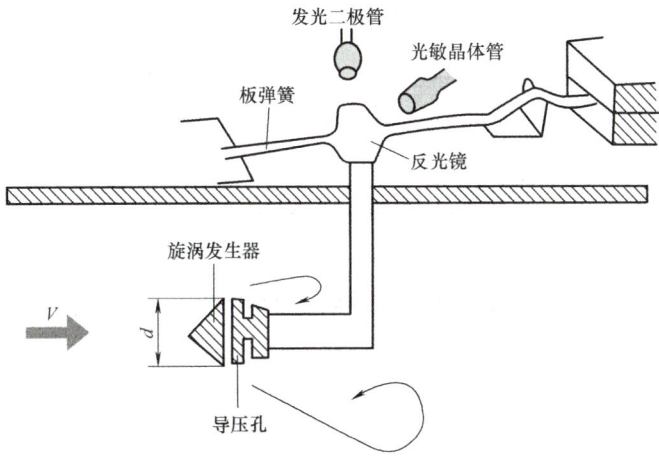

图 3-11　反射镜检测方式

当空气流过卡门旋涡发生器时，受交替产生的卡门旋涡的影响，发生器两侧压力也交替发生变化。用导压孔把旋涡发生器两侧的压力引到薄金属制成的反光镜背面，受发生器两侧交替变化压力的作用、反光镜将产生与旋涡发生频率相同的偏转振动。如图 3-12 所示，在反射镜产生偏转振动的同时，发光二极管投射到反射镜上的反射光束的方向也以相同的频率变化。当发射光束发射到光敏晶体管上时，光敏晶体管输出高电平，反之则为低电平。对应连续产生的卡门旋涡，光敏晶体管输出与之对应的脉冲数，通过对光敏晶体管发出的电脉冲计数，即可算出旋涡的发生频率，进而算出空气的流速和体积流量。

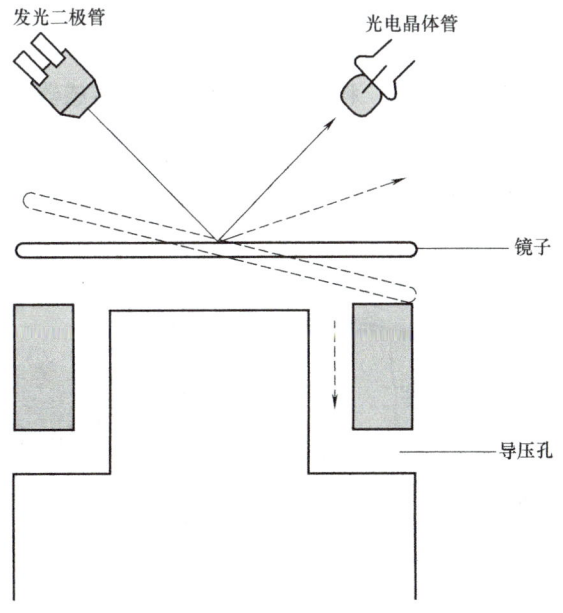

图 3-12　反光镜检测方式原理

2. 超声波检测式

超声波检测方式的检测装置由超声波信号发生器和超声波接收器等组成。它是利用卡门旋涡的存在,会使通道横截面空气密度发生变化这一现象来测量旋涡的发生频率。超声波信号发生器安装在空气流动的垂直方向,在它的对面安装超声波接收器,如图3-13所示。

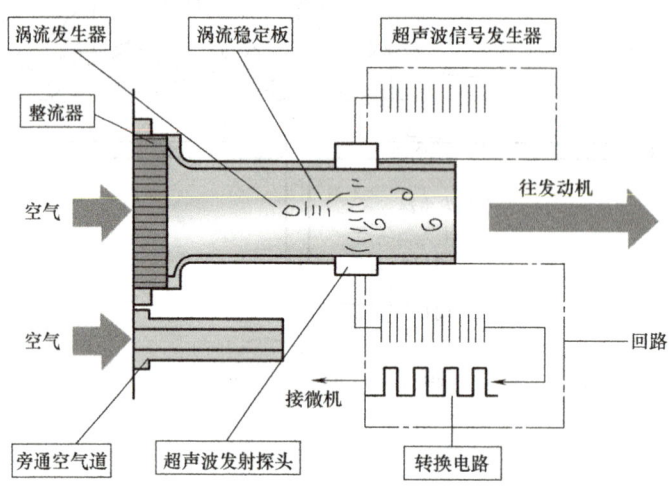

图3-13 超声波检测方式

发动机运行时,超声波信号发生器不断地向接收器发出一定频率的超声波。当超声波通过发动机进气气流到达接收器时,因受卡门旋涡引起的空气密度变化的影响,超声波频率的相位将发生变化,接收器测出这一相位变化,利用放大器把它们整形为矩形波,根据矩形波的脉冲频率,即可计算出卡门旋涡的发生频率。

// **任务实施**

任务解析1　科鲁兹轿车空气流量传感器

以雪佛兰2013款科鲁兹轿车发动机采用的热膜式空气流量传感器的检测为例,加以说明,图3-14为其实物图。

图3-14 热膜式空气流量传感器实物图

任务解析 2　科鲁兹轿车空气流量传感器电路图解读

图 3-15 为热膜式空气流量传感器系统电路图。

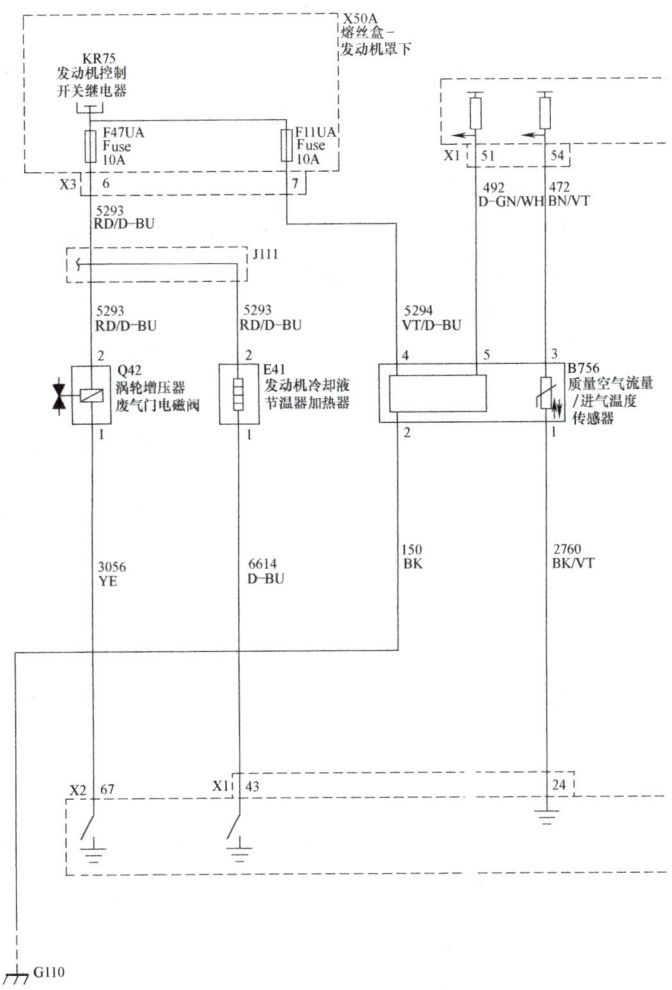

图 3-15　热膜式空气流量传感器系统电路图
2 号线—搭铁电路　4 号线—点火电压电路　5 号线—信号电路

质量空气流量（MAF）传感器和进气温度（IAT）传感器是集成在一起的。质量空气流量传感器是一个空气流量传感器，测量进入发动机的空气量。发动机控制模块（ECM）利用质量空气流量传感器信号提供所有发动机转速和负载需要的正确燃油输送量。进入发动机的空气量小，表示减速或怠速状态。进入发动机的空气量大，表示加速或高负荷状态。

发动机控制模块向质量空气流量传感器信号电路上的质量空气流量传感器提供 5V 电压。传感器根据流过传感器孔的进气流量，利用电压产生频率。

科鲁兹轿车空气流量传感器维修过程：

1）读取静态故障码、冻结帧和数据流。

2）检查空气流量传感器的安装状态。

3）确认故障症状。起动发动机前，确认车辆周围环境是否安全。起动发动机时，观察起动状况，确认故障症状并记录症状现象。

4）动态下再次读取故障码、冻结帧和数据流。

5）将点火开关置于"OFF（关闭）"位置，断开 B75B 空气流量传感器插接器，测试搭铁电路端子 2 和搭铁之间电阻是否小于 10Ω。

① 如果等于或高于 10Ω，测试搭铁电路端对端的电阻是否小于 2Ω，如果为 2Ω 或更大，如图 3-16 所示（图中数值为无穷大），则修理电路中的断路/电阻过大故障（断路）。如果小于 2Ω，则修理搭铁连接中的断路/电阻过大故障（搭铁连接不良）。

图 3-16　线路断路检查

② 如果小于 10Ω，如图 3-17 所示（图中数值为 1.4Ω），将点火开关置于"ON（打开）"位置。确认点火电压电路端子 4 和搭铁之间的测试灯点亮。

图 3-17　线路断路检查

A. 如果测试灯未点亮，且电路熔丝状态良好，如图 3-18 所示（图中数值为 0.3Ω），将点火开关置于"OFF（关闭）"位置。测试点火电压电路端到端的电阻是否小于 2Ω。如果为 2Ω 或更大，则修理电路中有断路/电阻过大故障（断路）。如果小于 2Ω，如图 3-19 所示（图中数值为 0.7Ω），则确认熔丝未熔断且熔丝处有电压（熔丝安装问题）。

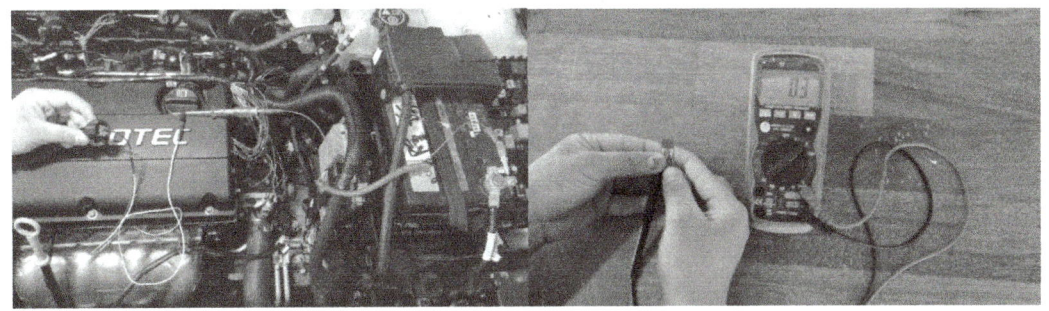

图 3-18　点火电压电路及熔丝状态检查

图 3-19　线路断路检查

B. 如果测试灯未点亮，且电路熔丝状态损坏。将点火开关置于"OFF（关闭）"位置，测试点火电压电路和搭铁之间的电阻是否为无穷大。如果电阻不为无穷大，则修理电路上的搭铁短路故障。如果电阻为无穷大，则测试所有连接至点火电压电路的部件并在必要时予以更换。

C. 如果测试灯点亮，如图 3-20 所示。测试信号电路端子 2 和搭铁之间的电压是否为 4.8~5.5V。

a. 如果小于 4.8V，将点火开关置于"OFF（关闭）"位置，断开蓄电池负极接线柱，断开 K20 发动机控制模块的 X1 线束插接器。测试信号电路和搭铁之间的电阻是否为无穷大。如果电阻不为无穷大，则修理电路上的搭铁短路故障。如果电阻为无穷大，测试信号电路端对端的电阻是否小于 2Ω。如果为 2Ω 或更大，如图 3-21 所示（图中数值为无穷大），则修理电路中有断路/电阻过大故障（断路）；如果小于 2Ω，则更换 K20 发动机控制模块。

b. 如果大于 5.5V，将点火开关置于"OFF（关闭）"位置，断开蓄电池负极接线柱，断开 K20 发动机控制模块的线束插接器 X1，再将点火开关置于"ON（打开）"位置。测试

图 3-20　点火电压电路检查

图 3-21　断路检查

信号电路和搭铁之间的电压是否低于 1V。如果是 1V 或更高，则修理电路上的电压短路故障；如果低于 1V，则更换 K20 发动机控制模块。

c. 如果在 4.8~5.5V 之间，如图 3-22 所示（图中数值为 5.04V），更换空气流量传感器部件。

6）修复后再次检查故障码和数据流。

图 3-22　信号电路检查

任务评价

表 3-1 任务评价表

任务名称	空气流量传感器的故障诊断与检修		姓名		日期	
序 号	评价内容	要 求	分值	自评	互评	
1	讲述空气流量传感器的作用,并在发动机上指明部件所在位置	表达清楚准确	20			
2	讲述空气流量传感器的类型	表达清楚准确	20			
3	结合原理图叙述各类空气流量传感器工作原理	原理图解析要清楚,思路清晰	20			
4	完成空气流量传感器的故障诊断	思路清晰,操作规范	20			
5	操作过程 5S 管理	工具摆放,场地整理按 5S 要求	20			
6	总分					
教师评语						

任务拓展

以一汽丰田 2010 款卡罗拉发动机为例,利用课上时间进行热线式空气流量传感器的检测,并完成工单。图 3-23 为热线式空气流量传感器系统电路图。

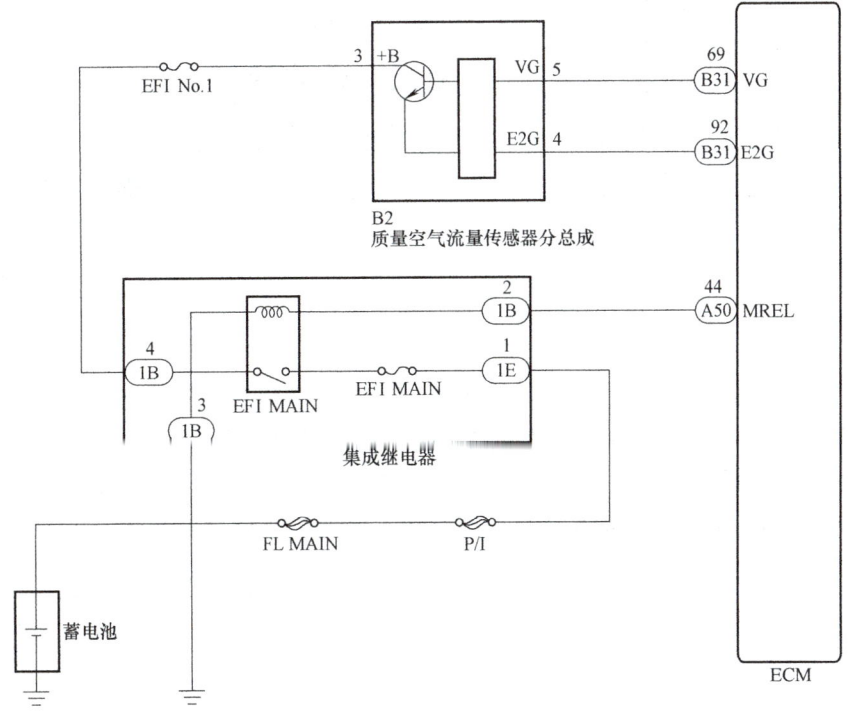

图 3-23 热线式空气流量传感器系统电路图

1）读取静态故障码、冻结帧和数据流。

2）检查空气流量传感器的安装状态。

3）确认故障症状。起动发动机前，确认车辆周围环境是否安全。起动发动机时，观察起动状况，确认故障症状并记录症状现象。

4）动态下再次读取故障码、冻结帧和数据流。

5）检查空气流量传感器的电源电压。关闭点火开关，断开空气流量传感器插接器，将点火开关置于 ON 位置，根据下表 3-2 测量电压，插接器前视图如图 3-24 所示，测量结果异常，维修或更换线束或插接器。

表 3-2　标准电压

检测仪连接	开 关 状 态	检 测 电 压
B2-3（+B）-车身塔铁	点火开关置于 ON 位置	

6）检查空气流量传感器的 VG 电压。拆下空气流量传感器，用干净布覆盖空气流量传感器安装孔。根据下表 3-3 测量电压，空气流量传感器部件图如图 3-25 所示。测量结果异常，更换空气流量传感器。

表 3-3　VG 电压

检测仪连接	条　件	检 测 电 压
B2-5（VG）- B2-4（E2G）	向端子 +B 和 E2G 之间施加蓄电池电压	

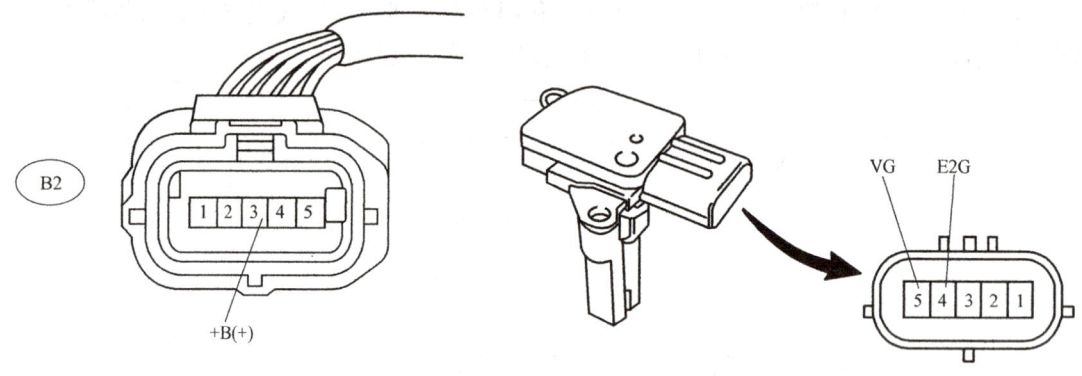

图 3-24　空气流量传感器插接器前视图　　图 3-25　空气流量传感器部件图

7）检查线束和插接器（空气流量传感器—ECM）。断开蓄电池负极接线柱，断开 ECM 插接器，根据下表 3-4、表 3-5 测量电阻。线束插接器前视图（至空气流量传感器）如图 3-26 所示，线束插接器前视图（至 ECM）如图 3-27 所示。测量结果异常，维修或更换线束或插接器。重新连接空气流量传感器插接器，重新连接 ECM 插接器。

表 3-4　标准电阻（断路检查）

检测仪连接	条　件	检 测 电 阻
B2-5（VG）-B31-69（VG）	始终	
B2-4（E2G）-B31-92（E2G）	始终	

表 3-5　标准电阻（短路检查）

检测仪连接	条　件	检测电阻
B2-5（VG）或 B31-69（VG）- 车身塔铁	始终	
B2-4（E2G）或 B31-92（E2G）- 车身塔铁	始终	

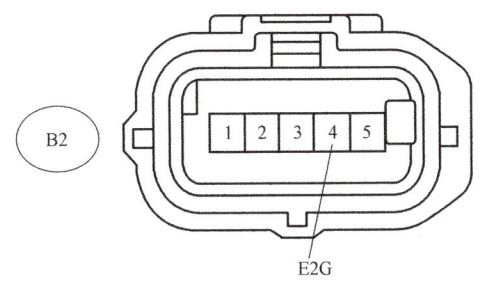

图 3-26　线束插接器前视图（至空气流量传感器）

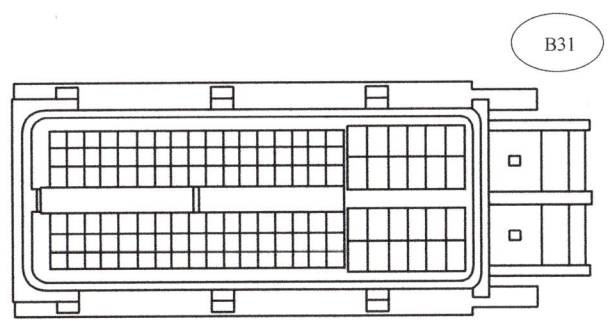

图 3-27　线束插接器前视图（至 ECM）

8）以上测量都正常，更换 ECM。

9）修复后再次检查故障码和数据流。

课后测评

一、填空题

1. 空气流量传感器又称空气流量传感器，一般安装在_____和节气门体之间的进气道上。

2. 体积型流量传感器包括_____式空气流量传感器和_____式空气流量传感器，质量型流量传感器包括热线式空气流量传感器和_____式空气流量传感器。

3. 热线式空气流量传感器是现代轿车广泛应用的一种空气流量传感器，根据铂热丝在流量传感器中安装位置不同，又分为_____方式和旁通测量方式两种结构形式。

4. 热膜式空气流量传感器是热线式空气流量传感器的改进产品，唯一区别在于热膜式空气流量传感器的发热体由热线改为_____。

5. 按照卡门旋涡频率的检测方式对卡门漩涡式空气流量传感器进行分类，主要有反光镜检测式和_____式。

二、简答题

1. 空气流量传感器的作用是什么？

2. 简述热线式空气流量传感器的工作原理。

任务二　进气歧管绝对压力传感器的故障诊断与检修

学习目标

1. 能准确讲述进气歧管绝对压力传感器的作用，并在发动机上指明部件所在位置。
2. 能准确讲述进气歧管绝对压力传感器的类型。
3. 结合原理图能准确叙述半导体压敏电阻式进气歧管绝对压力传感器的工作原理。
4. 能准确规范地完成进气歧管绝对压力传感器的诊断与检修。

任务描述

一辆 2013 款 1.6L 自动档科鲁兹轿车，发动机指示灯点亮，怠速不稳，对故障车进行检测，发现进气歧管绝对压力传感器故障，经维修处理后，车辆运行正常。

知识储备

一、进气歧管绝对压力传感器的作用及类型

进气歧管绝对压力传感器一般装于发动机机舱内，用一根真空管与进气歧管相接或直接装在节气门后方的进气歧管上，如图 3-28 所示。

进气歧管绝对压力传感器（MAP）应用在 D 型电控燃油喷射系统中，属于第二代。通过测量进气歧管内的大气压力，并将压力信号转变为电信号输送给发动机控制模块，作为决定喷油器基本喷油量和基本点火提前角的主控信号。有些 L 型电控发动机用 MAP 传感器检

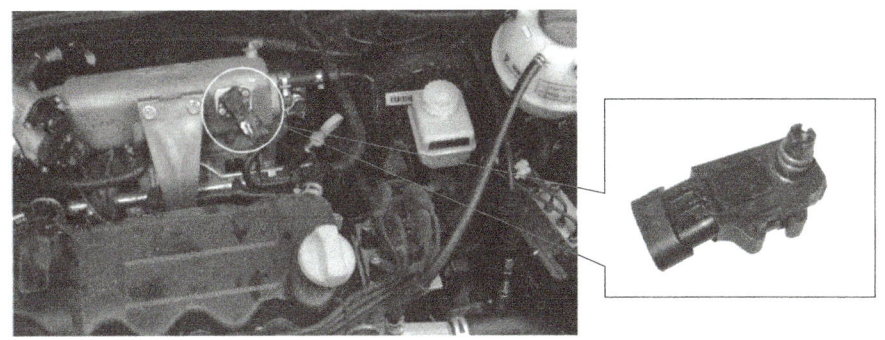

图 3-28 进气歧管绝对压力传感器位置图

测发动机起动时的进气量，而发动机起动后的进气量则由 MAF 传感器（发动机进气系统空气流量传感器）检测。

进气歧管绝对压力传感器的种类较多，根据信号产生的原理可分为：可变电感式、膜盒传动式、电容式和半导体压敏电阻式，现在应用最广泛的是半导体压敏电阻式和电容式。

二、半导体压敏电阻式进气歧管绝对压力传感器

图 3-29 是半导体压敏电阻式进气歧管绝对压力传感器，它由压力转换元件（硅片）和对输出信号进行放大的混合集成电路等构成。

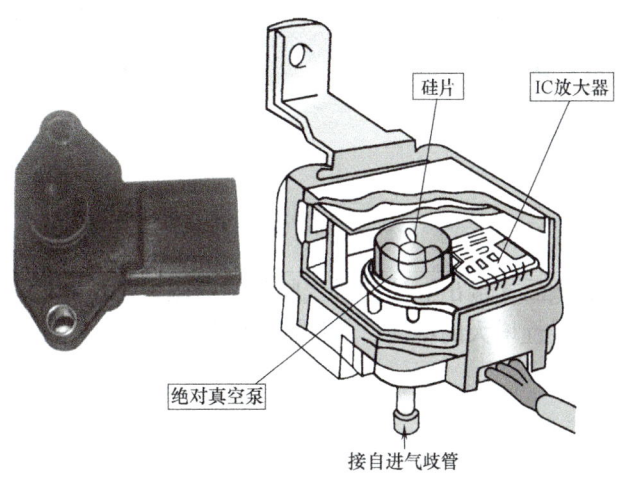

图 3-29 半导体压敏电阻式进气歧管绝对压力传感器

压力转换元件是利用半导体压阻效应制成的硅膜片。硅膜片为 3mm 的正方形，其中部经光刻腐蚀形成直径约 2mm、厚约 50μm 的薄膜。在膜片表面规定位置有四个应变电阻，以惠斯顿电桥方式连接，如图 3-30 所示。

硅膜片的一侧是真空室，另一侧导入进气歧管压力，如图 3-31 所示。随着发动机负荷的增大（节气门开大），进气歧管侧的绝对压力（即进气歧管压力）增大，硅膜片的变形就越大，其变形与压力正比，膜片上的应变电阻阻值的变化也与变形的变化成正比，这样就可利用惠斯顿电桥将硅膜片的变形转换为电信号。由于压力转换元件输出的电信号很弱，所以

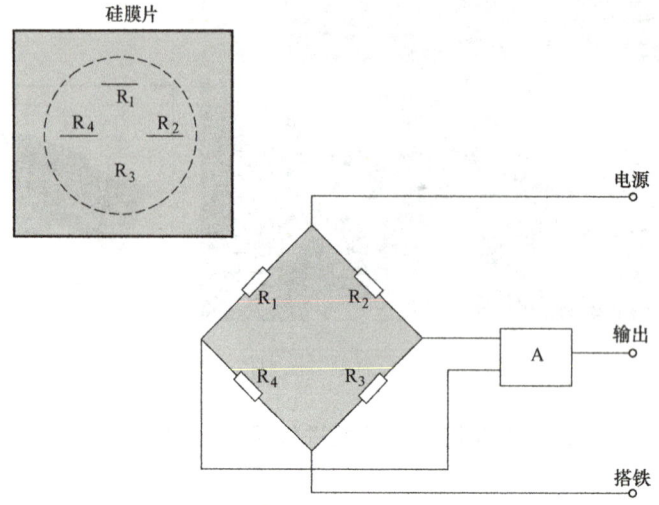

图 3-30　半导体压敏电阻式传感器工作原理图

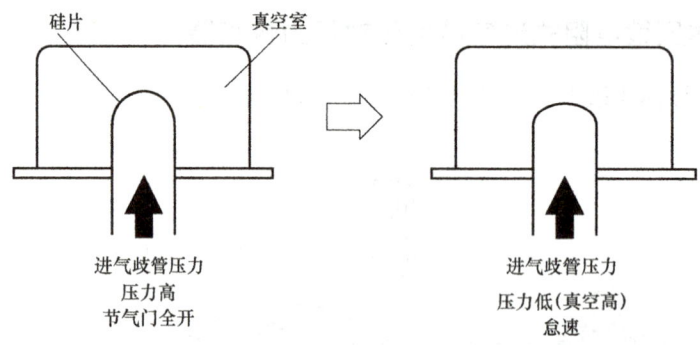

图 3-31　进气歧管压力图

需用混合集成电路进行放大后才输出。这种进气歧管绝对压力传感器输出的电信号具有随进气歧管绝对压力的增大呈线性增大的特性，如图 3-32 所示。

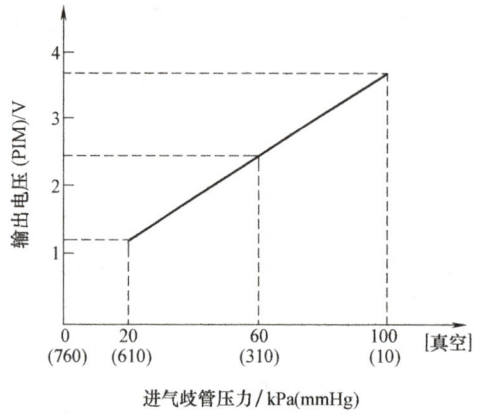

图 3-32　进气歧管压力特性

三、电容式进气歧管绝对压力传感器

位于电容式进气歧管绝对压力传感器壳体内腔的弹性膜片用金属制成,弹性膜片上、下两个凹玻璃的表面也均有金属涂层,这样在弹性膜片与两个金属涂层之间形成两个串联的电容,如图3-33所示。

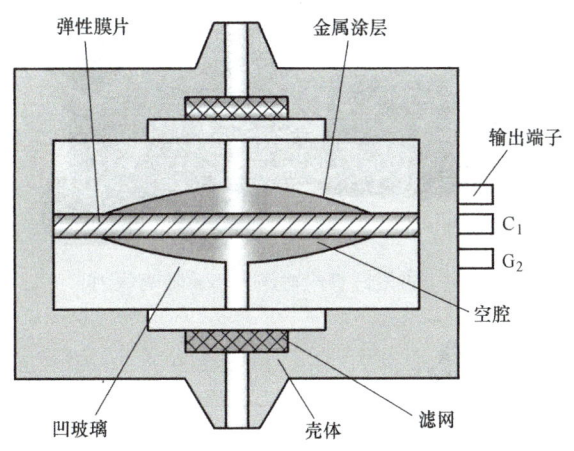

图3-33　电容式进气歧管绝对压力传感器

利用电容效应检测进气管绝对压力。发动机工作时,进气管内的空气压力作用于弹性膜片上,使弹性膜片产生位移,弹性膜片与两个金属涂层之间的距离发生变化,一个距离减小,而另一个距离增大,在弹性膜片与两个金属涂层之间形成的两个电容的电容量也就一个增加,另一个减小。电容量的变化量与弹性膜片的位移成正比,而弹性膜片的位移取决于上、下两个空腔的气体压力,只要弹性膜片上部的空腔为绝对真空,下部空腔通进气管,则可通过检测电容量的变化来检测进气管的绝对压力。电容量的变化量再经过测量电路转换为电压信号输送给ECU,测量电路可以是电容电桥电路或谐振电路等。

任务实施

任务解析1　科鲁兹轿车进气歧管绝对压力传感器

以雪佛兰2013款科鲁兹轿车发动机采用的进气歧管绝对压力传感器的检测为例,加以说明,图3-34为其实物图。

任务解析2　科鲁兹轿车进气歧管绝对压力传感器电路图解读

图3-35为进气歧管绝对压力传感器系统电路图。

图 3-34 进气歧管绝对压力传感器实物图

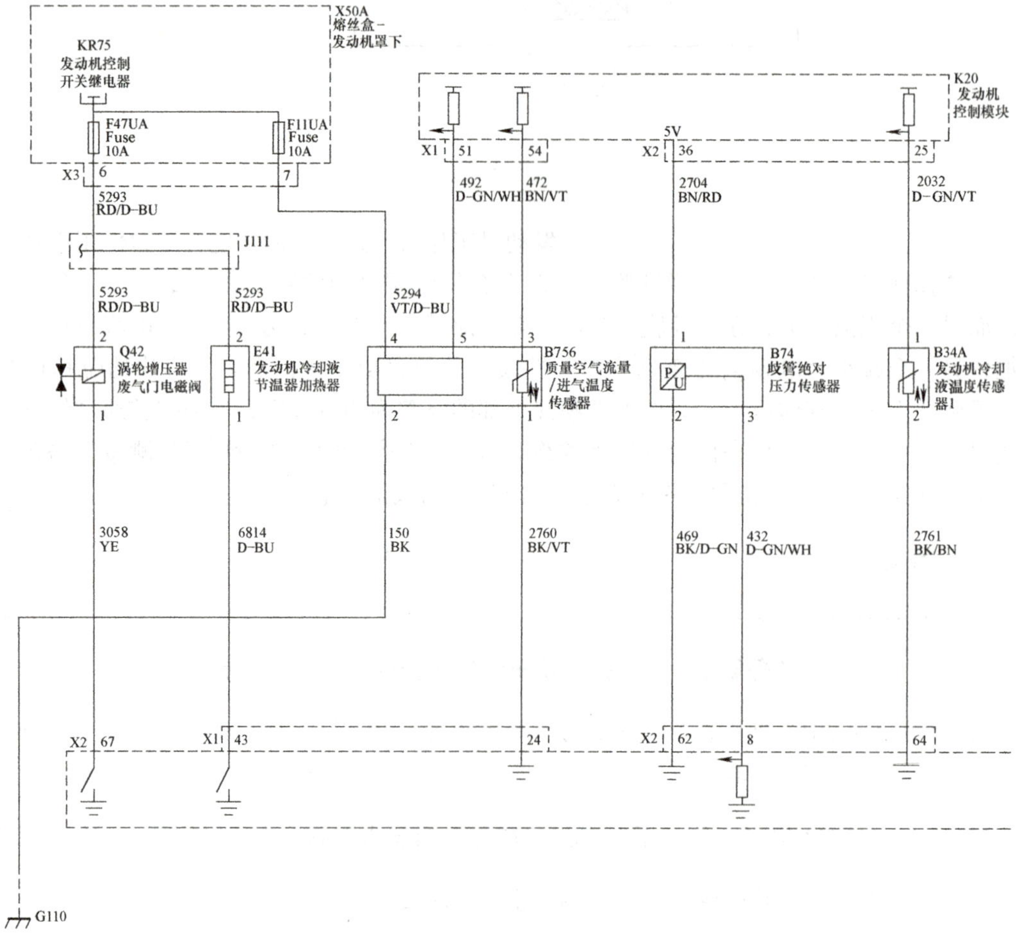

图 3-35 进气歧管绝对压力传感器系统电路图
1号线—5V 参考电压电路　2号线—低电平参考电压电路（搭铁电路）　3号线—信号电路

歧管绝对压力传感器有一个5V参考电压电路、一个低电平参考电压电路和一个信号电路。发动机控制模块向歧管绝对压力传感器5V参考电压电路提供5V电压，并向低电平参考电压电路提供搭铁。歧管绝对压力传感器通过信号电路向发动机控制模块提供一个与进气歧管压力变化相关的电压信号。

科鲁兹轿车进气歧管绝对压力传感器维修过程：
1）读取静态故障码、冻结帧和数据流。
2）检查进气歧管绝对压力传感器的安装状态。
3）确认故障症状。起动发动机前，确认车辆周围环境是否安全。起动发动机时，观察起动状况，确认故障症状并记录症状现象。
4）动态下再次读取故障码、冻结帧和数据流。
5）将点火开关置于"OFF（关闭）"位置并关闭所有车辆系统，断开B74歧管绝对压力传感器的线束插接器，如图3-36所示。可能需要2min才能让所有车辆系统断电。测试低电平参考电压电路端子2和搭铁之间的电阻是否小于10Ω。

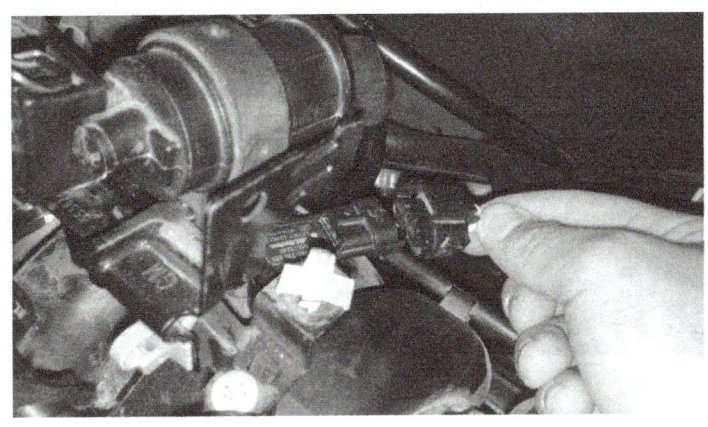

图3-36 进气歧管绝对压力传感器线束插接器

① 如果等于或高于10Ω，如图3-37所示（图中数值为无穷大）。点火开关置于"OFF（关闭）"位置，断开蓄电池负极接线柱，断开K20发动机控制模块的线束插接器。测试低电平参考电压端对端的电阻是否小于2Ω。如果为2Ω或更大，则修理电路中的断路/电阻过大故障（断路故障）；如果小于2Ω，如图3-38所示（图中数值为1.0Ω），则更换K20发动机控制模块。

② 如果小于10Ω，将点火开关置于"ON（打开）"位置。测试5V参考电压电路端子1和搭铁之间的电压是否为4.8~5.2V。

A. 如果小于4.8V，点火开关置于"OFF（关闭）"位置，断开蓄电池负极接线柱，断开K20发动机控制模块的线束插接器。测试5V参考电压电路端子和搭铁之间的电阻是否为无穷大。如果电阻不为无穷大，则修理电路上的搭铁短路故障。如果电阻为无穷大，测试5V参考电压电路端对端的电阻是否小于2Ω。如果为2Ω或更大，如图3-39所示（图中数值为无穷大），则修理电路中的断路/电阻过大故障（断路故障）；如果小于2Ω，则更换K20发动机控制模块。

图 3-37 线路断路检查（1）

图 3-38 线路断路检查（2）

图 3-39 线路断路检查（3）

B. 如果大于5.2V，将点火开关置于"OFF（关闭）"位置，断开蓄电池负极接线柱，断开K20发动机控制模块的线束插接器，再将点火开关置于"ON（打开）"位置。测试5V参考电压电路和搭铁之间的电压是否低于1V。如果是1V或更高，则修理电路上的电压短路故障；如果低于1V，则更换K20发动机控制模块。

C. 如果为4.8~5.2V，如图3-40所示（图中数值为5.04V），测试信号电路端子3和搭铁之间的电压是否低于0.3V。

图3-40　5V参考电压电路检查

a. 如果等于或高于0.3V，将点火开关置于"OFF（关闭）"位置，断开蓄电池负极接线柱，断开K20发动机控制模块处的线束插接器，再将点火开关置于"ON（打开）"位置。测试信号电路端子3和搭铁之间的电压是否低于1V。如果是1V或更高，则修理电路上的对电压短路故障；如果低于1V，则更换K20发动机控制模块。

b. 如果小于0.3V，在信号电路端子3和5V参考电压电路端子1之间安装一条带3A熔丝的跨接线。确认故障诊断仪上的"MAP Sensor（歧管绝对压力传感器）"参数高于126kPa。

如果等于或低于126kPa，如图3-41所示（图中显示歧管绝对压力传感器为0），点火开关置于"OFF（关闭）"位置，断开蓄电池负极接线柱，断开K20发动机控制模块的线束插接器。测试信号电路端子3和搭铁之间的电阻是否为无穷大。如果电阻不为无穷大，则修理

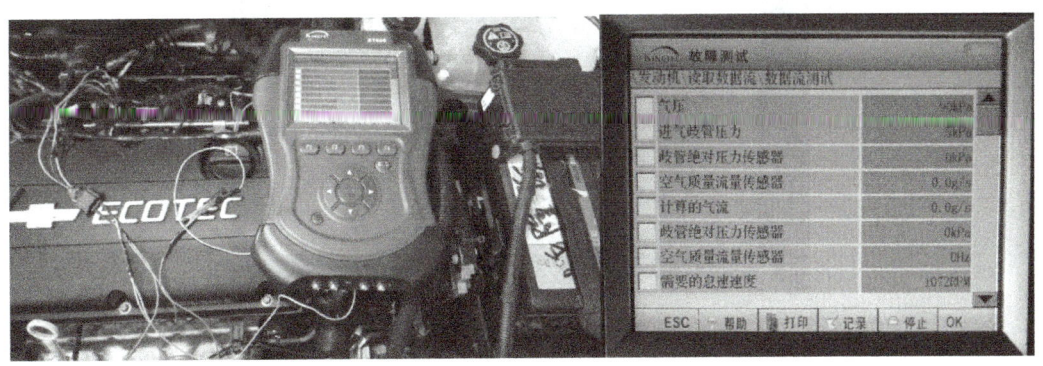

图3-41　信号电路检查

电路上的对地搭铁短路故障；如果电阻为无穷大，测试信号电路端对端的电阻是否小于2Ω。如果为2Ω或更大，则修理电路中的断路/电阻过大故障（断路故障）；如果小于2Ω，如图3-42所示（图中数值为0.8Ω），则更换K20发动机控制模块。

图3-42　线路断路检查

如果高于126kPa，测试或更换B74歧管绝对压力传感器。

传感器失真测试：使用以下步骤并参照下表来确定歧管绝对压力传感器是否失真。将点火开关置于"ON（打开）"位置，关闭发动机，观察故障诊断仪上的"MAP senso（歧管绝对压力传感器）"参数，如图3-43所示（图中显示数值为100kPa）。使用与表3-6第一栏显示值最接近的、所观察到的故障诊断仪"MAP Sensor（歧管绝对压力传感器）"参数。然后使用EN 23738 – A真空泵向歧管绝对压力传感器提供17kPa真空，表3-6第一栏中的参数应降低17kPa，可接受的范围显示在第二列，如图3-44所示（图中显示数值为84kPa）。使用EN 23738 – A真空泵向歧管绝对压力传感器提供34kPa真空，表3-6第一栏中的参数应降低34kPa。可接受的范围显示在第三列。

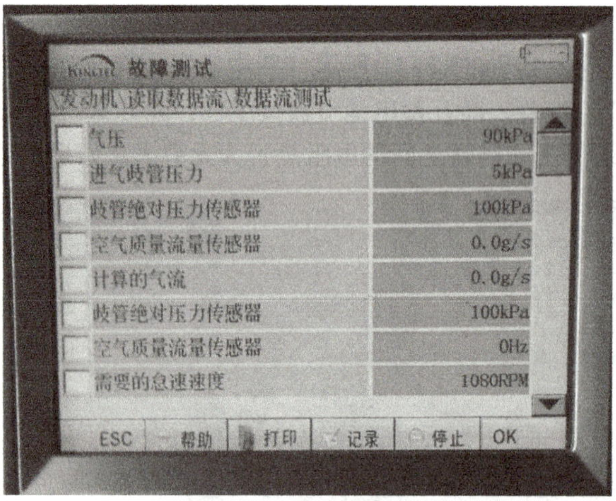

图3-43　进气歧管绝对压力传感器失真检查

6）修复后再次检查故障码和数据流。

项目三 空气供给系统的故障诊断与检修

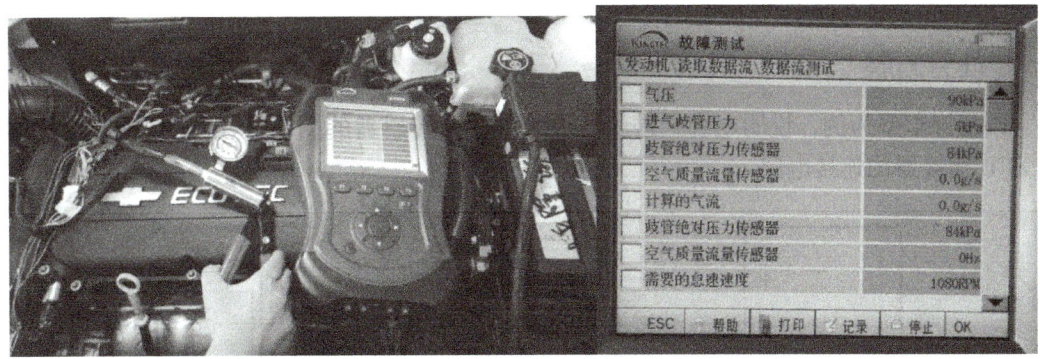

图 3-44 进气歧管绝对压力传感器失真检查

表 3-6 进气歧管绝对压力传感器参数表

将点火开关置于"ON（打开）"位置并关闭发动机，歧管绝对压力传感器参数	施加 5 英寸真空时的歧管绝对压力传感器参数	施加 10 英寸真空时的歧管绝对压力传感器参数
100kPa	79~87kPa	62~70kPa
95kPa	74~82kPa	57~65kPa
90kPa	69~77kPa	52~60kPa
80kPa	59~67kPa	42~50kPa
70kPa	49~57kPa	32~40kPa
60kPa	39~47kPa	22~30kPa

任务评价

表 3-7 任务评价表

任务名称	进气歧管绝对压力传感器的故障诊断与检修		姓名		日期	
序 号	评价内容		要 求	分值	自评	互评
1	讲述进气歧管绝对压力传感器的作用，并在发动机上指明部件所在位置		表达清楚准确	20		
2	讲述进气歧管绝对压力传感器的类型		表达清楚准确	20		
3	结合原理图叙述半导体压敏电阻式进气歧管绝对压力传感器的工作原理		原理图解析要清楚，思路清晰	20		
4	完成进气歧管绝对压力传感器的诊断与检修		思路清晰，操作规范	20		
5	操作过程 5S 管理		工具摆放，场地整理按 5S 要求	20		
6	总分					
教师评语						

任务拓展

以福特车型为例,说明电容式进气歧管绝对压力传感器的测试过程,图 3-45 为传感器与 ECU 插接器的连接电路。

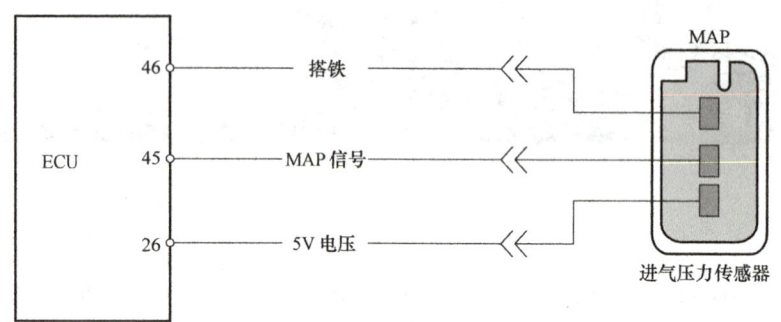

图 3-45　福特汽车电容式进气歧管绝对压力
传感器与 ECU 插接器的连接电路

1)打开点火开关,但不起动发动机,检查 26 号端子电源线与 46 号端子搭铁线之间的电压,应为 5V 左右。

2)关闭点火开关,检查 46 号端子与搭铁之间的电阻,其阻值应小于 5Ω。

3)打开点火开关,并起动发动机,45 号端子信号脉冲电压的平均值应为 1.4~1.6V。

4)发动机运转时,使用频率计测量进气压力传感器 45 号端子信号输出频率,其值应在 80~160Hz 之间。当提高节气门开度时,输出的信号频率应随之增大。

课后测评

一、填空题

1. 进气歧管绝对压力传感器一般装于_____,用一根真空管与进气歧管相接或直接装在_____。

2. 进气歧管绝对压力传感器的种类较多,根据信号产生的原理可分为:可变电感式、膜盒传动式、电容式和_____,现在应用最广泛的是_____和_____式。

3. 半导体压敏电阻式进气歧管绝对压力传感器由_____和对输出信号进行放大的混合集成电路等构成。

4. 位于电容式进气歧管绝对压力传感器壳体内腔的弹性膜片用金属制成,弹性膜片上、下两个凹玻璃的表面也均有_____,这样在_____与两个金属涂层之间形成两个串联的电容。

二、简答题

1. 进气歧管绝对压力传感器的作用是什么？

2. 简述半导体压敏电阻式进气歧管绝对压力传感器的工作原理。

任务三　节气门位置传感器的故障诊断与检修

学习目标

1. 能准确讲述节气门位置传感器的作用，并在发动机上指明部件所在位置。
2. 能准确讲述节气门位置传感器的类型。
3. 结合原理图能准确叙述各类节气门位置传感器的工作原理。
4. 能准确规范地完成双信号输出的线性电阻式节气门位置传感器的诊断与检修。

任务描述

一辆 2013 款 1.6L 自动档科鲁兹轿车，发动机指示灯点亮，急速不稳，无法加速，对故障车进行检测，发现节气门位置传感器故障，经维修处理后，车辆运行正常。

知识储备

一、节气门位置传感器的作用及类型

节气门位置传感器（TPS）如图 3-46 所示，通常安装在节气门体上，主要用于检测节气门开度，并将节气门开度（发动机负荷大小）转变为电压信号传输到 ECU，ECU 根据此信号判别发动机的工况（如急速工况、部分负荷工况和大负荷工况等），并根据发动机不同工况对混合气浓度的需求控制喷油器的基本喷油量。常见的节气门位置传感器有开关触点式、线性电阻式和霍尔元件式三种。

图 3-46 节气门位置传感器

二、开关触点式节气门位置传感器

开关触点式节气门位置传感器内部有三个触点：急速开关触点 IDL、全负荷开关触点 PSW 和搭铁的动触点 E，如图 3-47 所示。发动机在急速或突然减速时，急速触点闭合，ECU 根据此信号对急速时的混合气进行控制，并修正点火提前角，切断废气再循环系统。减速断油时，暂时切断供油。当节气门开度超过一定角度时，全负荷触点闭合，ECU 根据此信号加浓混合气，提高发动机输出功率。

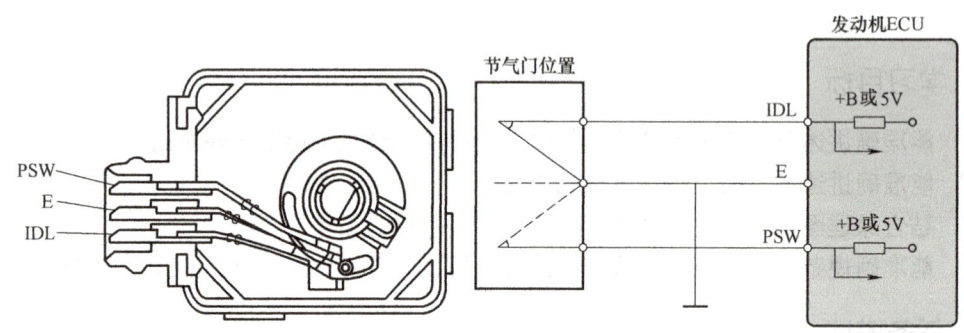

图 3-47 开关触点式节气门位置传感器

发动机急速运转时，IDL 触点闭合，IDL 信号电压为 0V，ECU 以此信号控制发动机急速时的运转工况；加速时，IDL 触点断开，其电压变为 +B 或 5V；当全负荷时，PSW 触点闭合，PSW 电压为 0V，ECU 控制发动机在全负荷工况工作。开关触点式节气门位置传感器的数据见表 3-8。

表 3-8 开关触点式节气门位置传感器数据

触点	节气门位置	全负荷（全开）/V	部分负荷（部分开启）/V	急速（关闭）/V
IDL		+B 或 5	+B 或 5	0
PSW		0	+B 或 5	+B 或 5

三、线性电阻式节气门位置传感器

线性电阻式节气门位置传感器结构及原理如图 3-48 所示。采用线性电位计,由节气门轴带动电位计的滑动触点,在不同的节气门开度下,接入回路的电阻则不同。发动机怠速运转时,怠速触点闭合,IDL 信号端子电压为 0,VTA 信号端子与 VC 电源端子间电阻较大,传感器信号电压较低,为 0.6 ~ 0.9V。随着节气门开度的增加,电位计的滑动触点在电阻膜滑动,从而在该触点上得到与节气门开度成比例的线性电压输出,即 VTA 信号电压。全负荷时 VTA 信号在 3.5 ~ 4.7V,ECU 根据全负荷时 VTA 信号进行空燃比修正、加浓修正和燃油切断控制等。线性电阻式节气门位置传感器在各种工况下的数据见表 3-9。

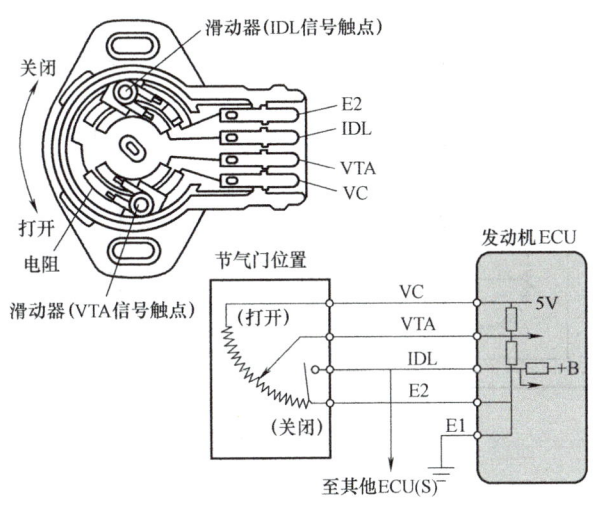

图 3-48 线性电阻式节气门位置传感器

表 3-9 线性电阻式节气门位置传感器数据

触点 节气门位置	全负荷 (全开)/V	部分负荷 (部分开启)/V	怠速 (关闭)/V
IDL	+B	+B	0
VTA	3.5 ~ 4.7	0.9 ~ 3.5	0.6 ~ 0.9

开关触点式节气门位置传感器只能检测发动机的怠速和全负荷工况。当 IDL 触点断开、PSW 触点还未闭合时,发动机处于加速状态,该传感器无法输出节气门所在位置的准确信号。线性电阻式节气门位置传感器的设计避免了开关触点式节气门位置传感器的弊端,利用其电位计的变化可检测出节气门所在的准确位置。目前的线性电阻式节气门位置传感器已无 IDL 怠速触点;或虽有怠速触点但并不与发动机 ECU 相连接。这些型号用 VTA 信号探测怠速运行工况,如图 3-49 所示。

在智能电控节气门(ETCS-i)系统中,采用双信号输出的线性电阻式节气门位置传感器,传感器内部有两个电位计、两个滑动触点,并有两个信号 VTA1 和 VTA2,来提高可靠性,如图 3-50 所示。

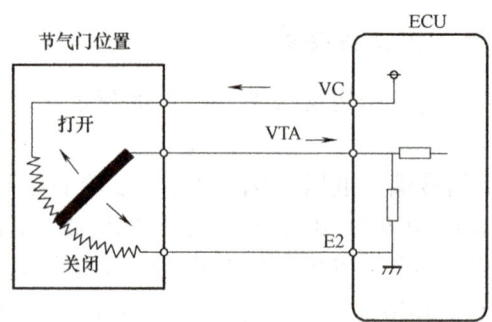

图 3-49 无怠速触电的线性电阻式节气门位置传感器

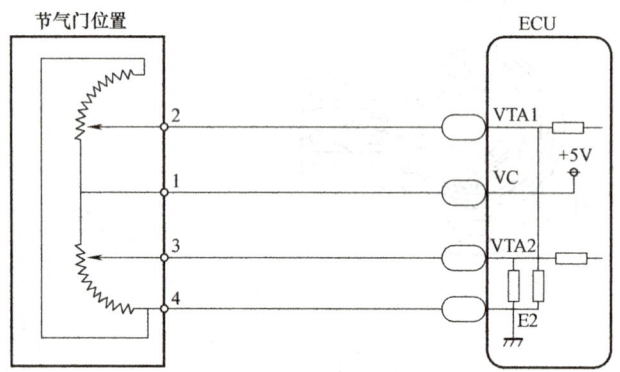

图 3-50 双信号输出的线性电阻式
节气门位置传感器电路原理

注意：随着节气门位置的开启，VTA1 和 VTA2 信号都呈比例线性增加，但增加速率不同，VTA2 信号比 VTA1 信号先到达最大值，如图 3-51 所示。发动机 ECU 通过检测这两个信号，来感知节气门的位置，并能通过比较两个信号，及时发现问题，提高工作的可靠性。

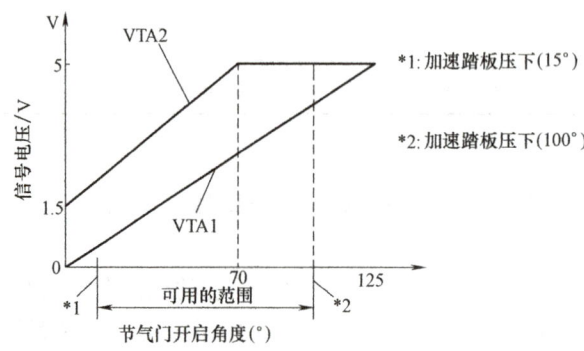

图 3-51 双信号输出的线性电阻式
节气门位置传感器信号变化趋势

四、霍尔元件式节气门位置传感器

霍尔元件式节气门位置传感器（图 3-52）由霍尔集成芯片 IC 和可绕其转动的磁铁构成，磁铁与节气门轴同轴，即和节气门一齐转动。当节气门开启时，磁铁也一同转动，改变位置。此时，霍尔集成芯片 IC 探测磁铁位置变化所造成磁通量的变化并产生霍尔效应，从 VTA1 端子和 VTA2 端子输出信号电压。此传感器不仅能准确地探测节气门开启程度，还采用了无接触方式，简化了构造，所以不易发生故障。而且，为了确保此传感器的可靠性，还具有不同输出特性的两个系统输出信号，如图 3-53 所示。

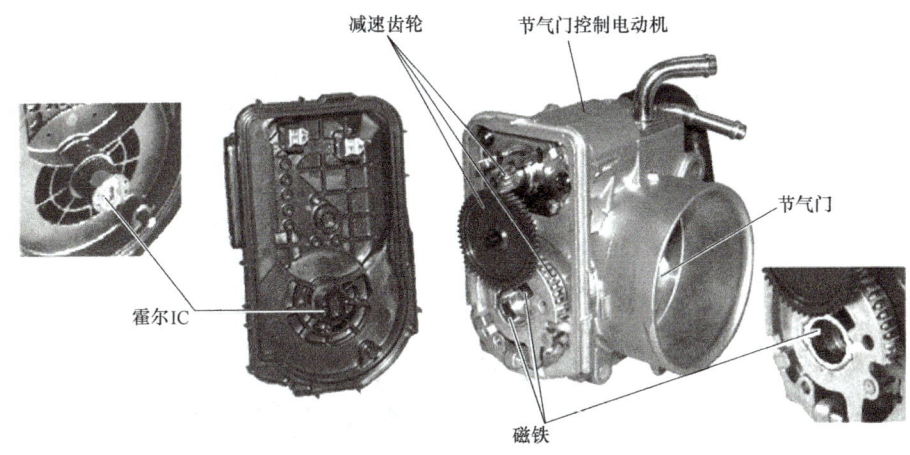

图 3-52 霍尔元件式节气门位置传感器实物图

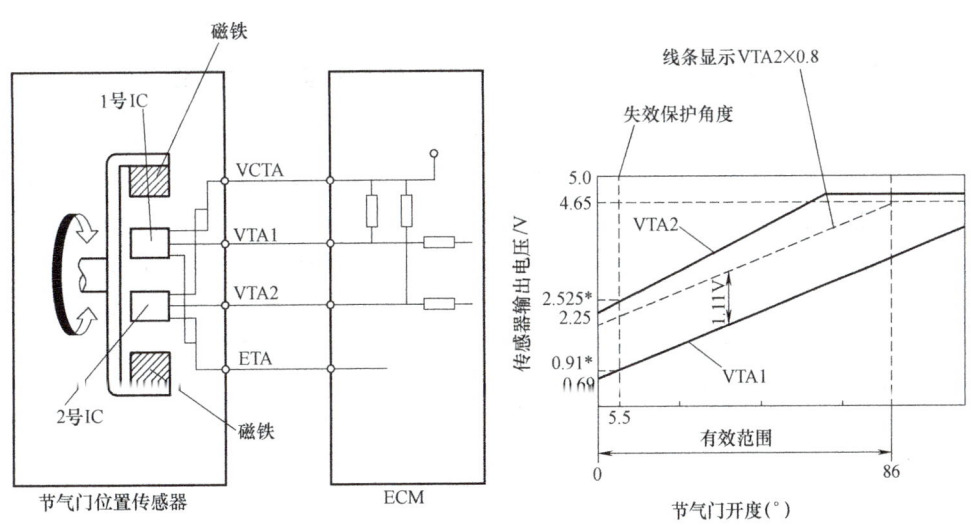

图 3-53 霍尔元件式节气门位置传感器电路原理图

任务实施

任务解析1　科鲁兹轿车节气门位置传感器

以雪佛兰2013款科鲁兹发动机采用的节气门位置传感器的检测为例，加以说明，图3-54为其实物图。

图3-54　节气门位置传感器实物图

任务解析2　科鲁兹轿车节气门位置传感器电路图解读

图3-55为节气门位置传感器系统电路图。

节气门体总成包含两个节气门体位置传感器。节气门体位置传感器安装在节气门体总成上且不可维修。节气门位置传感器将提供一个相对节气门叶片角度变化的信号电压。发动机控制模块（ECM）向节气门位置传感器提供1个通用5V参考电压电路、1个通用低电平参考电压电路和2个独立的信号电路。两个节气门位置传感器的功能相反。当踩下加速踏板至节气门全开（WOT）位置时，节气门位置传感器1信号电压降低，节气门位置传感器2信号电压升高。

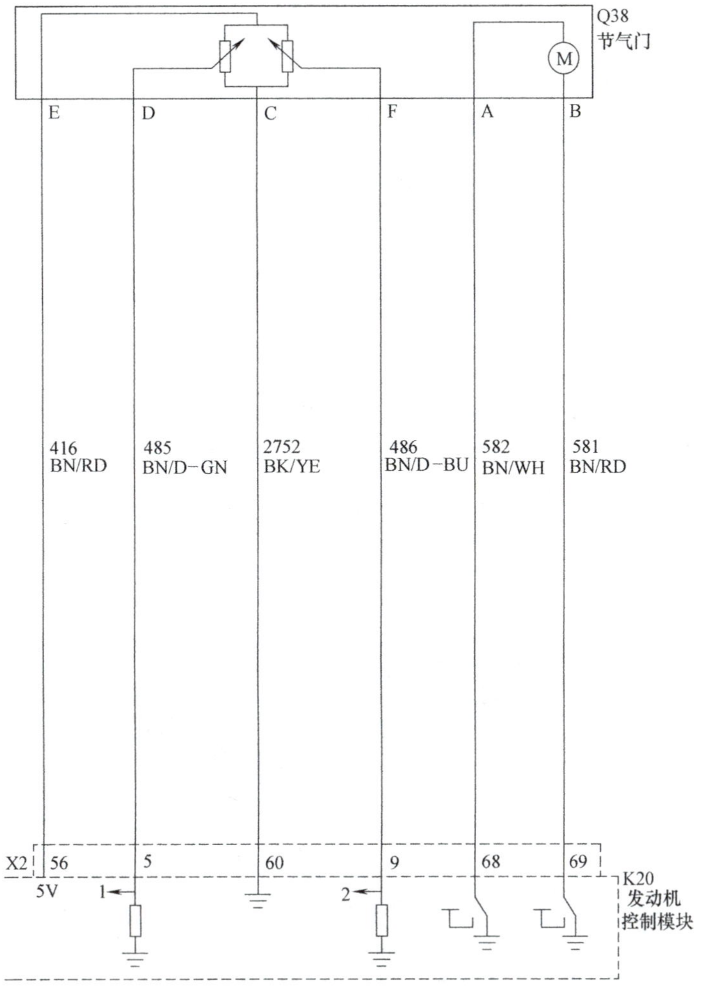

项目三 空气供给系统的故障诊断与检修

图3-55 节气门位置传感器系统电路图
C 号线—低电平参考电压电路（搭铁电路）
E 号线—5V 参考电压电路
D 号线—1 信号电路　F 号线—2 信号电路

科鲁兹轿车节气门位置传感器维修过程：

1）读取静态故障码、冻结帧和数据流。

2）检查节气门位置传感器的安装状态。

3）确认故障症状。起动发动机前，确认车辆周围环境是否安全。起动发动机时，观察起动状况，确认故障症状并记录症状现象。

4）动态下再次读取故障码、冻结帧和数据流。

5）将点火开关置于"OFF（关闭）"位置，所有车辆系统关闭，断开Q38节气门体处的线束插接器，如图3-56所示，可能需要2min才能让所有车辆系统断电。测试低电平参考电压电路端子C和搭铁之间的电阻是否小于5Ω。

97

图 3-56　Q38 节气门体处的线束插接器

① 如果等于或高于 5Ω，点火开关置于"OFF（关闭）"位置，断开蓄电池负极接线柱，断开 K20 发动机控制模块的线束插接器。测试低电平参考电压端对端的电阻是否小于 2Ω。如果为 2Ω 或更大，如图 3-57 所示（图中数值为无穷大），则修理电路中的断路/电阻过大故障（断路故障）；如果小于 2Ω，如图 3-58 所示（图中数值为 1.4Ω），则更换 K20 发动机控制模块。

图 3-57　线路断路检查（1）

图 3-58　线路断路检查（2）

② 如果小于5Ω，如图3-59所示（图中数值为0.9Ω），将点火开关置于"ON（打开）"位置。测试5V参考电压电路端子E和搭铁之间的电压是否为4.8～5.2V。

图3-59　低电平参考电压电路检查

A. 如果小于4.8V，点火开关置于"OFF（关闭）"位置，断开蓄电池负极接线柱，断开K20发动机控制模块的线束插接器。测试5V参考电压电路端子和搭铁之间的电阻是否为无穷大，如果电阻不为无穷大，则修理电路上的搭铁短路故障。如果电阻为无穷大，如图3-60所示（图中数值为无穷大），测试5V参考电压电路端对端的电阻是否小于2Ω。如果为2Ω或更大，则修理电路中的断路/电阻过大故障（断路故障）；如果小于2Ω，如图3-61所示（图中数值为0.7Ω），则更换K20发动机控制模块。

图3-60　线路短路检查（1）

B. 如果大于5.2V，将点火开关置于"OFF（关闭）"位置，断开蓄电池负极接线柱，断开K20发动机控制模块的线束插接器，再将点火开关置于"ON（打开）"位置。测试5V参考电压电路和搭铁之间的电压是否低于1V。如果是1V或更高，则修理电路上的电压短路故障；如果低于1V，则更换K20发动机控制模块。

C. 如果为4.8～5.2V，如图3-62所示（图中数值为5.04Ω），将点火开关置于"ON（打开）"位置。测试节气门位置传感器1信号电路端子D和搭铁之间的电压是否低于1V。

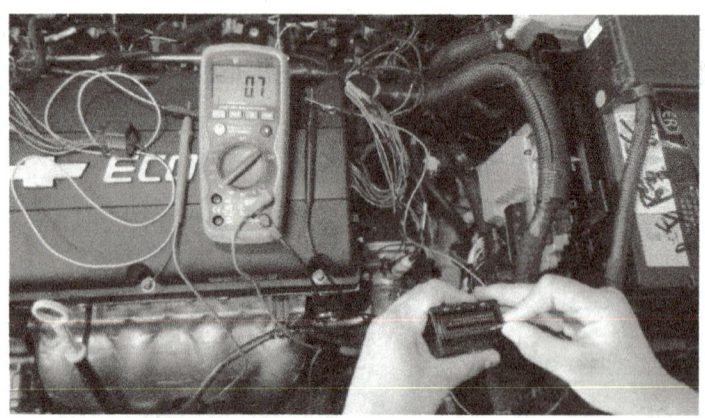

图 3-61　线路断路检查（2）

图 3-62　5V 参考电压电路检查

a. 如果等于或高于 1.0V，将点火开关置于"OFF（关闭）"位置，断开蓄电池负极接线柱，断开 K20 发动机控制模块的线束插接器，再将点火开关置于"ON（打开）"位置。测试信号电路和搭铁之间的电压是否低于 1V。如果是 1V 或更高，则修理电路上的电压短路故障；如果低于 1V，则更换 K20 发动机控制模块。

b. 如果小于 1.0V，在节气门位置传感器 1 信号电路端子 D 和 5V 参考电压电路端子 E 之间安装一条带 3A 熔丝的跨接线。确认故障诊断仪的节气门位置传感器 1 的电压参数高于 4.8V。

★ 如果等于或小于 4.8V，如图 3-63 所示（图中数值为 0.0V），点火开关置于"OFF（关闭）"位置，断开蓄电池负极接线柱，断开 K20 发动机控制模块的线束插接器。测试信号电路和搭铁之间的电阻是否为无穷大。如果电阻不为无穷大，则修理电路上的搭铁短路故障；如果电阻为无穷大，测试信号电路端对端的电阻是否小于 2Ω。如果为 2Ω 或更大，则修理电路中的断路/电阻过大故障（断路故障）；如果小于 2Ω，如图 3-64 所示（图中数值为 0.8Ω），则更换 K20 发动机控制模块。

★ 如果高于 4.8V，如图 3-65 所示（图中数值为 5.00V），测试节气门位置传感器 2 信号电路端子 F 和搭铁之间的电压是否为 4.8~5.2V。

图 3-63　节气门位置传感器 1 信号电路检查（1）

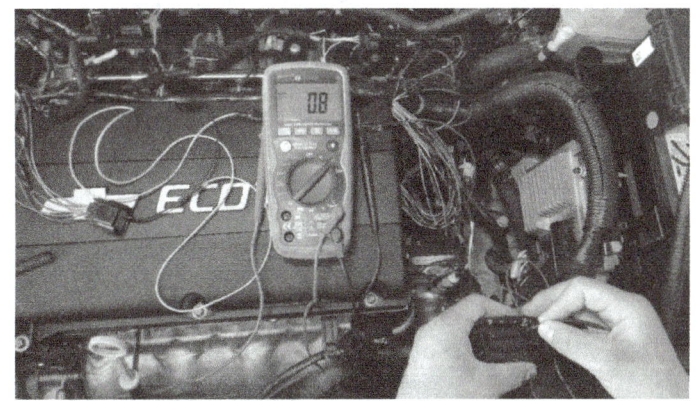

图 3-64　线路断路检查

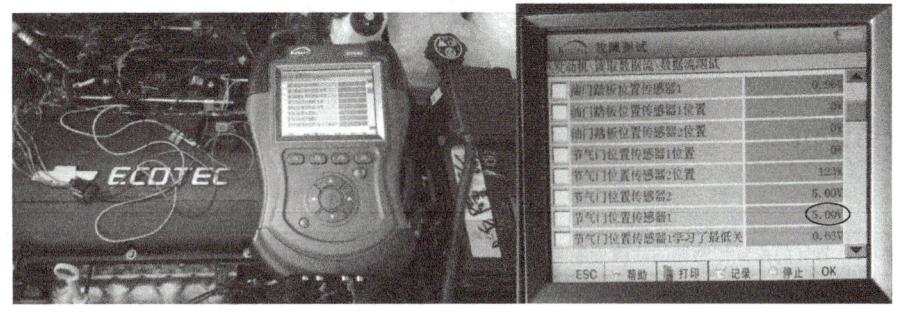

图 3-65　节气门位置传感器 1 信号电路检查（2）

如果小于 4.8V，点火开关置于"OFF（关闭）"位置，断开蓄电池负极接线柱，断开 K20 发动机控制模块的线束插接器。测试信号电路和搭铁之间的电阻是否为无穷大。如果电阻不为无穷大，如图 3-66 所示（图中数值为 0.5Ω），则修理电路上的搭铁短路故障。如果电阻为无穷大，测试信号电路端对端的电阻是否小于 2Ω。如果为 2Ω 或更大，则修理电路中的断路/电阻过大故障（断路故障）；如果小于 2Ω，则更换 K20 发动机控制模块。

如果大于 5.2V，将点火开关置于"OFF（关闭）"位置，断开蓄电池负极接线柱，断开 K20 发动机控制模块的线束插接器，再将点火开关置于"ON（打开）"位置。测试信号电路和搭铁之间的电压是否低于 1V。如果是 1V 或更高，则修理电路上的对电压短路故障；如果低于 1V，则更换 K20 发动机控制模块。

如果为 4.8～5.2V，如图 3-67 所示（图中数值为 4.91V），测试或更换 Q38 节气门体。

6）修复后再次检查故障码和数据流。

图 3-66　线路短路检查

图 3-67　节气门位置传感器 2 信号电路检查

任务评价

表 3-10　任务评价表

任务名称	节气门位置传感器的故障诊断与检修		姓名		日期	
序号	评价内容		要求	分值	自评	互评
1	讲述节气门位置传感器的作用，并在发动机上指明部件所在位置		表达清楚准确	20		
2	讲述节气门位置传感器的类型		表达清楚准确	20		
3	结合原理图叙述霍尔元件式节气门位置传感器的工作原理		原理图解析要清楚，思路清晰	20		
4	完成双信号输出的线性电阻式节气门位置传感器的诊断与检修		思路清晰，操作规范	20		
5	操作过程 5S 管理		工具摆放，场地整理按 5S 要求	20		
6	总分					
教师评语						

项目三 空气供给系统的故障诊断与检修

任务拓展

加速踏板位置传感器安装在加速踏板支架上,如图 3-68 所示。在正常情况下,加速踏板位置传感器将踏板踩下的量(角度)转换成电信号输送到发动机 ECU,发动机 ECU 根据此信号控制节气门电动机,电动机控制节气门开度呈正比例比于加速踏板位置传感器,即驾驶人踏下加速踏板越深,电动机控制节气门开度越大。

图 3-68 加速踏板位置传感器

加速踏板位置传感器的类型与节气门位置传感器基本相同,可分为线性型和霍尔元件型。

以一汽丰田 2010 款卡罗拉发动机为例,利用课上时间进行加速踏板位置传感器的检测,并完成工单,图 3-69 为加速踏板位置传感器系统电路图。

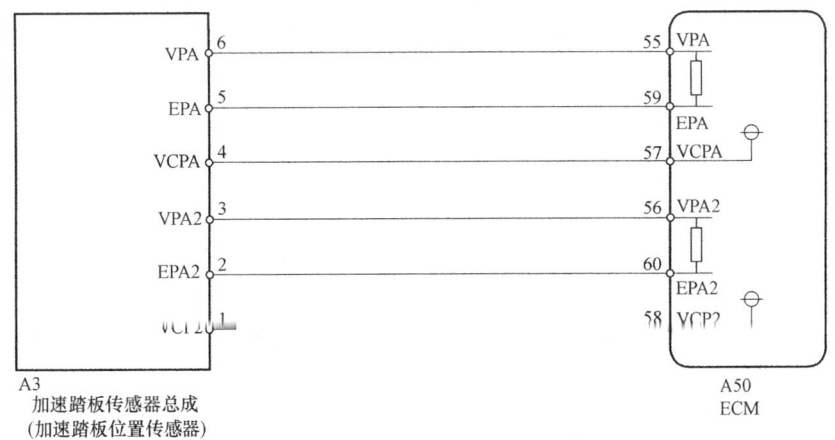

图 3-69 加速踏板位置传感器系统电路图

1) 读取静态故障码、冻结帧和数据流。
2) 检查加速踏板位置传感器的安装状态。

3）确认故障症状。起动发动机前，确认车辆周围环境是否安全。起动发动机时，观察起动状况，确认故障症状并记录症状现象。

4）动态下再次读取故障码、冻结帧和数据流。

5）使用智能检测仪读取数值（1号加速踏板位置和2号加速踏板位置），将智能检测仪连接到DLC3，将点火开关置于"ON（打开）"位置，开启诊断仪并进入系统，通过脚踩加速踏板分别读取检测数值，如图3-70所示，并与表3-11作对比。

表3-11 标准电压

加速踏板的操作	1号加速踏板位置	2号加速踏板位置
松开	0.5~1.1V	1.2~2.0V
踩下	2.6~4.5V	3.4~5.0V

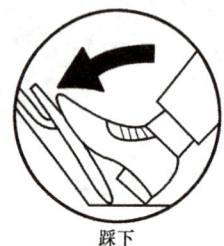 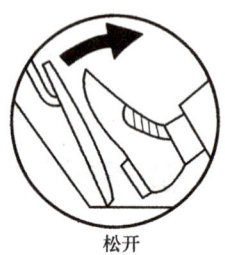

图3-70 脚踩加速踏板图

6）检查线束和插接器（加速踏板位置传感器—ECM），将点火开关置于"OFF（关闭）"位置，断开加速踏板位置传感器插接器，断开蓄电池负极接线柱，断开ECM插接器，根据表3-12、表3-13测量电阻，测量结果异常，维修或更换线束或插接器（加速踏板位置传感器—ECM）。重新连接ECM插接器，连接蓄电池负极接线柱，连接加速踏板位置传感器。

表3-12 标准电阻（断路检查）

检测仪连接	条件	规定状态
A3-6（VPA）—A50-55（VPA）	始终	小于1Ω
A3-5（EPA）—A50-59（EPA）	始终	小于1Ω
A3-4（VCPA）—A50-57（VCPA）	始终	小于1Ω
A3-3（VPA2）—A50-56（VPA2）	始终	小于1Ω
A3-2（EPA2）—A50-60（EPA2）	始终	小于1Ω
A3-1（VCP2）—A50-58（VCP2）	始终	小于1Ω

表 3-13 标准电阻（短路检查）

检测仪连接	条件	规定状态
A3-6（VPA）或 A50-55（VPA）—车身搭铁	始终	10KΩ 或更大
A3-5（EPA）或 A50-59（EPA）—车身搭铁	始终	10KΩ 或更大
A3-4（VCPA）或 A50-57（VCPA）—车身搭铁	始终	10KΩ 或更大
A3-3（VPA2）或 A50-56（VPA2）—车身搭铁	始终	10KΩ 或更大
A3-2（EPA2）或 A50-60（EPA2）—车身搭铁	始终	10KΩ 或更大
A3-1（VCP2）或 A50-58（VCP2）—车身搭铁	始终	10KΩ 或更大

7）检查 ECM（VCPA 和 VCP2 电压），将点火开关置于"OFF（关闭）"位置，断开加速踏板位置传感器插接器，再将点火开关置于"ON（打开）"位置，根据表 3-14 测量电压，线束插接器前视图（至加速踏板位置传感器）如图 3-71 所示，测量结果异常，更换 ECM，重新连接加速踏板位置传感器插接器。

表 3-14 标准电压

检测仪连接	开关状态	规定状态
A3-4（VCPA）—A3-5（EPA）	点火开关置于 ON 位置	4.5 至 5.5V
A3-1（VCP2）—A3-2（EPA2）	点火开关置于 ON 位置	4.5 至 5.5V

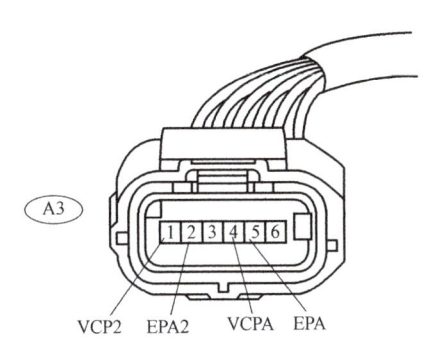

图 3-71 线束插接器前视图（至加速踏板位置传感器）

8）测量结果正常，更换加速踏板位置传感器总成。
9）以上测量结果都正常，更换 ECM。
10）修复后再次检查故障码和数据流。

课后测评

一、填空题

1. 节气门位置传感器通常安装在_____上，常见的节气门位置传感器有开关触点式、_____和_____三种。

2. 开关触点式节气门位置传感器内部有三个触点：_____、_____和搭铁的动触点 E，只能检测发动机的_____和全负荷工况。

3. 在智能电控节气门系统中，采用_____输出的线性电阻式节气门位置传感器，传感器内部有两个_____、两个滑动触点，并有两个信号_____和_____，以提高可靠性。

4. 霍尔元件式节气门位置传感器由霍尔集成芯片 IC 和可绕其转动的_____构成，_____与节气门轴同轴，即和_____一齐转动。

5. 加速踏板位置传感器安装在加速踏板支架上，加速踏板位置传感器的类型与节气门位置传感器基本相同，可分为_____型和_____型。

二、简答题

1. 节气门位置传感器的作用？

2. 加速踏板位置传感器的作用？

任务四　温度传感器的故障诊断与检修

学习目标

1. 能准确讲述温度传感器的作用，并在发动机上指明部件所在位置。
2. 能准确讲述温度位置传感器的类型。
3. 结合原理图能准确叙述各类温度传感器的工作原理。
4. 能准确规范地完成热敏电阻式冷却液温度传感器的诊断与检修。

任务描述

一辆 2013 款 1.6L 自动档科鲁兹轿车，发动机指示灯点亮，怠速偏高，冷却风扇常转，对故障车进行检测，发现冷却液温度传感器有故障，经维修处理后，车辆运行正常。

知识储备

一、温度传感器的作用及类型

为了确定发动机的温度状态,精确地控制燃油喷射、点火正时、怠速转速和尾气排放,提高发动机的运行性能,发动机控制模块需要能连续精确地检测冷却液温度、进气温度与废气再循环温度(部分车型装备)。因此,在现代电控发动机上安装有 2~3 种温度传感器。

根据温度传感器结构的不同,常用温度传感器有绕线电阻式、热敏电阻式、扩散电阻式、半导体晶体管式、金属芯式和热电耦式等类型。目前应用较多的是绕线电阻式和热敏电阻式温度传感器。

绕线电阻式温度传感器是在绝缘绕线架上绕上高纯度的镍线,再罩上适当的外套而制成,利用电阻值随温度变化而变化的特性来测量冷却液温度和进气温度。绕线电阻式温度传感器精度在 1% 以内,响应特性较差,响应时间约为 15s。

热敏电阻式温度传感器是利用半导体材料的电阻随温度变化而变化的特性制成的,其灵敏度较高。按照电阻—温度特性的不同又可分为 NTC(负热敏系数)和 PTC(正热敏系数)两种。热敏电阻式温度传感器的响应特性比绕线电阻式温度传感器优良,因此被广泛地应用于检测发动机冷却液和进气温度,如图 3-72 所示为热敏电阻式温度传感器的结构。

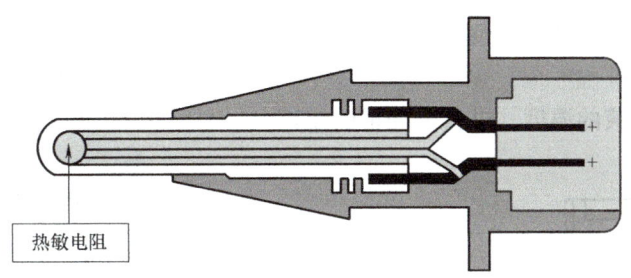

图 3-72 热敏电阻式温度传感器的结构

根据温度传感器用途的不同,温度传感器又分为发动机冷却液温度传感器(ECT)、进气温度传感器(IAT)和废气再循环温度传感器三种。

二、冷却液温度传感器(ECT)

发动机正常工作时,缸内可燃混合气的燃烧,会使发动机缸内的温度瞬间达到 1700~2000℃。这么高的温度如果长时间作用在缸体和活塞上将使他们因热胀而抱死,造成粘缸而无法工作。所以发动机都设计了冷却系统,利用水泵使缸体内部和散热器的冷却液循环,并且利用风扇使冷却液散热,达到冷却缸体的目的。

然而,当出现因汽车负载过大、缺水、点火时间不对、风扇出现故障等原因造成冷却液温度过高时,会使发动机体温度上升,从而使发动机不能正常工作。所以在仪表系统内设计了冷却液温度表,利用冷却液温度传感器检测发动机冷却液温度,让驾驶人能够直观地看出发动机冷却液在任何工况时的温度，并且及时作出相应的处理。

冷却液温度传感器又称水温传感器，一般安装在发动机缸体或缸盖的水套上（图3-73），与冷却液直接接触，用来检测发动机冷却液的温度，并将温度信号转变为电信号输送给发动机控制模块，作为汽油喷射、点火正时、怠速和尾气排放控制的主要修正信号。

图3-73　冷却液温度传感器

热敏电阻式冷却液温度传感器其内部装有负温度特性的热敏电阻，图3-74为热敏电阻式冷却液温度传感器电路原理图。当发动机冷却液温度高，热敏电阻的阻值小，信号电压低；当发动机冷却液温度低，热敏电阻值高，信号电压高。ECU根据电阻值的这一变化便可测得发动机冷却液的温度，进行喷油量的修正。

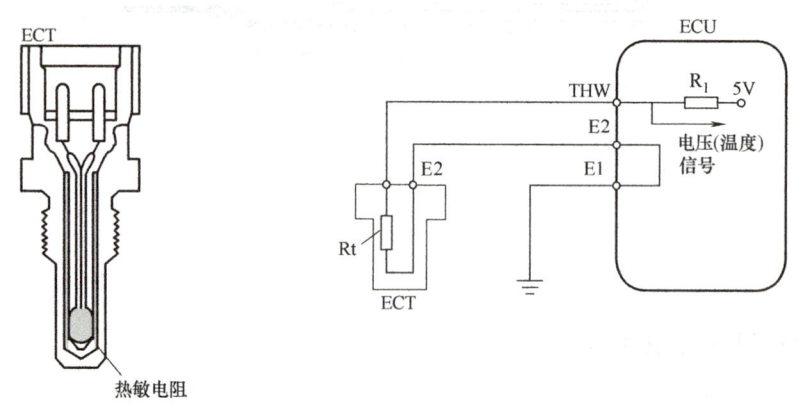

图3-74　热敏电阻式冷却液温度传感器电路原理图

除了修正喷油量，冷却液温度传感器信号还用于修正点火正时、可变气门正时、确定换档时刻等。

典型的冷却液温度传感器在20℃时，电阻值约为2~4kΩ，冷却液温度达到80℃时，电阻值大多在400Ω以下，冷却液温度传感器的特性曲线如图3-75所示。冷却液温度传感器通常为一条或两条引线。两条引线的，一为信号线，另一为搭铁线；一条引线的则利用传感器外壳搭铁。传感器导线无极性之分。

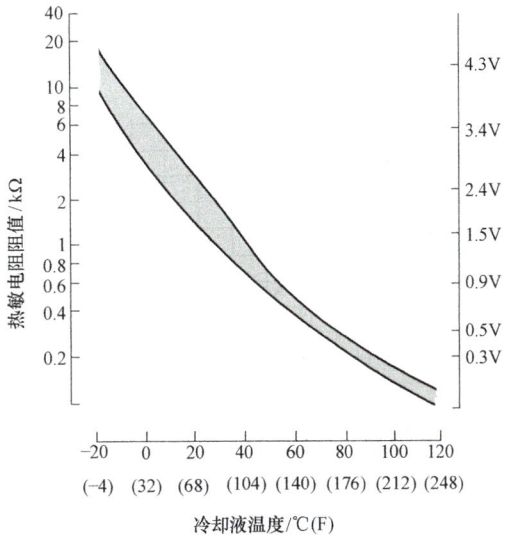

图 3-75　热敏电阻式冷却液温度传感器特性曲线

美国通用公司等汽车制造厂采用了双斜线式冷却液温度传感器，这种电路能提供更为精确地测量发动机温度的方法。双斜线式冷却液温度传感器电路原理图如图 3-76、特性曲线如图 3-77 所示。当发动机温度低于 50℃，参考电压流经阻值为 3.65kΩ 和 348Ω 的电阻，发动机温度渐渐升高后，信号电压从 5V 逐渐减少；当发动机温度高于 50℃时，参考电压只流经阻值为 348Ω 的电阻，信号电压变成又一组从高到低变化的电压。用双斜线式温度传感器检测温度，比用一条斜线表示温度范围更为准确，特别是对于高温信号，因在 43～121℃间可以产生出 5000 种变化等级。

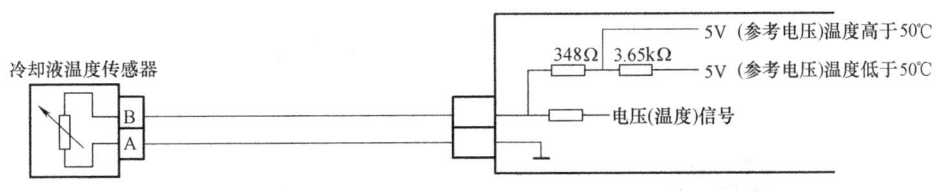

图 3-76　双斜线式冷却液温度传感器电路原理图

冷却液温度一般设定在 -59～150℃（各车会稍有不同），如果 ECU 检测到冷却液温度信号不在上述范围内，ECU 便命令控制程序停止采集冷却液温度信号，保存冷却液温度传感器故障码，并点亮发动机故障指示灯。

冷却液温度传感器失效后，ECU 将进入失效保护状态，利用一个固定的冷却液温度信号（如 90℃）进行替代。有些发动机，在冷车起动时，若冷却液温度信号出现故障，将采用进气温度信号进行替代，然后每运转 20s，使冷却液温度增加 1℃，直至增加到设定值（如 90℃）为止。

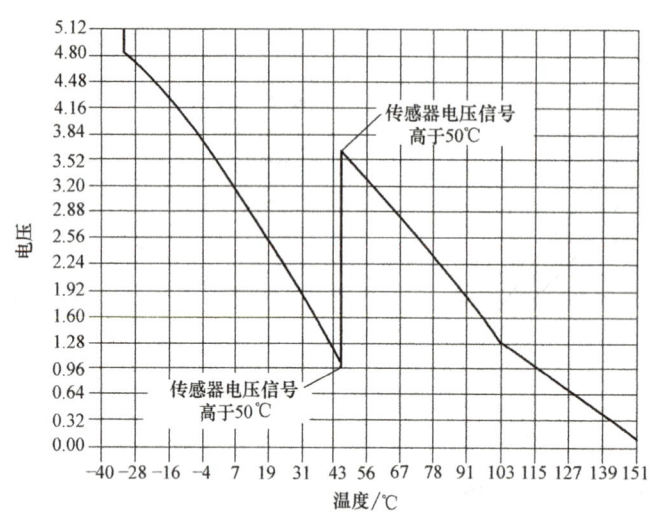

图3-77 双斜线式冷却液温度传感器特性曲线图

三、进气温度传感器（IAT）

空气质量的大小与进气温度和大气（进气）压力的高低有关。当进气温度低时，空气密度大，相同体积气体的质量增大；反之，当进气温度升高时，相同体积的气体的质量将减小。

在装有进气歧管绝对压力传感器的 D 型电控燃油喷射的发动机上，进气温度传感器一般安装在空气滤清器内或进气总管上，而装有空气流量传感器的 L 型电控燃油喷射的发动机上，进气温度传感器就是空气流量传感器的一部分，如图 3-78 所示。

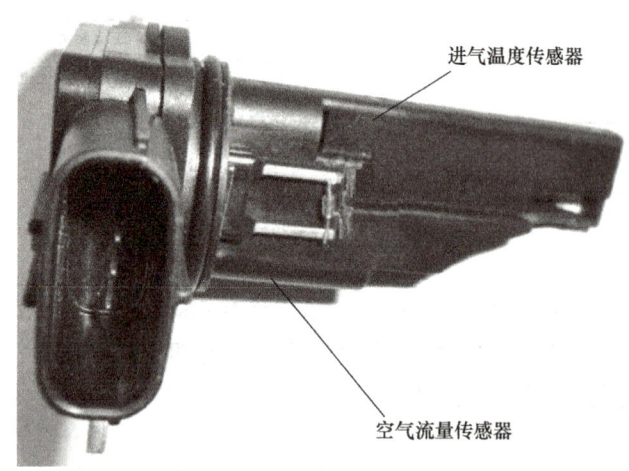

图3-78 进气温度传感器

进气温度传感器（IAT）用来检测进气温度，并将进气温度信号转变成电信号输送给发动机控制模块，作为汽油喷射、点火正时的修正信号。

一汽丰田 2010 款卡罗拉轿车采用的进气温度传感器安装在空气流量传感器上并监视进气温度，进气温度传感器中有一个内置式热敏电阻，其电阻随着进气温度的变化而变化。进气温度变低时，热敏电阻的电阻值增大；温度变高时，热敏电阻的电阻值变小。电阻值的这些变化被作为电压的变化传送给发动机控制模块，如图 3-79 所示。

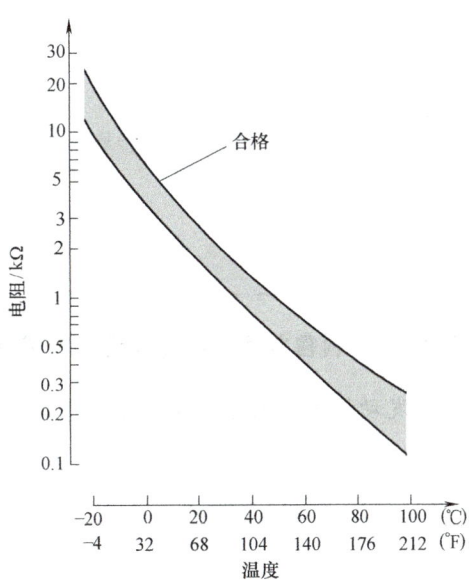

图 3-79　热敏电阻式进气温度传感器特性曲线

进气温度传感器用于检测发动机冷起动时进气道空气温度，电控单元这时对进气温度和冷却液温度进行对比，如果两者之差在 8℃ 内，电控单元就确定发动机处于冷起动工况。这为发动机是否进行闭环控制、燃油蒸发控制等提供了判断依据。

四、废气再循环温度传感器

废气再循环温度传感器一般安装在废气再循环管道上，用于测量废气再循环气体温度，如图 3-80 所示。当废气再循环阀开启，所测温度上升，传感器告知电控单元废气再循环工作。

三种温度传感器共同特点：传感器电阻都采用负温度系数的热敏电阻，传感器电路工作原理也相似。热敏电阻一端与一个固定电阻串联，ECU 提供 5V 电源，热敏电阻另一端通过 ECU 搭铁，ECU 检测热敏电阻两端的信号电压。环境温度升高，电阻值减少，信号电压变小；环境温度降低，电阻值增大，信号电压变大。

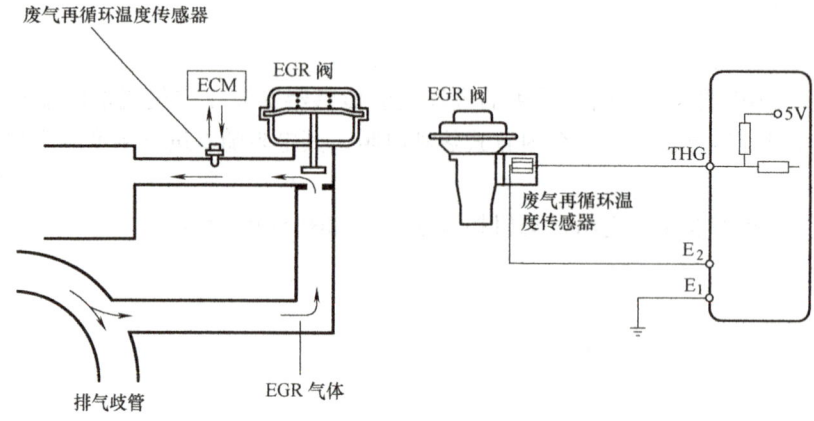

图 3-80　废气再循环温度传感器安装位置及电路原理

任务实施

任务解析 1　科鲁兹轿车冷却液温度传感器

以雪佛兰 2013 款科鲁兹发动机采用的冷却液温度传感器的检测为例,加以说明,图 3-81 为其实物图。

图 3-81　冷却液温度传感器实物图

任务解析 2　科鲁兹轿车冷却液温度传感器电路图解读

图 3-82 为冷却液温度传感器系统电路图。

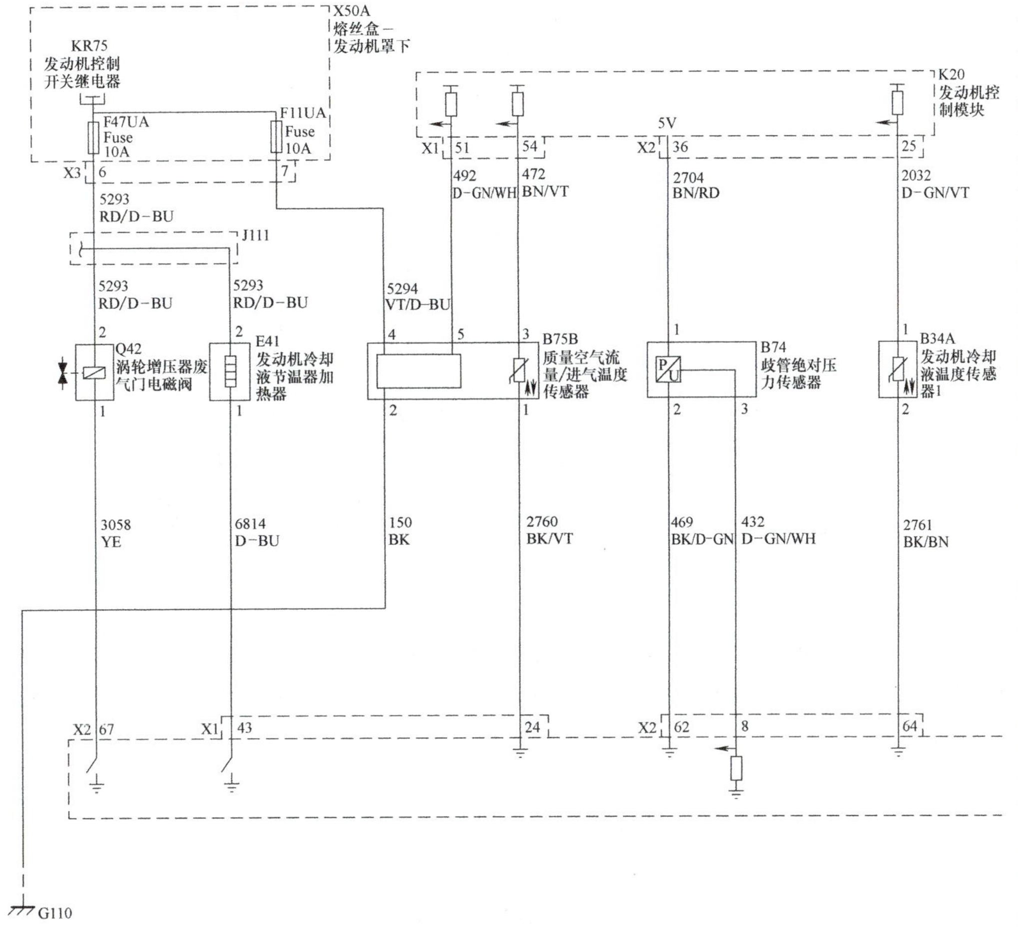

项目三　空气供给系统的故障诊断与检修

图 3-82　冷却液温度传感器系统电路图

1号线—5V信号电路　2号线—低电平参考电压电路（搭铁电路）

发动机冷却液温度（ECT）传感器是一个测量发动机冷却液温度的可变电阻。发动机控制模块（ECM）向发动机冷却液温度1传感器信号电路提供5V电压，向低电平参考电压电路提供搭铁。

科鲁兹轿车冷却温度传感器维修过程：

1）读取静态故障码、冻结帧和数据流。

2）检查冷却液温度传感器的安装状态。

3）确认故障症状。起动发动机前，确认车辆周围环境是否安全。起动发动机时，观察起动状况，确认故障症状并记录症状现象。

4）动态下再次读取故障码、冻结帧和数据流。

5）将点火开关置于"OFF（关闭）"位置并且关闭所有车辆系统，断开B34A发动机冷却液温度传感器1处的线束插接器。所有车辆系统的关闭可能需要长达2min时间。测试低电平参考电压电路端子2和搭铁之间的电阻是否小于10Ω。

113

① 如果等于或高于10Ω，点火开关置于"OFF（关闭）"位置，断开蓄电池负极接线柱，断开K20发动机控制模块的线束插接器。测试低电平参考电压端对端的电阻是否小于2Ω。

如果为2Ω或更大，如图3-83所示（图中数值为无穷大），则修理电路中的断路/电阻过大故障（断路故障）。如果小于2Ω，则更换K20发动机控制模块。

图3-83　线路断路检查

② 如果小于10Ω，如图3-84所示（图中数值为1.0Ω），将点火开关置于"ON（打开）"位置。确认故障诊断仪的"ECT Sensor 1（发动机冷却液温度传感器1）"参数低于-39℃。

图3-84　低电平参考电压电路检查

A. 如果等于或高于-39℃，如图3-85所示（图中数值为140℃），点火开关置于"OFF（关闭）"位置，断开蓄电池负极接线柱，断开K20发动机控制模块的线束插接器。测试信号电路端子1和搭铁之间的电阻是否为无穷大。如果电阻不为无穷大，则修理电路上的对搭铁短路故障；如果电阻为无穷大，则更换K20发动机控制模块。

B. 如果低于-39℃，在信号电路端子1和低电平参考电压电路端子2之间安装一条带3A熔丝的跨接线，如图3-86所示。确认故障诊断仪上的"ECT Sensor 1（发动机冷却液温度传感器1）"参数高于139℃。

项目三 空气供给系统的故障诊断与检修

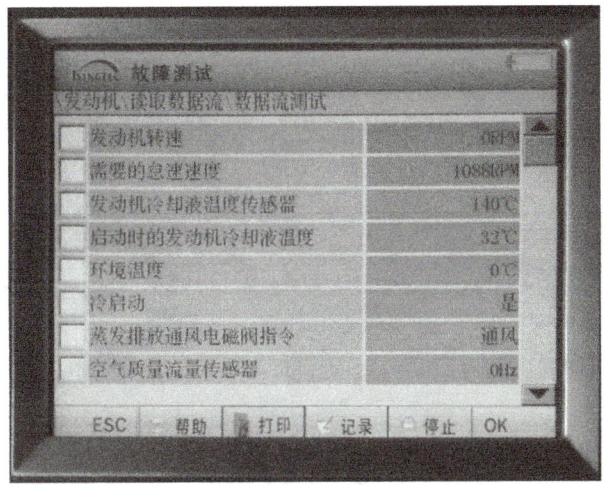

图 3-85　信号电路检查（1）

图 3-86　信号电路检查（2）

a. 如果为 139℃ 或更低，将点火开关置于"OFF（关闭）"位置，断开蓄电池负极接线柱，断开 K20 发动机控制模块的线束插接器，再将点火开关置于"ON（打开）"位置。测试信号电路和搭铁之间的电压是否低于 1V。如果是 1V 或更高，则修理电路上的电压短路故障。如果低于 1V，将点火开关置于"OFF（关闭）"位置，测试信号电路端对端的电阻是否小于 2Ω。如果为 2Ω 或更大，如图 3-87（图中数值为无穷大），则修理电路中的断路/电阻过大故障（断路故障）；如果小于 2Ω，如图 3-88（图中数值为 0.9Ω），则更换 K20 发动机控制模块。

b. 如果高于 139℃，测试或更换 B34A 发动机冷却液温度传感器。

c. 将点火开关置于"OFF（关闭）"位置，断开蓄电池负极接线柱，断开 B34A 发动机冷却液温度传感器 1 的线束插接器。一边改变传感器温度，一边监测传感器电阻，从而测试 B34A 发动机冷却液温度传感器 1。将读数与"温度与电阻（ECT）"表中的数据相比较，确认电阻值在规定值的 5% 以内。如果不在规定范围内，更换 B34A 发动机冷却液温度传感器 1。

6）修复后再次检查故障码和数据流。

图 3-87　线路断路检查（1）

图 3-88　线路断路检查（2）

任务评价

表 3-15　任务评价表

任务名称	冷却液温度传感器的故障诊断与检修		姓名		日期	
序　号	评价内容		要　求	分值	自评	互评
1	讲述温度传感器的作用，并在发动机上指明部件所在位置		表达清楚准确	20		
2	讲述温度位置传感器的类型		表达清楚准确	20		
3	结合原理图叙述热敏电阻式进气温度传感器的工作原理		原理图解析要清楚，思路清晰	20		
4	操作完成热敏电阻式冷却液温度传感器的诊断与检修		思路清晰，操作规范	20		
5	操作过程 5S 管理		工具摆放，场地整理按 5S 要求	20		
6	总分					
教师评语						

任务拓展

进气温度（IAT）传感器是一个可变电阻器，它有一个信号电路和一个低电平参考电压电路，测量进入发动机的空气温度。发动机控制模块向进气温度信号电路提供5V电压，向进气温度低电平参考电压电路提供搭铁。

以雪佛兰2013款科鲁兹发动机采用的进气温度传感器的检测为例，加以说明，图3-89为其实物图，图3-90为进气温度传感器系统电路图。

图3-89　进气温度传感器实物图

1) 读取静态故障码、冻结帧和数据流。
2) 检查进气温度传感器的安装状态。
3) 确认故障症状。起动发动机前，确认车辆周围环境是否安全。起动发动机时，观察起动状况，确认故障症状并记录症状现象。
4) 动态下再次读取故障码、冻结帧和数据流。
5) 将点火开关置于"OFF（关闭）"位置并关闭所有车辆系统，断开B75B质量空气流量/进气温度传感器处的线束插接器。可能需要2min才能让所有车辆系统断电。测试低电平参考电压电路端子1和搭铁之间的电阻是否小于5Ω。

① 如果等于或高于5Ω，点火开关置于"OFF（关闭）"位置，断开蓄电池负极接线柱，断开K20发动机控制模块的线束插接器，测试低电平参考电压端对端的电阻是否小于2Ω。如果为2Ω或更大，则修理电路中的断路/电阻过大故障（断路故障）；如果小于2Ω，如图3-91所示（图中数值为0.6Ω），则更换K20发动机控制模块。

② 如果小于5Ω，如图3-92所示（图中数值为0.3Ω），将点火开关置于"ON（打开）"位置。确认故障诊断仪上的"IAT Sensor（进气温度传感器）"参数为-40℃。

A. 如果高于-40℃，如图3-93所示（图中数值为150℃），点火开关置于"OFF（关闭）"位置，断开蓄电池负极接线柱，断开K20发动机控制模块的线束插接器。测试信号电路端子3和搭铁之间的电阻是否为无穷大。如果电阻不为无穷大，则修理电路上的搭铁短路故障；如果电阻为无穷大，则更换K20发动机控制模块。

B. 如果是-40℃，在信号电路端子3和搭铁之间安装一条带3A熔丝的跨接线，确认故障诊断仪上的"IAT Sensor（进气温度传感器）"参数为150℃，如图3-94所示。

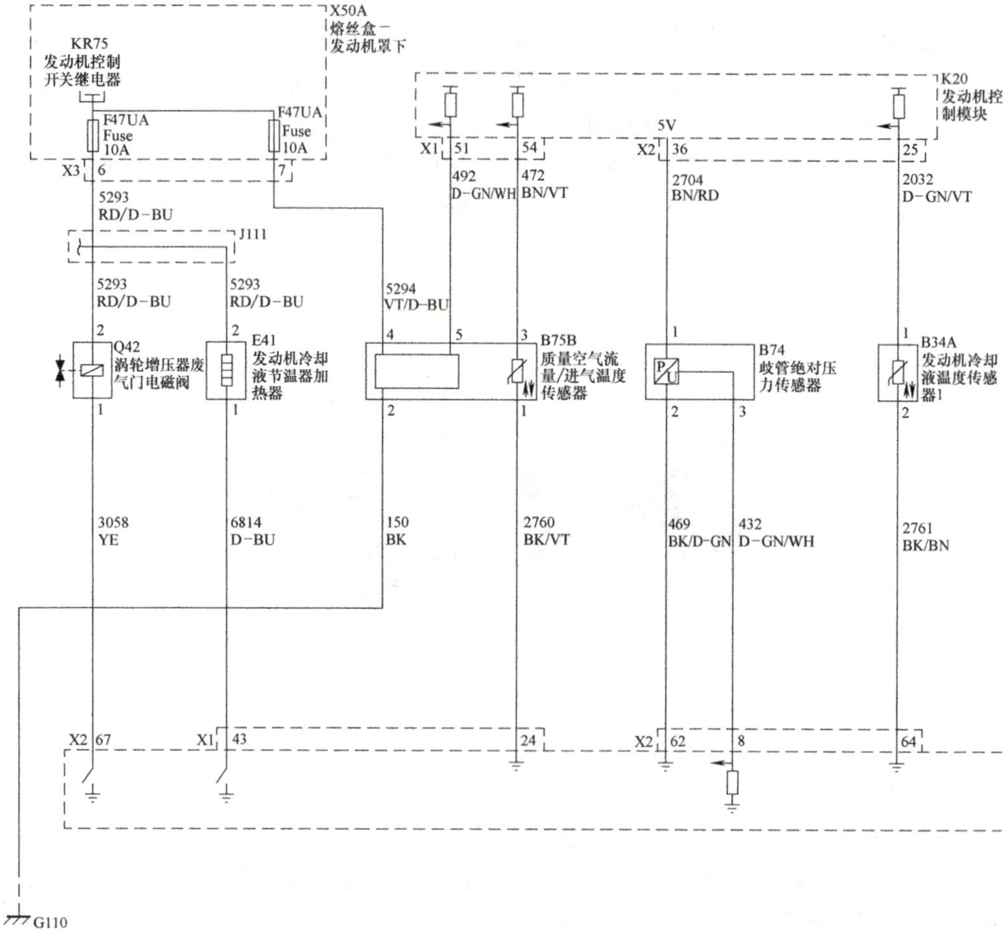

图3-90 进气温度传感器系统电路图

图3-91 线路断路检查

项目三 空气供给系统的故障诊断与检修

图 3-92　低电平参考电压电路检查

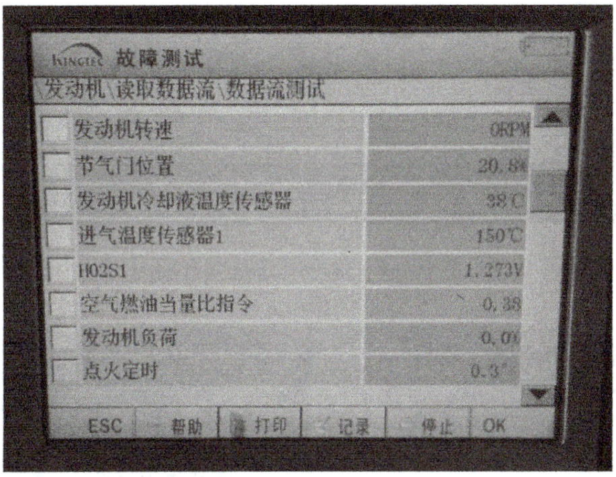

图 3-93　信号电路检查（1）

图 3-94　信号电路检查（2）

a. 如果低于 150℃，如图 3-95 所示（图中数值为 -40℃），将点火开关置于"OFF（关闭）"位置，断开蓄电池负极接线柱，断开 K20 发动机控制模块的线束插接器，再将点火开

119

关置于"ON（打开）"位置。测试信号电路和搭铁之间的电压是否低于1V。如果是1V或更高，则修理电路上的电压短路故障。如果低于1V，将点火开关置于"OFF（关闭）"位置，测试信号电路端对端的电阻是否小于2Ω。如果为2Ω或更大，则修理电路中的断路/电阻过大故障（断路故障），如图3-96所示（图中数值为无穷大）；如果小于2Ω，则更换K20发动机控制模块。

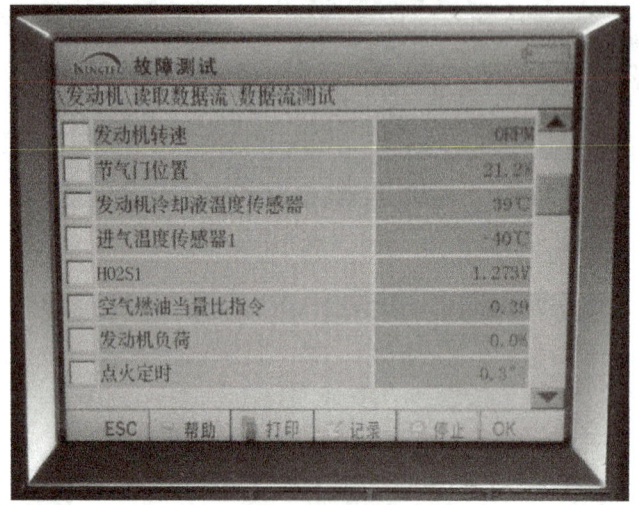

图3-95　信号电路检查（3）

图3-96　线路断路检查

b. 如果是150℃，测试或更换B75B质量空气流量/进气温度传感器。将点火开关置于"OFF（关闭）"位置，断开B75B质量空气流量/进气温度传感器处的线束插接器。在监测传感器电阻时，通过改变传感器温度来测试进气温度传感器。将读数与"温度与电阻（ECT）"表进行比较，电阻值应在表中规定的范围内。如果不在规定范围内，更换B75B质量空气流量/进气温度传感器。

6）修复后再次检查故障码和数据流。

课后测评

一、填空题

1. 根据温度传感器用途的不同,温度传感器又分为_____、进气温度传感器(IAT)、废气再循环温度传感器三种。

2. 冷却液温度传感器又称_____器,一般安装在_____,与冷却液直接接触。

3. 热敏电阻式冷却液温度传感器其内部装有_____电阻。

4. 在装有进气歧管绝对压力传感器的 D 型电控燃油喷射的发动机上,进气温度传感器一般安装在_____或进气总管上,而装有空气流量传感器的 L 型电控燃油喷射的发动机上,进气温度传感器就是_____的一部分。

5. 废气再循环位置传感器一般安装在废气再循环管道上,用于测量_____,当废气再循环阀开启,所测温度上升,传感器告知电控单元废气再循环工作。

二、简答题

1. 冷却液温度传感器的作用是什么?

2. 热敏电阻式冷却液温度传感器的工作原理是什么?

3. 进气温度传感器的作用是什么?

任务五　怠速控制系统的故障诊断与检修

学习目标

1. 能准确讲述怠速控制系统的作用。
2. 能准确讲述怠速控制系统的类型。
3. 结合原理图能准确叙述电子节气门怠速控制执行机构的工作原理。
4. 能准确规范地完成节气门执行器的诊断与检修。

任务描述

一辆 2010 款 1.6L 自动档卡罗拉轿车，发动机指示灯点亮，怠速不稳，无法加速，对故障车进行检测，发现节气门执行器故障，经维修处理后，车辆运行正常。

知识储备

一、怠速控制系统的作用

怠速是指发动机在无负荷（对外无功率输出）的情况下的稳定运转状态。在汽车使用中，发动机怠速运转的时间约占 30%，怠速转速的高低直接影响燃油消耗和排放污染。怠速转速过高，燃油消耗增加，但怠速转速过低，又会增加排放污染。

电控发动机怠速运转时，加速踏板完全松开，节气门接近关闭，进入气缸的混合气很少，发动机输出功率较小，仅能维持自身在无负载下低速空转。若发动机负载发生变化，如空调等投入工作等则会引起发动机怠速转速变化，导致发动机怠速不稳，甚至熄火。因此，在电控发动机上一般都装有怠速控制系统（ISC）。

怠速控制系统（ISC）是发动机辅助控制系统，其功能是在发动机怠速工况下，根据发动机冷却液温度、空调压缩机是否工作、变速器是否挂入档位等，通过怠速控制阀对发动机的进气量进行控制，使发动机随时以最佳怠速转速运转。

二、怠速控制系统的类型

怠速控制系统按进气量的调节方式分为旁通空气道式和节气门直动式两种。

1. 旁通空气道式

旁通空气道式的怠速控制系统在怠速时节气门完全关闭。怠速空气通过一条跨接在节气门两端的怠速通道流入气缸。怠速通道中装有一个不同类型的怠速空气控制阀，如图 3-97a 所示，这种控制方式动态响应好，结构简单且尺寸较小，但逐渐被节气门直动式取代。

2. 节气门直动式

节气门直动式的怠速控制系统没有跨接在节气门两端的怠速通道。怠速时，加速踏板虽然完全松开，但节气门并不完全关闭，而是仍通过它提供怠速空气，如图 3-97b 所示。

三、怠速控制系统的组成

以旁通空气道式怠速控制系统为例，怠速控制系统主要由各种传感器、电子控制单元

（ECU）、执行器（怠速控制阀）组成，如图 3-98 所示。

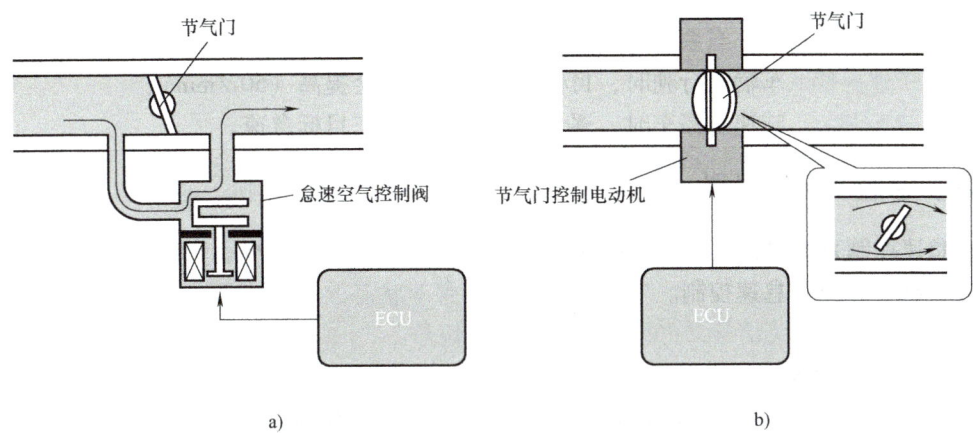

图 3-97 怠速控制系统的类型
a) 旁通空气道式 b) 节气门直动式

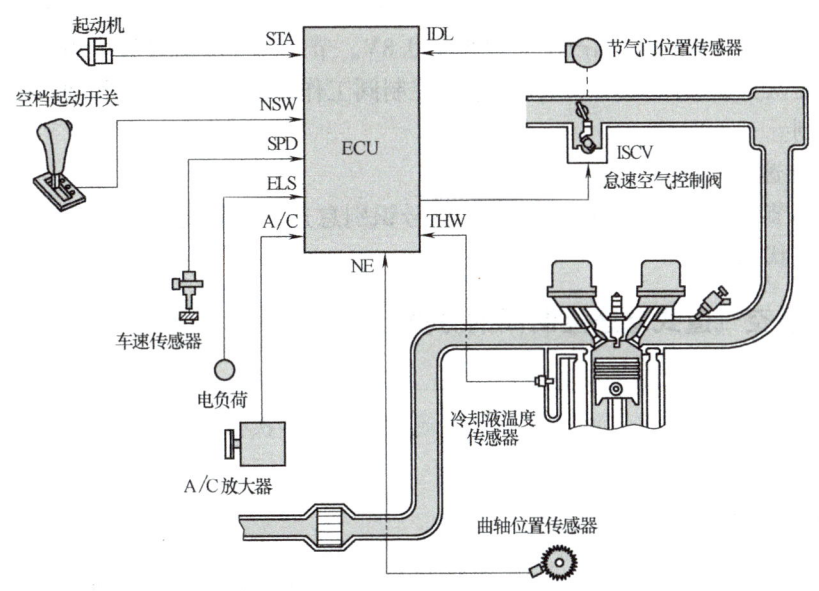

图 3-98 怠速控制系统的组成

传感器的功用是检测发动机的运行工况和负载设备的工作状况，ECU 则根据各种传感器的输入信号确定一个怠速运转的目标转速，并与实际转速进行比较。根据比较结果，控制执行器工作，以调节进气量，使发动机的怠速转速达到所确定的目标转速。目标怠速是根据诸多因素决定的，主要的影响因素有如下六项。

（1）冷却液温度 当发动机冷却液温度较低时，系统给出较高的目标怠速1200r/min 以加速暖车，而采用机械风扇的发动机，当发动机冷却液温度过高时，系统也会施以较高的怠速（1300r/min），目的是增加散热器的进风量。

(2) 外加负载 空调发生变化时,系统将提高怠速(150r/min)。

(3) 近光灯开启 为补偿其电力消耗,目标怠速将提升(50r/min)。

(4) 系统电压补偿 当系统电压低于12V时,系统会自动提升目标怠速(50r/min)。

(5) 车速补偿 车辆在行驶时,目标怠速较停车时会提高(50r/min)。

(6) 减速调节 减速及停车时,逐步递减至停车状态目标怠速。

四、怠速工况的识别

在怠速控制系统中,就怠速控制而言,怠速状态识别非常重要,只有ECU确认到怠速工况时,ECU才进行怠速控制。当前汽车有三种怠速状态的识别信号:一是怠速触点信号;二是节气门位置软开关信号;三是加速踏板位置信号。

1. 怠速触点信号

在丰田车系四线插头节气门位置传感器中,其中有一线为IDL。怠速时,节气门全关,IDL信号为0V(触电闭合搭铁);节气门打开,IDL信号为12V或5V(触点打开)。大众车系为怠速开关F60闭合为怠速,断开为非怠速。

2. 节气门位置软开关信号

三线插头的节气门位置传感器取消怠速触点,怠速工况信号直接由节气门开度信号代替,进口车一般小于0.6V,国产车一般小于0.8V。节气门开度信号只要小于上述值,发动机控制单元便认为是怠速工况,并控制怠速控制阀工作;大于规定范围,便认为加速工况,不做怠速控制。

3. 对于加速踏板信号

对于电子节气门车辆用加速踏板位置信号识别怠速,只要驾驶人不踩加速踏板,ECU就默认为怠速状态。

五、旁通空气道式怠速控制阀的分类

旁通空气道式怠速控制阀的种类很多,一般按结构分为石蜡式、双金属片式、开关电磁阀式、占空比控制式、旋转滑阀式和步进电动机式。这些执行器的结构不同,功能和控制方式也不同。

1. 石蜡式怠速控制阀

石蜡式怠速控制根据发动机的冷却液温度,由阀门改变空气旁通气道流通截面积的大小,从而控制补充空气量的多少。驱动阀门所需的力来自感温器中的石蜡的热胀冷缩,而石蜡的热胀冷缩由感温器周围冷却液的温度决定。

石蜡式怠速控制阀主要由石蜡感温器、阀门、内外弹簧、冷却液通道和空气通道等组成。感温器浸于冷却液中,感温器内充满石蜡,石蜡体积随冷却液温度的升降而膨胀和收缩。为了简化结构,大多数感温器采用与节气门作成一体的形式共用同一冷却液路,实物如图3-99所示。

当发动机冷却液温度较低的时候,感温器内的石蜡凝固、体积收缩,阀门打开,内弹簧被压缩,当内外弹簧的力相平衡时,阀门稳定在某一开度。当冷却液温度逐渐升高时,感温器内的石蜡熔化、体积膨胀,膨胀产生的推力大于弹簧的弹力,阀门向右边逐渐关闭,空气量也逐渐减小,发动机由快怠速逐渐降低到正常怠速;当冷却液温度大于80℃时,怠速控

图 3-99　石蜡式怠速控制阀

制阀完全关闭。

2. 双金属片式怠速控制阀

双金属片式怠速控制阀是在发动机低温起动时及过后的暖机过程中，对进气量进行补充的另一种快怠速机构，如图 3-100 所示，与石蜡式怠速控制阀功能相同。石蜡式怠速控制阀和双金属片式怠速控制阀在现代的车辆上已不经常使用。

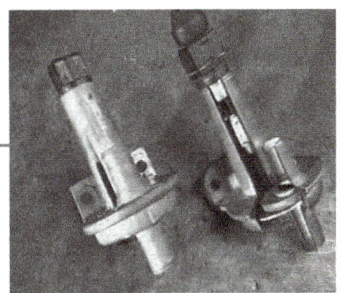

双金属片式

图 3-100　双金属片式怠速控制阀

3. 开关电磁阀式怠速控制阀（图 3-101）

电磁线圈只有通电和断开两种状态，怠速控制阀也只有开、关两种状态，怠速控制阀打开时发动机的怠速只能提高 100r/min。

4. 占空比控制式怠速控制阀

占空比控制式怠速控制阀由电磁线圈、阀轴和阀等组成。当 ECU 加大 PWM 信号的脉宽（占空比）时，电磁力加大，阀轴上移而阀门开度加大，从而导致旁通空气量的加大与怠速的提高；当 PWM 信号脉宽减少时，旁通空气量减少而怠速下降。占空比控制式怠速控制阀结构如图 3-102 所示，图中波纹管的作用是消除阀门上下两侧压差对开启位置的影响，便于 ECU 计算决定 PWM 信号，同时也减小了阀上的作用力。

5. 旋转滑阀式怠速控制阀

旋转滑阀式怠速控制阀和占空比控制式怠速控制阀一样，均为目前电控发动机上应用较多、功能较全面的一种怠速控制执行器，但其结构与工作原理则与之有明显区别。

旋转滑阀式怠速控制阀实物图如图 3-103 所示，主要由永久磁铁、与电枢轴一起转动控

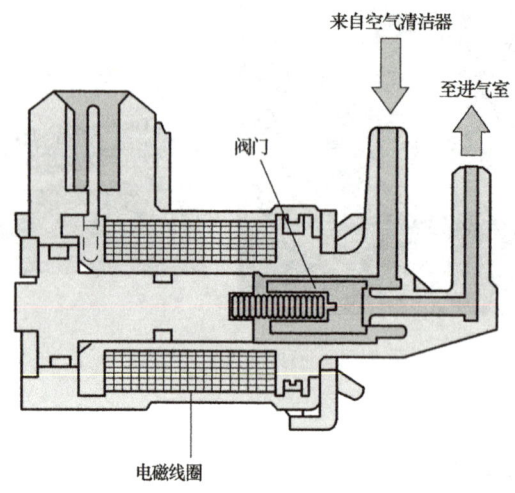

图3-101　开关电磁阀式怠速控制阀

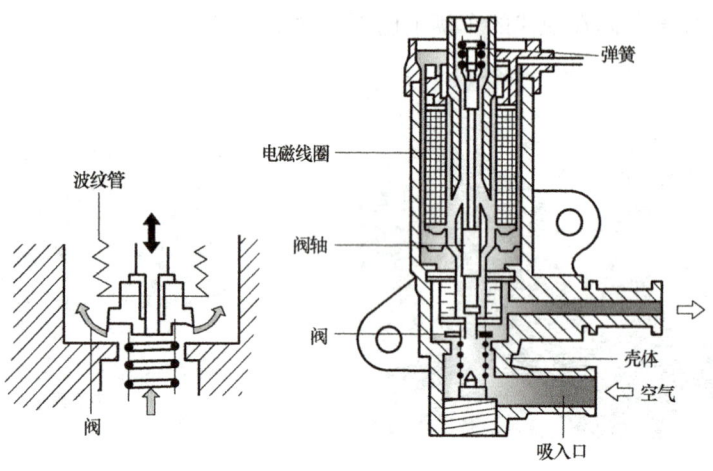

图3-102　占空比控制式怠速控制阀

制旁通进气量的旋转滑阀、用于发动机关闭后使滑阀完全打开的复位弹簧以及电枢等组成。旋转滑阀式怠速控制阀的电枢有单绕组式和双绕组式两种。其中，单绕组式为新型，双绕组式为旧型。

(1) 单绕组式怠速控制阀　单绕组式怠速控制阀结构比较简单，事实上就是单向直流电动机（接头是两根线，容易和电磁阀弄混），电枢只能做单向驱动，电枢的前端安装有控制阀门，ECU采用占空比的方式控制电枢线圈的平均电流来控制电磁力的大小，当电磁力与复位弹簧力平衡时，滑阀位置就确定了。单绕组式怠速控制阀断电后由复位弹簧把滑阀拉到全开位置。

丰田新型单绕组式怠速控制阀与本田一样采用3根线控制式，主要由电磁线圈、IC（集成电路）、永久磁铁和转阀等组成，如图3-104所示。其中转阀的一端通空气滤清器，另一端通节气门后方。阀门的开度由IC（集成电路）通过控制电磁线圈电流的方向改变转阀的转角，即可以改变空气通道的大小。

图 3-103 旋转滑阀式怠速控制阀实物图

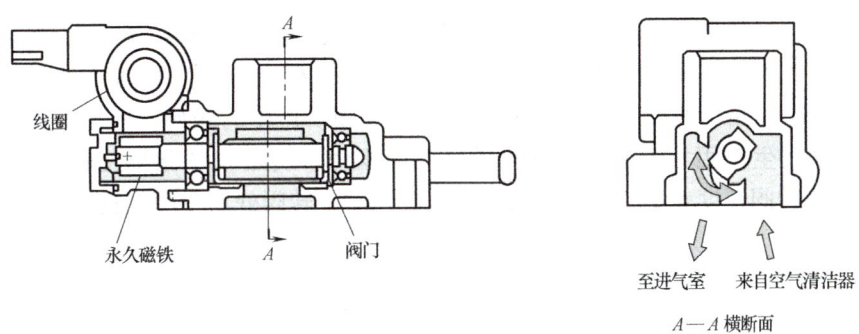

图 3-104 单绕组式怠速控制阀

单绕组式怠速控制阀结构原理图如图 3-105 所示。当发动机工作时，ECU 向 IC（集成电路）发送一定频率的方波信号，再由 IC 控制电磁线圈的工作电流方向，ECU 只要改变方波信号的占空比，即可改变转阀的开度。

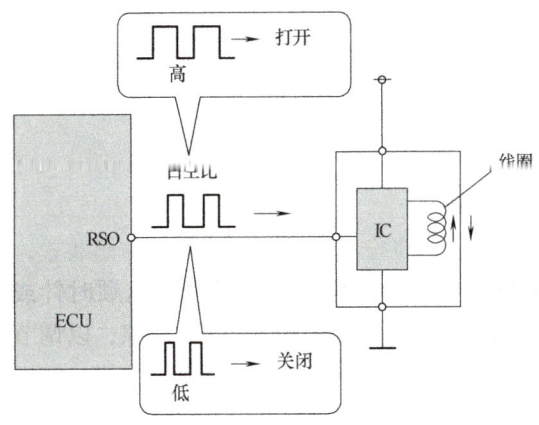

图 3-105 单绕组式怠速控制阀结构原理图

（2）双绕组式怠速控制阀 双绕组式怠速控制阀主要由两个电磁线圈、永久磁铁、双金属片和转阀等组成，如图3-106所示。

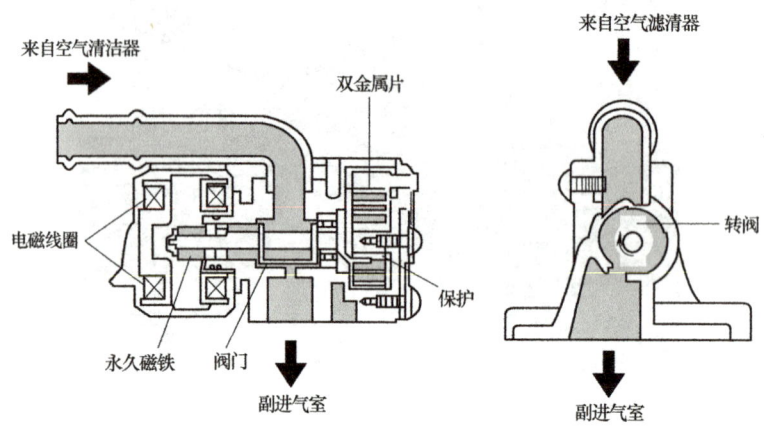

图3-106 双绕组式怠速控制阀

双绕组式怠速控制阀工作原理图如图3-107所示，阀门安装在阀轴的中部，阀轴的一端安装有圆柱形永久磁铁，阀轴的另一端装有双金属片。永久磁铁对应的圆周位置上安装有两个绕向相反的电磁线圈（线圈A、B），通电后两个线圈所产生的磁场同极相对，共同对转轴上的永久磁铁产生作用力，因此电枢可以做双向驱动。线圈A的磁场使转阀开度增大，线圈B的磁场使转阀开度减小。当两个磁场强度相同时，转阀处于中间位置。

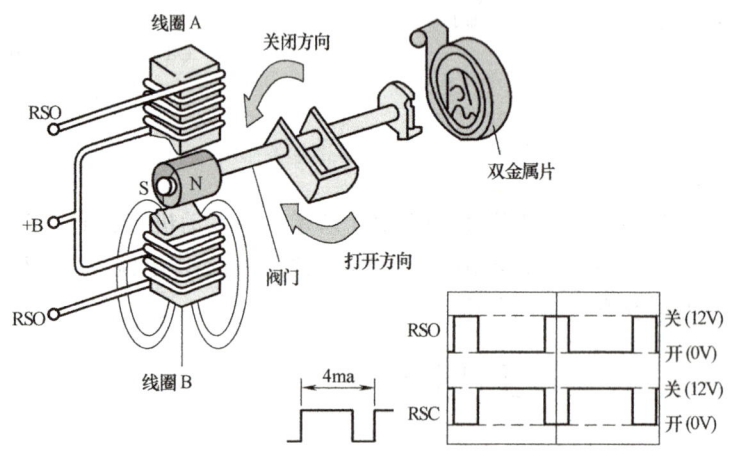

图3-107 双绕组式怠速控制阀工作原理图

6. 步进电动机式怠速控制阀

步进电动机式怠速控制阀是目前应用最多的一种怠速控制装置，如图3-108所示。发动机怠速运转时，ECU根据各种传感器信号控制步进电动机顺时针或逆时针方向转动转子，使控制阀移进或移出，增加或减小控制阀与阀座之间的间隙，以调节允许通过的空气量。

步进电动机按插头线数不同分为四线式步进电动机和六线式步进电动机，四线式步进电动机由两组线圈组成，六线式步进电动机由四组线圈组成，通过控制各线圈的顺序，来完成步进电动机的旋转。通用公司使用的步进电动机一般为四线式，丰田公司使用的步进电动机

项目三 空气供给系统的故障诊断与检修

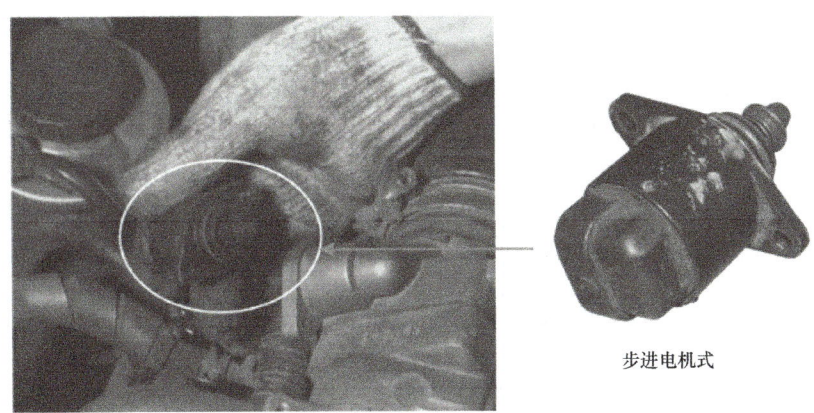

图 3-108 步进电动机式怠速控制阀

一般为六线式的。

（1）六线式步进电动机　步进电动机式怠速控制阀主要由永久磁铁构成的转子、线圈构成的定子和将旋转运动变成直线运动的进给丝杠和阀等部分组成，如图 3-109 所示。发动机 ECU 对步进电动机进行直接控制，使转子既可顺时针也可逆时针旋转，从而使阀芯轴向移动，改变阀与阀座之间的间隙以达到调节旁通空气道的空气量。

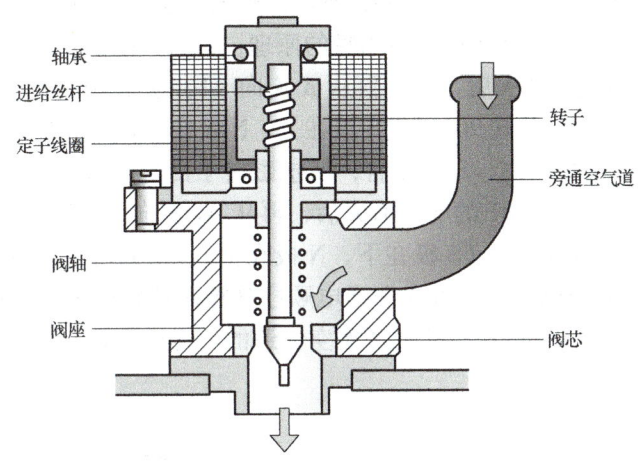

图 3-109 步进电动机式怠速控制阀

步进电动机控制电路如图 3-110 所示，EFI 主继电器触点闭合后，蓄电池电源经主继电器到达步进电动机的 B1 和 B2 端子、ECU 的 +B 和 +B1 端子，B1 端子向步进电动机的 C1-C3 相两个线圈供电，B2 端子向 C2-C4 相两个线圈供电。4 个线圈的分别通过端子 S1、S2、S3 和 S4 与 ECU 端子 ISC1、ISC2、ISC3 和 ISC4 相连，ECU 控制各线圈的搭铁回路，以控制怠速控制阀的工作。当 ECU 控制使步进电动机的电磁线圈 C1、C2、C3、C4 按 1—2—3—4 顺序通过晶体管依次搭铁时，定子磁场顺时针转动，由于与转子磁场间的相互作用（同性相斥，异性相吸），吸拉转子转动。同理，如果按 C4、C3、C2、C1 的顺序依次搭铁，步进电动机的线圈按相反的顺序通电，转子则随定子磁场同步反转。一台四线式步进电动机将利用四组电磁线圈，使转子永久磁铁旋转一圈具有 32 步，如图 3-111 所示。

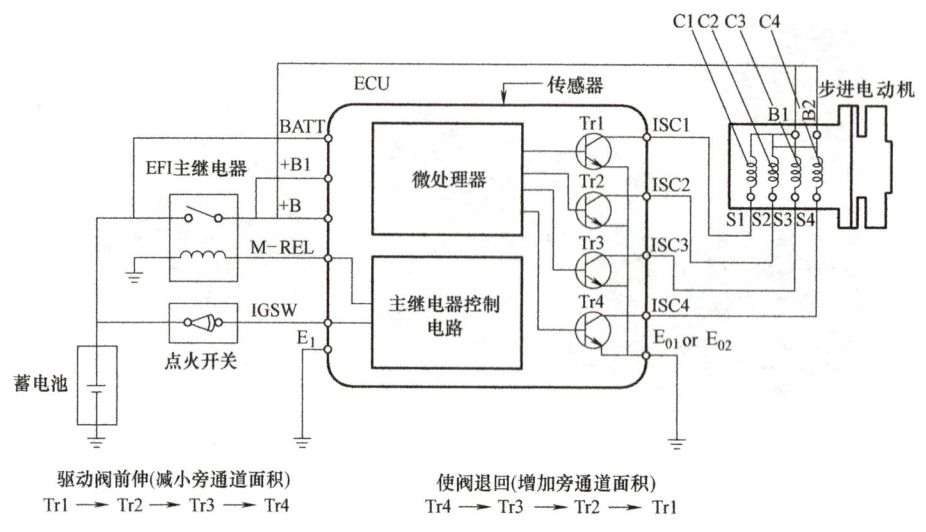

图 3-110 步进电动机控制电路图

(2) 四线式步进电动机　四线式步进电动机的结构与六线式步进电动机基本相同，主要有控制阀门、壳体、后轴承、密封圈、丝杠机构、线束插接器、钉子、转子和爪极等组成。

四线式步进电动机工作原理如图 3-112 所示，当电流从 B1 流向 B 时（脉冲信号），使 N 极在右，S 极在左。由于同性相斥异性相吸的原理，使永久磁铁转子的 N 极在左，S 极在右；当从 B1 流向 B 的电流消失后，电流再从 A 流向 A1，使 N 极在上方，S 极在下方，永久磁铁转子将沿逆时针方向旋转 90°（使 S 极在上，N 极在下）。当以 A 流向 A1 的电流消失后，再从 B 流向 B1，N 极在左，S 极在右，使永磁转子沿逆时针方向再旋转 90°（S 极在左，N 极在右）；当从 B 流向 B1 的电流消失后，再从 A1 流向 A，N 极在下，S 极在上，使永磁转子继续沿逆时针旋转 90°（S 极在下，N 极在上）。由此可见，急速步进电动机是由 ECU 通过控制两个单独线圈的电流方向和通电顺序来控制螺杆的旋转方向和旋转量（转动角度），最终确定了阀芯和阀座所形成的旁通空气道的流通截面积，以达到精确控制急速转速的目的。

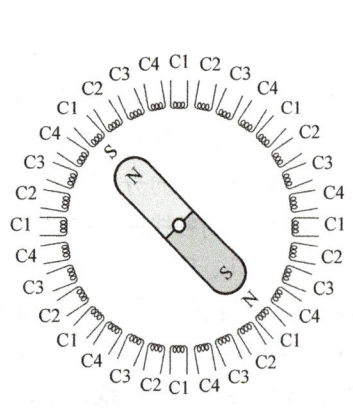

图 3-111　步进电动机定子与转子相互作用原理

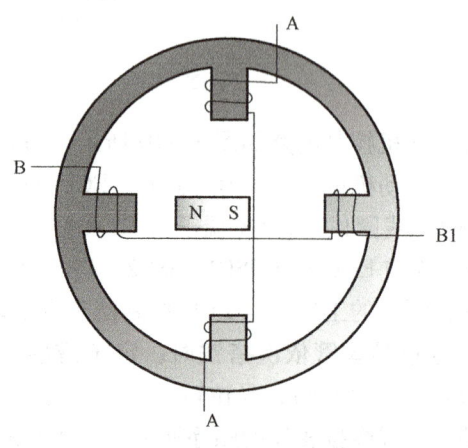

图 3-112　四线式步进电动机原理图

六、节气门直动式怠速控制系统

节气门直动式怠速控制系统取消了旁通通道,而是通过控制节气门的开启角度,调节空气通路的截面来控制充气量,实现对怠速的控制,如图 3-113 所示。

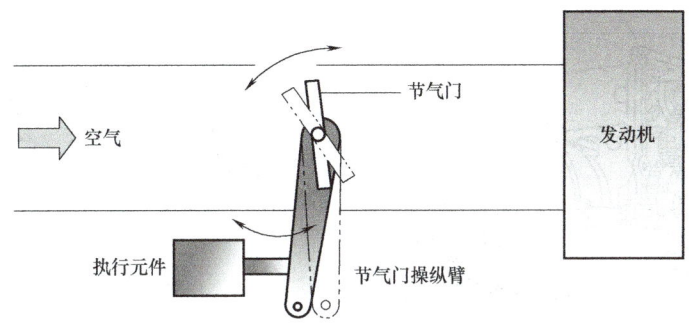

图 3-113 节气门直动式怠速控制系统

节气门直动式又分为两种类型:带节气门拉索的节气门直动式怠速控制机构,"怠速电动机"仅控制怠速的空气流量,也称为半电子节气门;"节气门全程电动机",控制所有工况的空气流量,也称为电子节气门。

1. 半电子节气门怠速控制执行机构

怠速控制装置是通过节气门体控制部件中的怠速稳定控制器,直接控制节气门的开启来实现怠速稳定控制的,它没有怠速空气旁通道。怠速稳定控制器是由一个直流电动机通过齿轮传动控制节气门开启。

半电子节气门控制部件的节流阀体是一个电动机系统组件,如图 3-114 所示,它由怠速直流电动机、怠速节气门电位计、节气门电位计、怠速开关、应急弹簧和卷簧等组成。其中应急弹簧是阻止怠速直流电动机关小节气门,卷簧是阻止拉索开大节气门。

2. 电子节气门怠速控制执行机构

如图 3-115 所示为电子节气门,电子节气门和半电子节气门的区别是识别怠速的方法不同、电动机的控制范围也不同。电子节

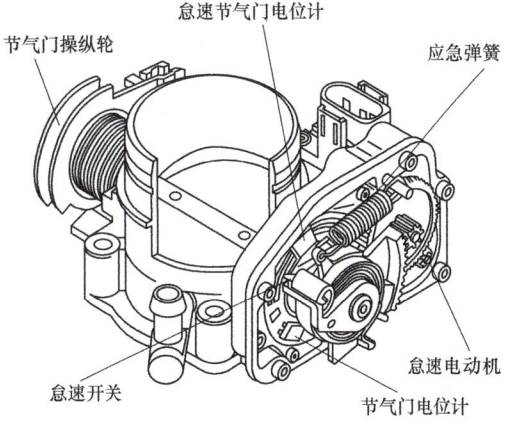

图 3-114 半电子节气门控制部件的节流阀体

气门通过"加速踏板位置传感器"怠速软开关识别怠速,并不是"节气门位置传感器"上的物理怠速开关或节气门位置传感器信号用软开关识别怠速。

电子节气门的电动机控制范围决定于加速踏板位置的怠速软开关,即驾驶人不踩加速踏板时,电动机控制节气门在应急开度(即电子节气门生效后,维持发动机运转的开度)以下控制怠速;当踩下加速踏板时,电动机控制节气门在应急开度以上工作。如图 3-116 所示,怠速时,发动机控制单元通过加速踏板位置传感器的电压信号可以识别出加速踏板没有被踏下,此时应执行怠速控制过程。发动机控制单元激活节气门控制器,并通过伺服电动机

控制节气门的位置。节气门依据实际怠速转速与理论怠速转速偏差的大小适当打开或关闭某一角度。节气门驱动器的两个角度传感器将节气门的当前位置信号传送给发动机控制单元，对节气门位置进行反馈控制。

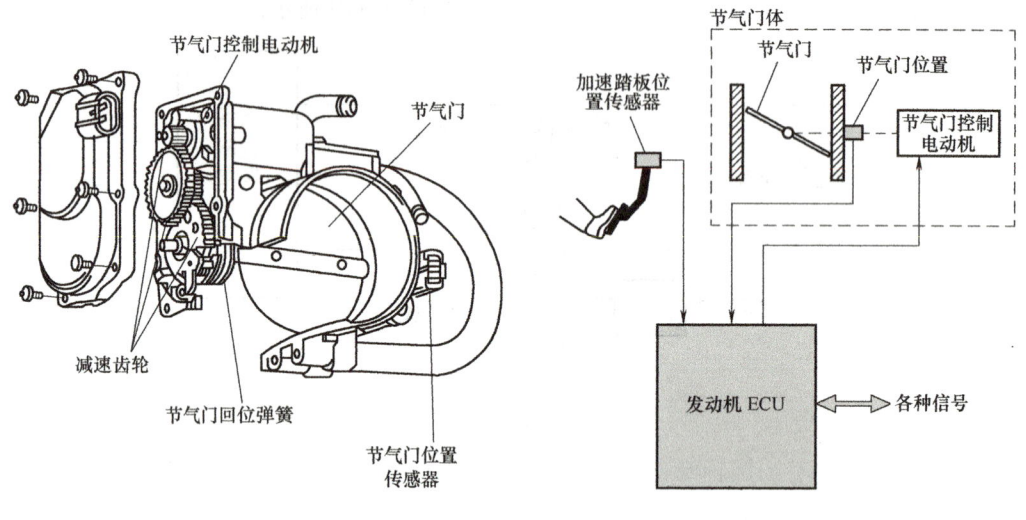

图 3-115　电子节气门　　　　　　　　　图 3-116　电子节气门控制

任务实施

任务解析　卡罗拉轿车节气门执行器电路图解读

以一汽丰田 2010 款卡罗拉发动机采用的节气门执行器的检测为例，加以说明，图 3-117 为节气门执行器系统电路图。

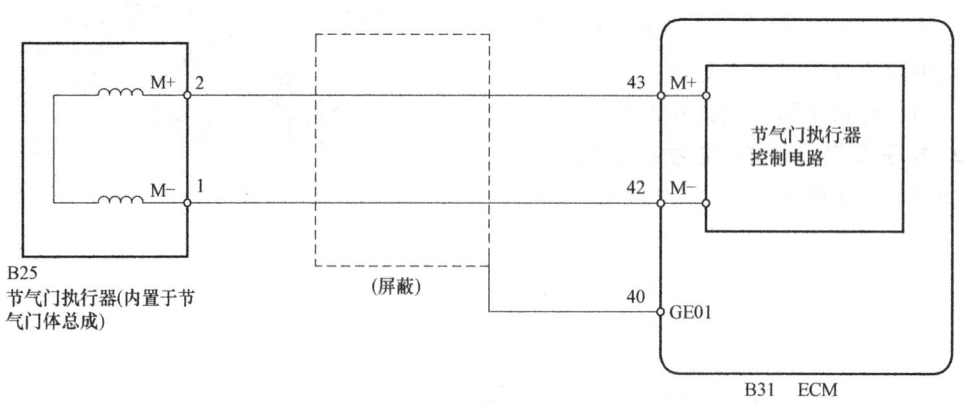

图 3-117　节气门执行器系统电路图
1 号线—节气门电动机（＋）　2 号线—节气门电动机（－）

项目三 空气供给系统的故障诊断与检修

> ECM 操作节气门执行器，节气门执行器通过电动机和齿轮来打开和关闭节气门。
> 安装在节气门体总成上的节气门位置传感器，用来检测节气门开度。节气门位置传感器将反馈信息传送到 ECM。通过这些反馈信息，ECM 可以在响应驾驶人输入时，正确地控制节气门执行器和监视节气门开度。

卡罗拉轿车节气门执行器维修过程：

1) 读取静态故障码、冻结帧和数据流。
2) 检查节气门执行器的安装状态。
3) 确认故障症状。起动发动机前，确认车辆周围环境是否安全。起动发动机时，观察起动状况，确认故障症状并记录症状现象。
4) 动态下再次读取故障码、冻结帧和数据流。
5) 检查节气门执行器电阻，关闭点火开关，断开节气门体总成插接器，根据表 3-16 测量电阻，没有线束连接的节气门执行器如图 3-118 所示，测量结果异常，更换节气门体总成。

表 3-16　标准电阻

检测仪连接	条　件	规定状态
2（M+）—1（M+）	20℃（68°F）	0.3 至 100Ω

6) 检查线束和插接器（节气门执行器—ECM）。断开蓄电池负极接线柱，断开 ECM 插接器，根据表 3-17、表 3-18 测量电阻。线束插接器前视图（至节气门体总成）如图 3-119 所示，线束插接器前视图（至 ECM）如图 3-120 所示。测量结果异常，维修或更换线束或插接器（节气门执行器—ECM）。

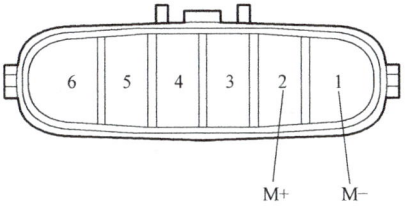

图 3-118　没有线束连接的节气门执行器

表 3-17　标准电阻（断路检查）

检测仪连接	条　件	规定状态
B25-2（M+）—B31-43（M+）	始终	小于 1Ω
B25-1（M-）—B31-42（M-）	始终	小于 1Ω

表 3-18　标准电阻（短路检查）

检测仪连接	条　件	规定状态
B25-2（M+）或 B31-43（M+）-车身塔铁	始终	10kΩ 或更大
B25-1（M-）或 B31-42（M-）-车身塔铁	始终	10kΩ 或更大

7) 以上测量都正常，更换 ECM。
8) 修复后再次检查故障码和数据流。

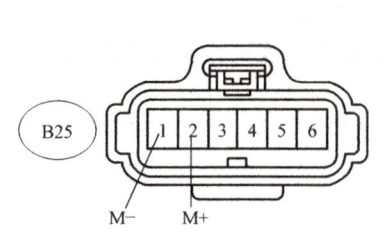

图 3-119 线束插接器前视图（至节气门体总成）

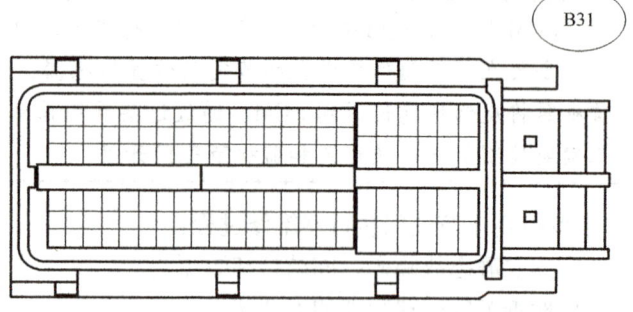

图 3-120 线束插接器前视图（至 ECM）

任务评价

表 3-19 任务评价表

任务名称	节气门执行器的故障诊断与检修	姓名		日期	
序　号	评价内容	要　求	分值	自评	互评
1	讲述怠速控制系统的作用	表达清楚准确	20		
2	讲述怠速控制系统的类型	表达清楚准确	20		
3	结合原理图叙述电子节气门怠速控制执行机构的工作原理	原理图解析要清楚，思路清晰	20		
4	完成节气门执行器的诊断与检修	思路清晰，操作规范	20		
5	操作过程5S管理	工具摆放，场地整理按5S要求	20		
6	总分				
教师评语					

课后测评

一、判断题

1. 怠速控制系统按进气量的调节方式分为旁通空气道式和_____两种。

2. 以旁通空气道式怠速控制系统为例，怠速控制系统主要由各种传感器、_____、_____组成。

3. 当前汽车有三种怠速状态的识别信号：一是_____；二是节气门位置软开关信号；三是_____。

4. 旁通空气道式怠速控制阀的种类很多，一般按结构分为石蜡式、双金属片式、开关电磁阀式、_____、_____和_____。

5. 旋转滑阀式怠速控制阀的电枢有_____式和_____式两种。其中，_____式为新型，_____式为旧型。

6. 步进电动机按插头线数不同分为_____式步进电动机和_____式步进电动机，四线式步进电动机由两组线圈组成，_____式步进电动机由四组线圈组成。

7. 节气门直动式又分为两种类型：_____和_____。

二、简答题

1. 怠速控制系统的作用是什么？

2. 简述电子节气门怠速控制执行机构的工作原理。

项目四

燃油供给系统的故障诊断与检修

项目描述

一辆车由于燃油供给系统工作不良导致发动机性能故障，需对燃油供给系统各元件及控制电路进行检查，确定故障部位，并维修或更换。

任务一　喷油器的故障诊断与检修

学习目标

1. 能准确讲述喷油器的作用，并在发动机上指明部件所在位置。
2. 能准确讲述喷油器的类型。
3. 结合原理图能准确叙述两种驱动方式喷油器的控制原理。
4. 能准确规范地完成喷油器的诊断与检修。

任务描述

一辆 2013 款 1.6L 自动档科鲁兹轿车，发动机指示灯点亮并闪烁，发动机抖动强烈，对故障车进行检测，发现喷油器故障，经维修处理后，车辆运行正常。

知识储备

一、喷油器的作用

喷油器是电控燃油喷射系统中的重要执行器（图 4-1），其主要功用是根据 ECU 的指令控制燃油喷射量。喷油器是一种加工精度非常高的精密器件，要求其动态流量范围大，雾化性能好，抗堵塞、抗污染能力强。电控燃油喷射系统一般都采用电磁式喷油器。单点喷射系统的喷油器安装在节气门体空气入口处，多点喷射系统的喷油器安装在各缸进气歧管或气缸盖上的各缸进气道处。

图 4-1　喷油器实物图

二、喷油器的类型

根据喷油器在发动机上的安装位置不同可分为进气管喷射和缸内喷射两大类，如图 4-2 所示，进气管喷射又分为多点喷射和单点喷射，如图 4-3 所示。

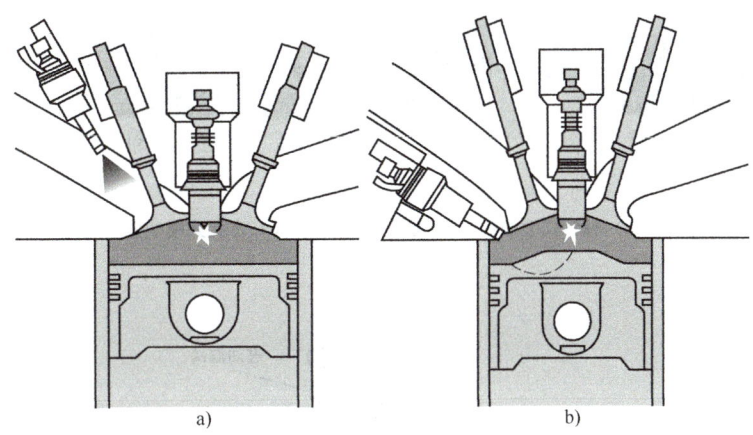

图 4-2　喷射的类型
a）进气管喷射　b）缸内喷射

多点燃油喷射的喷油器按喷油孔的形状可分为轴针式和孔式。孔式喷油器又分为单孔式喷油器和多孔式喷油器，如图 4-4 所示。

如图 4-5 所示为轴针式喷油器的结构图，它主要由喷油器壳体、喷油针阀、套在针阀上的衔铁以及根据喷油脉冲信号产生电磁吸力的电磁线圈等组成。电磁线圈无电流时，喷油器内的针阀被回位弹簧压在喷油器出口处的密封锥形阀座上。电磁线圈通电时，产生磁场吸动衔铁上移，衔铁带动针阀从其座面上升约 0.1mm，燃油从精密环形间隙中流出。为使燃油充分雾化，针阀前端磨出一段喷油轴针，喷油器吸动及下降时间约为 1~5ms。

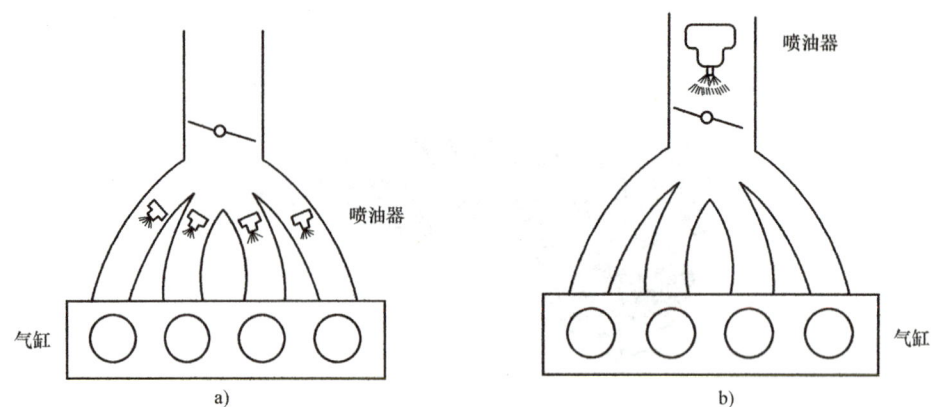

图 4-3 进气管喷射
a) 多点喷射 b) 单点喷射

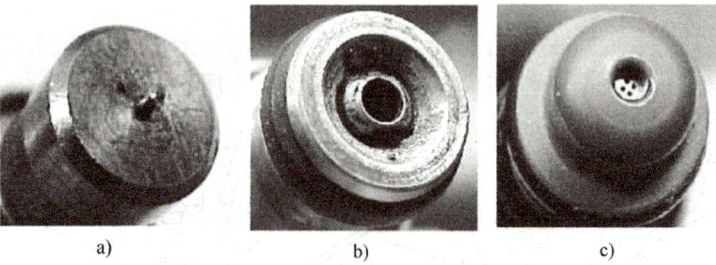

图 4-4 孔式喷油器
a) 轴针式喷油器 b) 单孔式喷油器 c) 多孔式喷油器

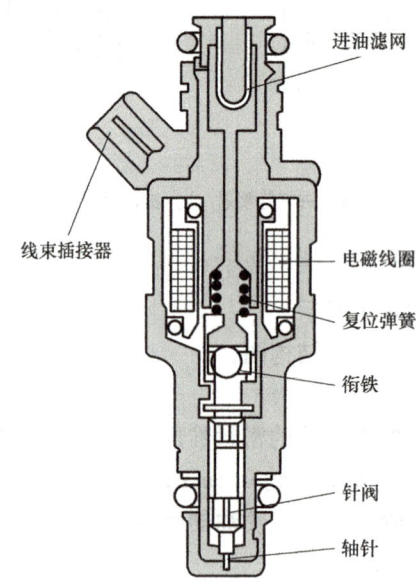

图 4-5 轴针式喷油器的结构图

如图4-6所示为孔式喷油器的结构图,孔式喷油器内没有轴针,用一块很薄的喷孔板取代轴针,喷孔板上有经过校准的小孔。单孔喷出的油束呈线状,多孔喷出的油束与轴针式喷油器差不多,但雾化质量中等,如图4-7所示。孔式喷油器在现代车中应用得比较多,它减少了喷油器内的沉积物。

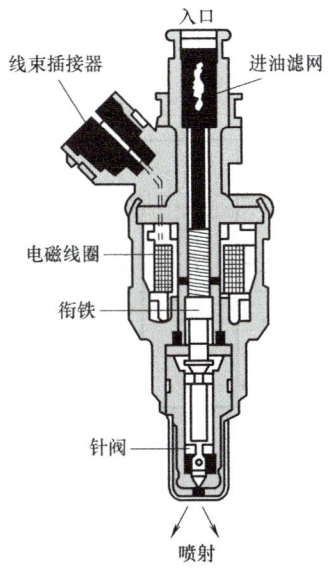

图4-6 孔式喷油器的结构图

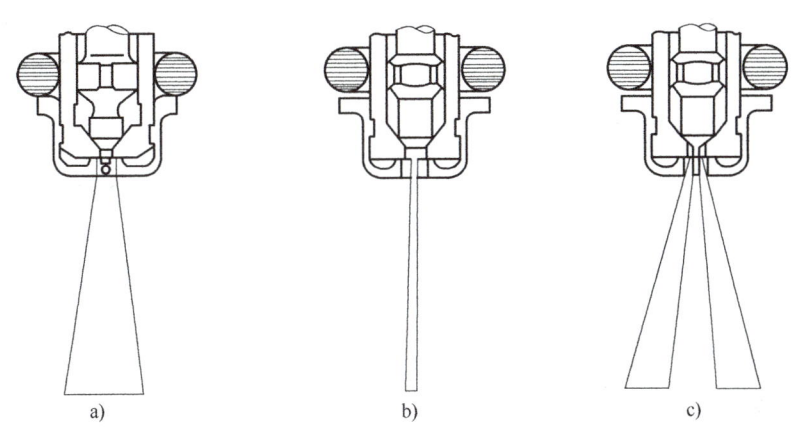

图4-7 喷油器油束
a) 轴针式油束 b) 单孔式油束 c) 多孔式油束

孔式喷油器的工作过程:当喷油脉冲信号输入电磁线圈时,产生电磁吸力,固定在针阀上的衔铁被向上吸起,针阀抬离阀座,燃油开始通过计量孔喷出;当喷油脉冲终止时,吸力消失,针阀在弹簧力作用下返回阀座,喷油结束。因此,每次脉冲的喷油量取决于输入电磁线圈的工作脉冲的宽度。

三、喷油器的控制原理

发动机控制模块可通过控制喷油器的电源或搭铁来实现对喷油器的控制。如图4-8所示为电控燃油喷射系统控制原理图，图中发动机控制模块是通过控制喷油器的搭铁信号实现对喷油器的控制。

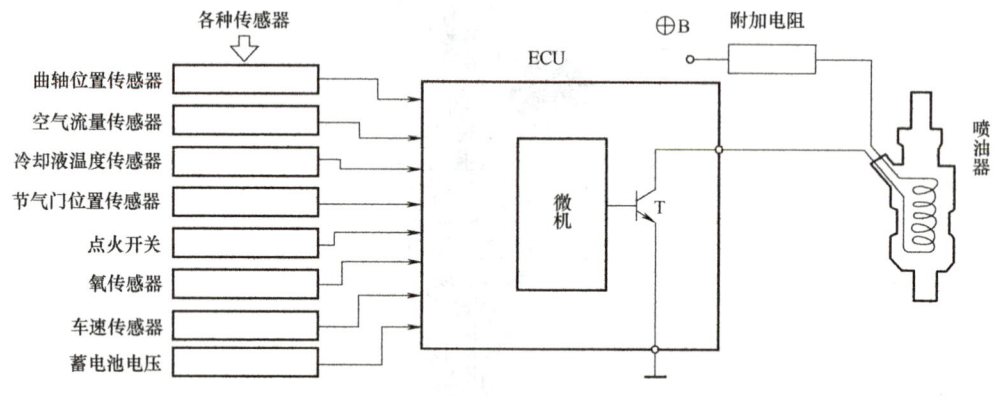

图4-8 喷油器的控制电路

在发动机运行过程中，发动机控制模块根据各种传感器输入的信号，确定合适的喷油时刻和喷油脉冲宽度，并向喷油器提供搭铁信号使喷油器开始喷油，切断搭铁信号使喷油器停止喷油。喷油器喷油量的大小，取决于针阀的升程、喷孔的截面积、燃油系统和进气歧管气体之间的压差等因素，当这些因素确定后，则喷油量就由针阀的开启时间，即电磁线圈的通电时间的长短来决定。

四、喷油器的驱动方式

喷油器的驱动方式可分为电流驱动和电压驱动两种方式，如图4-9所示。电流驱动方式只适用于低电阻的喷油器（喷油器电磁线圈的电阻值为0.6~3Ω的喷油器），一般应用在单点喷射（节气门体喷射）系统中。电压驱动方式既可适用于低电阻的喷油器，又可适用于高电阻的喷油器（喷油器电磁线圈的电阻值为13~17Ω的喷油器），一般应用在多点喷射系统中。

1. 电压驱动方式

如图4-10所示为电压驱动方式（低阻）喷油器的控制回路，在打开点火开关或发动机工作时，EFI继电器闭合，向喷油器电磁线圈提供正极电源（+B），而喷油器是否通电喷油则取决于发动机控制单元是否提供搭铁信号。

电压驱动方式与低电阻喷油器配合使用时，应在驱动回路中加入附加电阻，附加电阻与喷油器的连接方式，如图4-11所示。低电阻喷油器中电磁线圈的匝数较少，电感效应应较小，因此喷油器的响应特性比较好，但由于电磁线圈电阻的减少会使电流增加，容易造成喷油器电磁线圈因温度过高而烧损，为此在喷油器以外的控制回路中加入了附加电阻，但附加电阻的加入不但增加了故障点，还会使流过喷油器的电流减小，喷油器产生的电磁力也随之降低，喷油器开启的滞后时间较长。

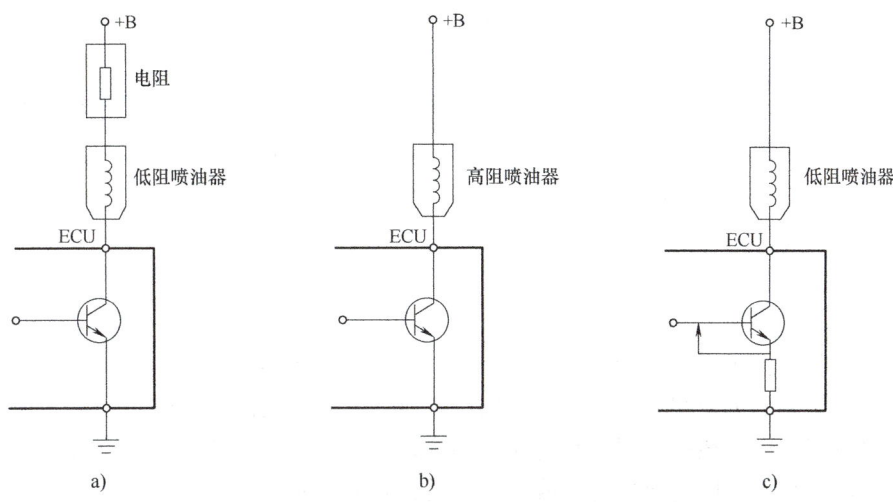

图 4-9 喷油器驱动方式

a）电压驱动（低阻）　b）电压驱动（高阻）　c）电流驱动（低阻）

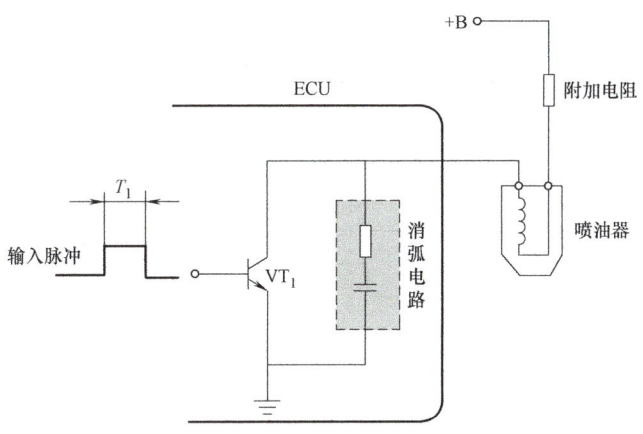

图 4-10 电压驱动方式（低阻）喷油器的控制回路

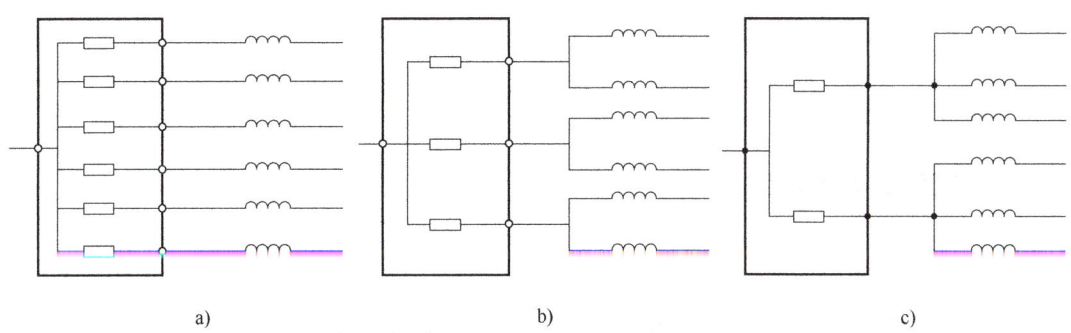

图 4-11 附加电阻与喷油器的连接方式

a）一喷油器一附加电阻　b）二喷油器一附加电阻　c）三喷油器一附加电阻

电压驱动方式与高电阻喷油器配合使用，回路更为简单，从成本和安装方面考虑都更加有利。

在发动机工作中，当发动机控制单元（ECU）根据传感器信号确认该喷油时，便会向喷油器的电磁线圈提供搭铁信号，接通喷油器电磁线圈的驱动电路。发动机控制模块每输出一次喷油脉冲信号，喷油器便喷油一次。

由于在发动机控制单元（ECU）切断喷油器的搭铁回路时，喷油器电磁线圈两端会产生很高的感应电动势，此反向电压与电源电压一起加在发动机控制单元（ECU）的功率晶体管上，可能会将其击穿而损坏。因此，为了保护发动机控制模块，通常在喷油器的驱动回路中设有消弧电路。

2. 电流驱动方式

电流驱动方式喷油器的控制回路中没有附加电阻，如图 4-12 所示。低电阻喷油器直接与蓄电池连接，因而回路阻抗小，当发动机控制单元（ECU）向喷油器提供搭铁信号后，喷油器电磁线圈内的电流很快上升，针阀便快速打开。如果喷油器长时间大电流通电，就有可能烧损喷油器的电磁线圈，因而在电流驱动方式的回路中，增加了电流控制回路，当发动机控制模块以一个较大的电流使电磁线圈打开后，它能控制回路中的工作电流，用一个较小的电流使喷油器针阀保持在完全打开的位置，或用脉冲电流保持喷油器针阀的有效开度。

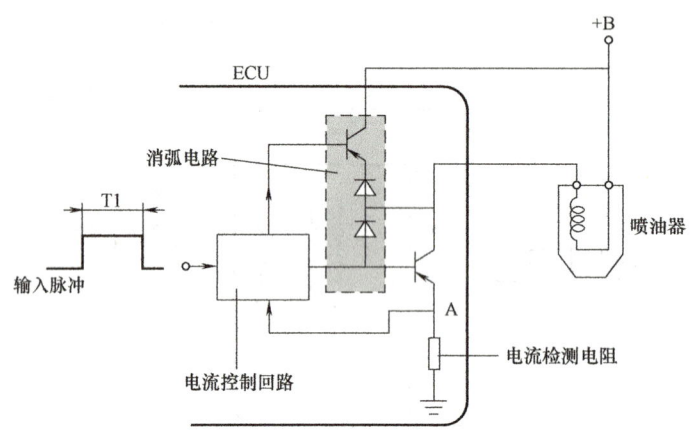

图 4-12　电流驱动方式喷油器的控制回路

电压驱动方式中的喷油器驱动电路较简单，但因其回路中的阻抗大，喷油器的喷油滞后时间长。其中，电压驱动高阻喷油器的喷油滞后时间最长，电压驱动低阻喷油器次之，电流驱动的喷油器最短。

五、喷油正时的控制

喷油正时就是指喷油器在什么时刻（相对于发动机曲轴转角位置）开始喷油。

对于采用多点间歇燃油喷射方式的发动机来说，按照喷油时刻和曲轴转角的关系可分为同步喷射和异步喷射两类。同步喷射是指与发动机曲轴转动同步，在固定的曲轴转角位置时进行喷射，异步喷射与曲轴旋转角度无关，如发动机冷起动和急加速时的临时性喷射。

在同步喷射发动机中，又分为同时喷射、分组喷射和顺序喷射三种基本类型，它们对喷油正时的要求各不相同。

1. 同时喷射

采用同时喷射方式的喷油器的控制电路和控制程序都比较简单，其控制电路如图 4-13

所示。从图中可以看出，所有的喷油器是并联的。发动机控制单元（ECU）根据曲轴位置传感器（CKP）产生的基准信号，发出脉冲控制信号，控制功率晶体管的导通和截止，从而控制各喷油器电磁线圈电路同时接通和切断，使各缸喷油器同时喷油。通常曲轴每转一转，各缸喷油器同时喷射一次，其喷油正时如图4-14所示。

图4-13 同时喷射控制电路

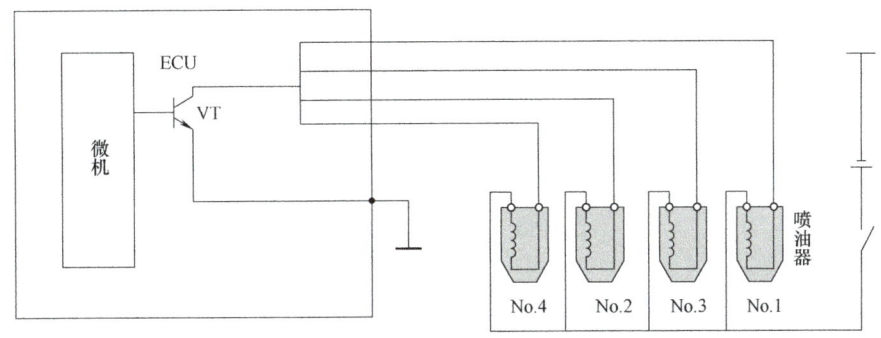

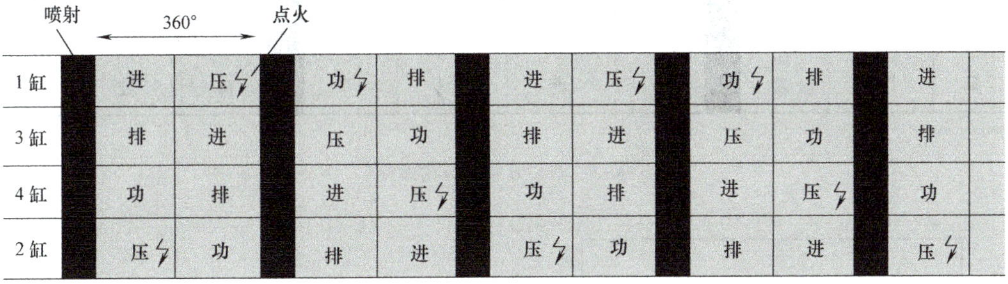

图4-14 同时喷射正时图

由于这种喷射方式是所有气缸的喷油器同时喷油，所以喷油正时与发动机进气、压缩、做功、排气等工作循环没有关系，早期生产的燃油喷射发动机大多采用同时喷射方式。其缺点是由于各缸对应的喷射时间不可能最佳，造成各缸的混合气形成不均匀。

2. 分组喷射

分组喷射一般是把所有气缸的喷油器分成2~4组。发动机控制单元（ECU）控制各组喷油器轮流交替进行燃油喷射。四缸发动机一般将喷油器分成两组，其控制电路如图4-15所示，每一工作循环中，各喷油器均喷射一次或两次，如图4-16为分组喷射的正时图。

相对同时喷射的发动机而言，采用分组喷射的发动机在性能方面有所提高，主要体现在能有更多的气缸在合适的时候喷射燃油，改善了混合气的均匀性。

3. 顺序喷射

顺序喷射也叫独立喷射，曲轴每转两圈，各缸的喷油器按照发动机的点火顺序，依次在最合适的曲轴转角位置进行燃油喷射，这种喷射方式应用最为广泛。顺序燃油喷射系统的控制电路如图4-17所示，各缸喷油器分别由发动机控制单元（ECU）的一个功率放大电路控制，功率放大器回路的数量与喷油器的数目相等。

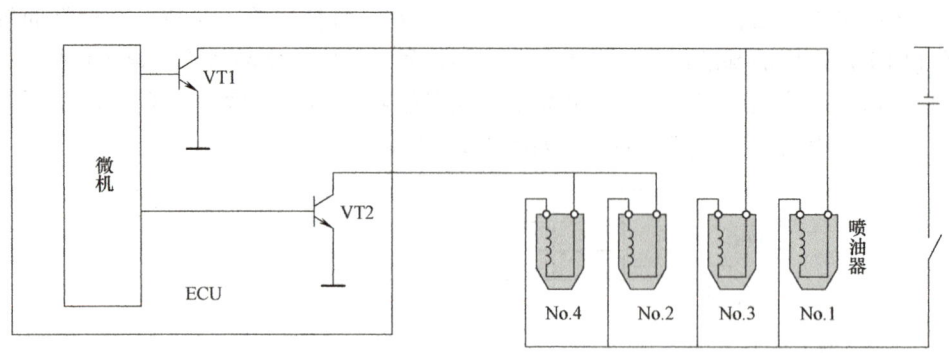

微机
VT1
VT2
ECU
喷油器
No.4
No.2
No.3
No.1

图 4-15　分组喷射控制电路

720°
1缸　进　压　功　排　进　压　功　排　进
3缸　排　进　压　功　排　进　压　功　排
4缸　功　排　进　压　功　排　进　压　功
2缸　压　功　排　进　压　功　排　进　压

图 4-16　分组喷射正时图

微机
VT1
VT3
VT4
VT2
ECU
喷油器
No.4
No.2
No.3
No.1

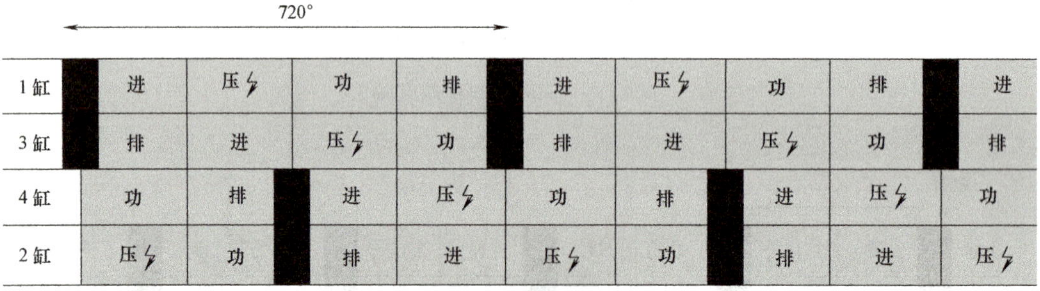

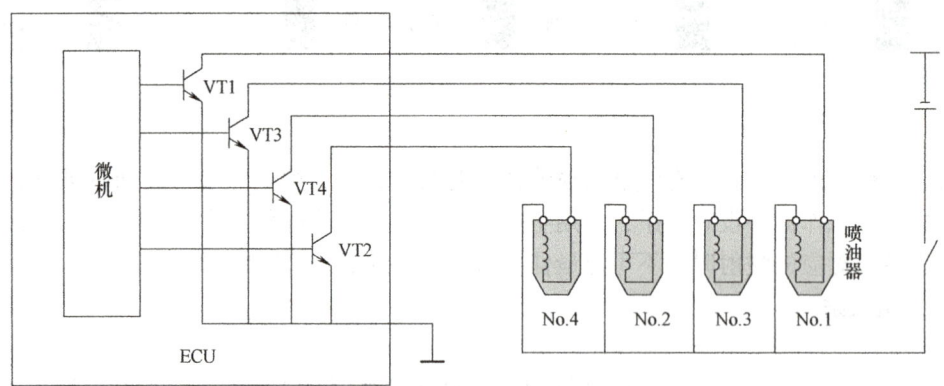

图 4-17　顺序喷射控制电路

采用顺序燃油喷射方式的发动机控制模块需要知道在哪一时刻该向哪一缸喷射燃油，因此必须具备气缸识别信号，通常称为判缸信号，该信号多来自曲轴位置传感器（CKP）和凸轮轴位置传感器（CMP）。采用顺序燃油喷射控制时，应具有正时和缸序两个控制功能。发动机控制模块工作时，通过曲轴位置传感器（CKP）输入的信号（NE 信号），就可以知道活塞在上止点前的具体位置，再与凸轮轴位置传感器（CMP）的判缸信号（G1 和 G2 信号）相配合，可以确定是哪一缸在上止点，同时还可以判定是处于压缩行程还是排气行程。因此，当发动机控制模块根据判缸信号、曲轴位置信号、确认该缸处于排气行程且活塞运动至上止点前某一位置时，便输出喷油控制指令，接通喷油器电磁线圈的搭铁电路，该缸喷油器即开始进行燃油喷射，如图 4-18 为顺序喷射正时图。

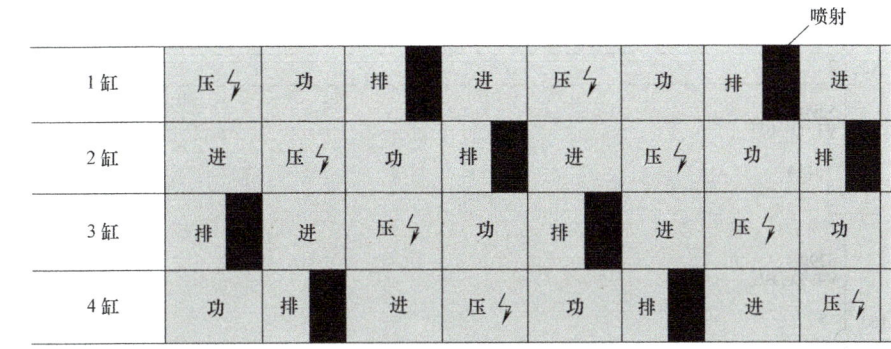

图 4-18　顺序喷射正时图

任务实施

任务解析 1　科鲁兹轿车喷油器

以雪佛兰 2013 款科鲁兹发动机采用的喷油器的检测为例，加以说明，图 4-19 为其实物图。

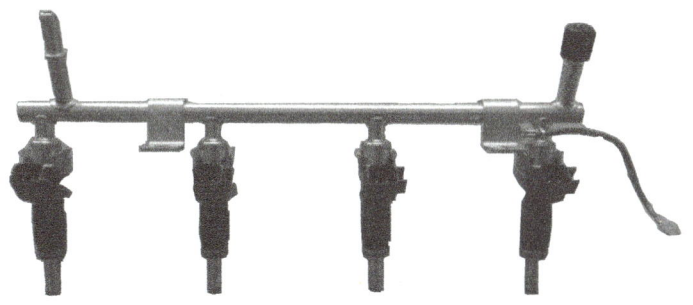

图 4-19　喷油器实物图

任务解析 2　科鲁兹轿车喷油器电路图解读

图 4-20 为喷油器系统电路图。

ECU 控制模块使每个气缸获得合适的喷油器脉冲，向喷油器提供点火电压。控制模块通过用一个被称为驱动器的固态装置使控制电路搭铁，从而控制各喷油器。控制模块监视每个驱动器的状态，如果控制模块检测到驱动器指令状态的电压不正确，将设置一个喷油器控制电路故障诊断码。

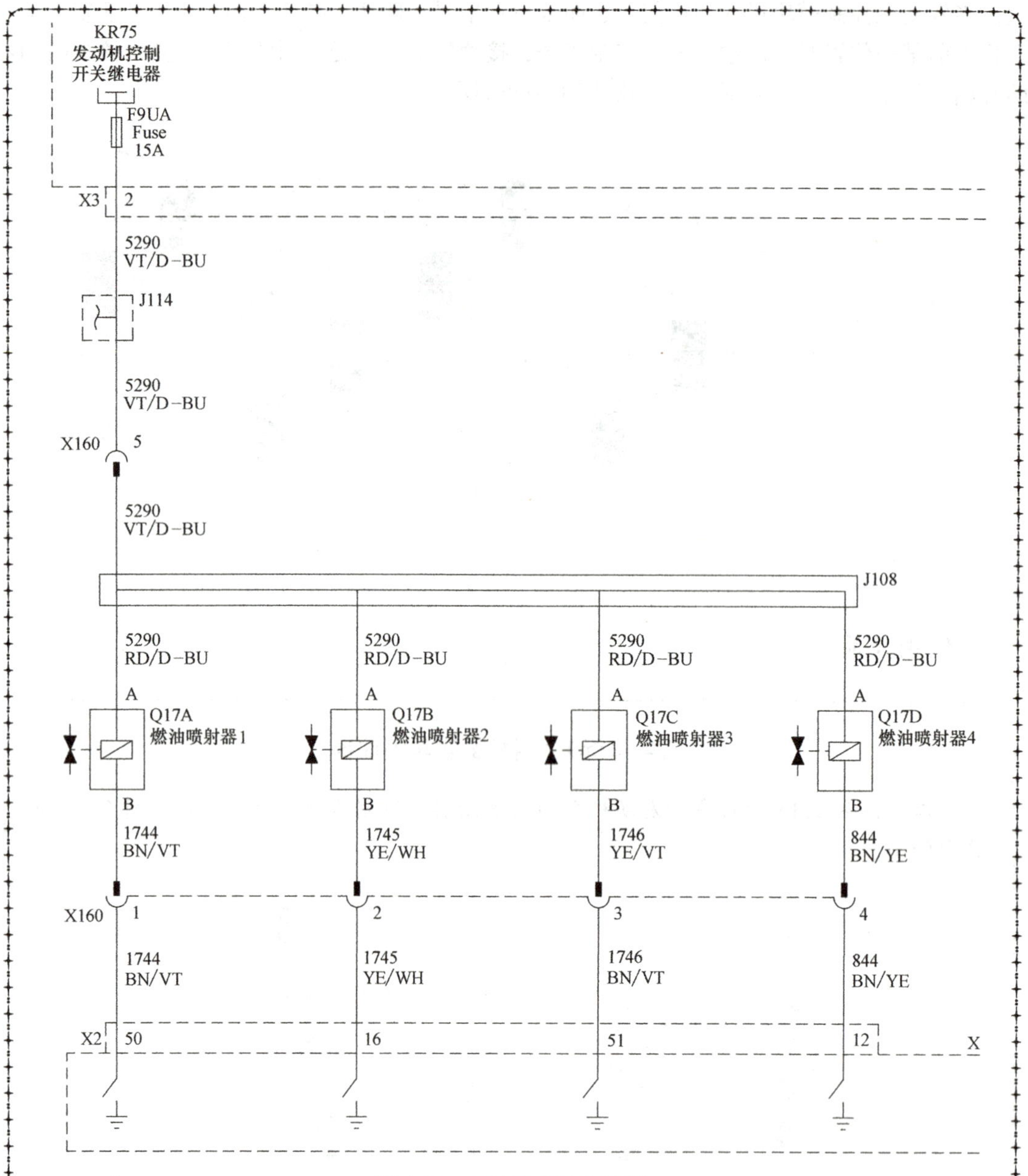

图 4-20 喷油器系统电路图
A 号线—点火电压电路 B 号线—低电平控制电路

科鲁兹轿车喷油器维修过程：

1) 读取静态故障码、冻结帧和数据流。

2) 检查 Q17A 燃油喷射器 1 的安装状态。

3) 确认故障症状。起动发动机前，确认车辆周围环境是否安全。起动发动机时，观察起动状况，确认故障症状并记录症状现象。

4) 动态下再次读取故障码、冻结帧和数据流。

5) 将点火开关置于"OFF（关闭）"位置，断开相应的 Q17A 燃油喷射器 1 处的线束插接器，再将点火开关置于"ON（打开）"位置。确认点火电路端子1（LDE/LLU）或电路端子A（2H0）和搭铁之间的测试灯点亮。

① 如果测试灯未点亮，且电路熔丝状态良好，如图4-21所示（图中显示测试灯不亮，数值为0.4Ω），将点火开关置于"OFF（关闭）"位置。测试点火电路端对端的电阻是否小于2Ω。如果为2Ω或更大，则修理电路中的断路/电阻过大故障（断路故障）；如果小于2Ω，如图4-22所示（图中数值为0.9Ω），则确认熔丝未熔断且熔丝处有电压。

图4-21　点火电压电路及熔丝检查

图4-22　线路断路检查

② 如果测试灯未点亮，且电路熔丝熔断，如图4-23所示（图中数值为无穷大），将点火开关置于"OFF（关闭）"位置，测试点火电路和搭铁之间的电阻是否为无穷大。如果电阻不为无穷大，如图4-24所示（图中数值为0.3Ω），则修理电路上的搭铁短路故障；如果电阻为无穷大，则更换Q17A燃油喷射器1。

③ 如果测试灯点亮，将点火开关置于"OFF（关闭）"位置，将测试灯两端分别连接至Q17A燃油喷射器1线束插接器端子A和端子B，发动机起动或运行时，确认测试灯是否闪烁，如图4-25所示。

A. 如果测试灯探针组件未闪烁，将点火开关置于"OFF（关闭）"位置，断开蓄电池负极接线柱，断开K20发动机控制模块的线束插接器X2，测试低电平控制电路端子2（LDE/LLU）或电路端子B（2H0）和搭铁之间的电阻是否为无穷大。如果电阻不为无穷大，如图4-26所示（图中数值为0.2Ω），则修理电路上的搭铁短路故障。如果电阻为无穷大，测试低电平控制电路端对端的电阻是否小于2Ω，如果为2Ω或更大，则修理电路中的断路/

电阻过大故障（断路故障）。如果小于2Ω，如图4-27所示（图中数值为0.7Ω），将点火开关置于"ON（打开）"位置。测试低电平控制电路端子2（LDE/LLU）或电路端子B（2H0）和搭铁之间的电压是否低于1V。如果是1V或更高，则修理电路上的对电压短路故障；如果低于1V，则更换K20发动机控制模块。

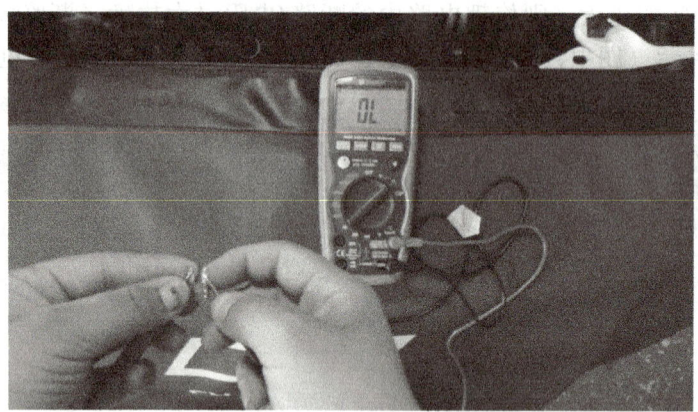

图4-23　熔丝检查

图4-24　线路短路检查

图4-25　低电平控制电路检查

图 4-26 线路短路检查

图 4-27 线路断路检查

B. 如果测试灯探针组件闪烁，测试 Q17A 燃油喷射器 1，如图 4-28 所示（图中数值为 13.0Ω），如不在规定范围内（一般为 13~18Ω），更换 Q17A 燃油喷射器 1。

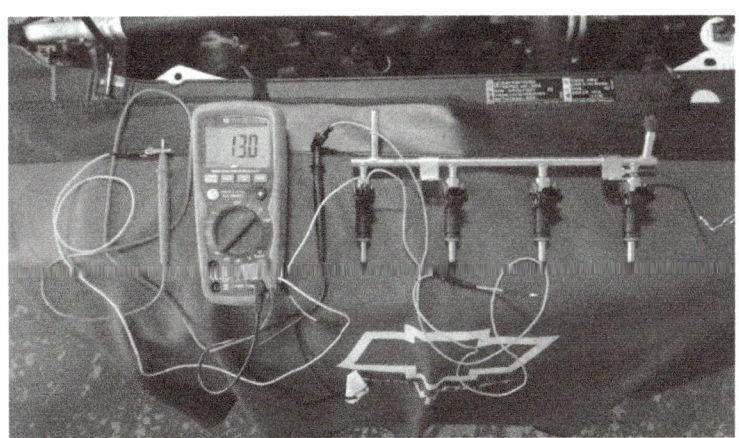

图 4-28 燃油喷射器检查

6）修复后再次检查故障码和数据流。

任务评价

表 4-1 任务评价表

任务名称	喷油器的故障诊断与检修		姓名		日期	
序号	评价内容		要求	分值	自评	互评
1	讲述喷油器的作用,并在发动机上指明部件所在位置		表达清楚准确	20		
2	讲述喷油器的类型		表达清楚准确	20		
3	结合原理图叙述两种驱动方式喷油器的控制原理		原理图解析要清楚,思路清晰	20		
4	完成喷油器的诊断与检修		思路清晰,操作规范	20		
5	操作过程5S管理		工具摆放,场地整理按5S要求	20		
6	总分					
教师评语						

知识补充

一、电动燃油泵的作用

电动燃油泵是燃油喷射系统中的一个重要部件,其功用是为喷油器提供高于进气歧管压力的燃油,一般喷油压力可达 250~300kPa。为防止发动机供油不足和气阻情况,燃油泵的最高输出油压可达到 450~600kPa,多余的燃油经过油压调节器流回油箱。

二、燃油泵的安装位置

燃油泵安装位置通常有装在油箱内的内置式燃油泵和安装在供油管路中的外置式燃油泵。由于内置泵不易发生气阻和漏油现象,对泵的自吸性能要求低,且噪声小,故被现代轿车广泛使用,如图 4-29 所示。

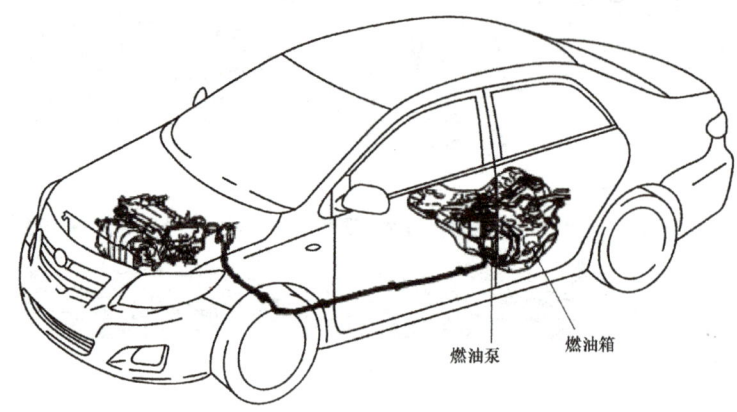

图 4-29 燃油泵安装位置

内置式燃油泵须安装在燃油箱内的专门支架上。同时，支架上装有燃油滤清器、压力调节器和燃油位置传感器等，电路、油路通过连接件接到燃油箱外，所以也称为燃油泵总成，如图4-30所示。

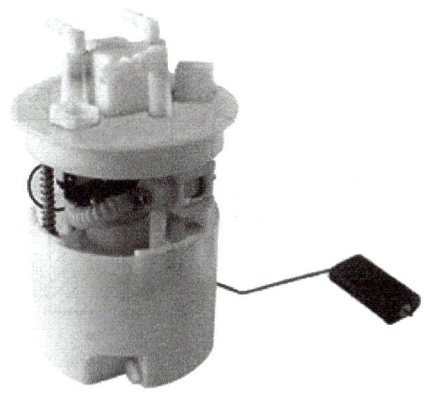

图4-30　燃油泵总成

三、燃油泵的结构

燃油泵主要是由泵体、永磁电动机和外壳等组成，如图4-31所示。

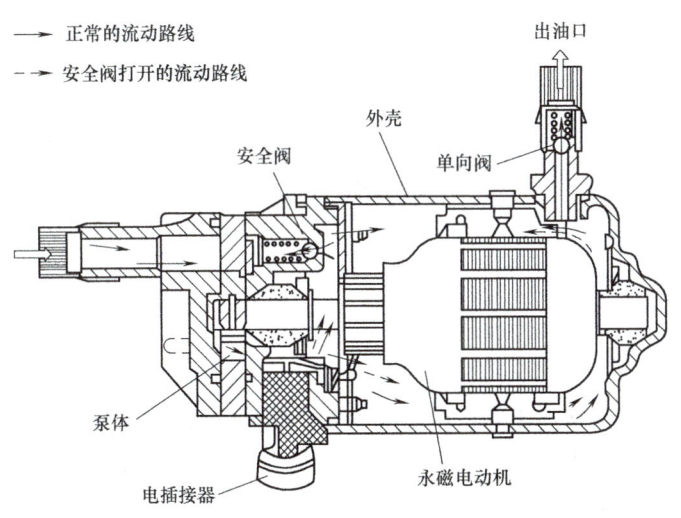

图4-31　燃油泵结构

1. 泵体

泵体即泵油的部件，根据结构的不同可分为：滚柱式电动燃油泵、转子式电动燃油泵、涡轮式电动燃油泵和叶片式电动燃油泵。而常用的电动燃油泵为安装在燃油箱内的滚柱式电动燃油泵和转子式电动燃油泵，如图4-32所示。

2. 永磁电动机

无论是何种汽油泵，它们的工作原理都是相同的，就是一个小电动机带动里面的不同形

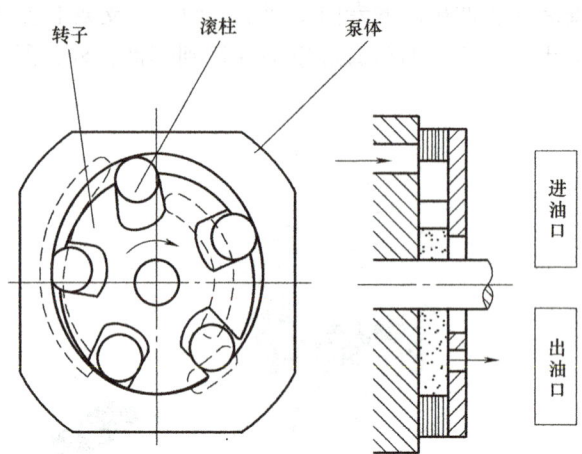

图 4-32 滚柱式燃油泵

式的油泵运转，从而为燃油系统提供一定的油压，如图 4-33 所示。

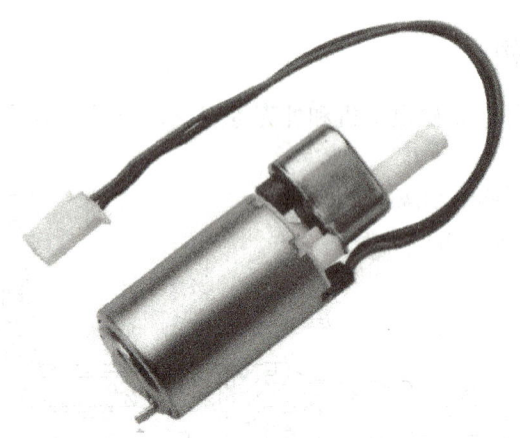

图 4-33 电动机

3. 壳体

电器连接件、燃油路连接件、单向阀和安全阀均安装在外壳上，其内部组成包括限压阀和单向阀。限压阀的作用是当燃油泵中的燃油压力超过规定值（一般为 320kPa）时，油压克服泵体上卸压阀弹簧的压力，将卸压阀顶开，部分汽油返回到进油口一侧，使油压不致过高而损坏油泵。单向阀的作用是当燃油泵停止工作时，在燃油泵出口单向阀处弹簧压力作用下，阻止汽油回流，使供油系统保持一定的残余压力，以便于发动机起动。

课后测评

一、判断题

1. 电控燃油喷射系统一般都采用_____，单点喷射系统的喷油器安装在节气门体空气入口处，多点喷射系统的喷油器安装在_____或气缸盖上的各缸进气道处。

2. 根据喷油器在发动机上的安装位置不同可分为进气管喷射和_____两大类，进气管喷射又分为_____和_____。

3. 多点燃油喷射的喷油器按喷油孔的形状可分为_____式和孔式。孔式喷油器又分为_____式喷油器和_____式喷油器。

4. 发动机控制模块可通过控制喷油器的电源或_____来实现对喷油器的控制。

5. 喷油器的驱动方式可分为_____驱动和_____驱动两种方式，_____驱动方式只适用于低电阻的喷油器，一般应用在单点喷射系统中。_____驱动方式既可适用于低电阻的喷油器，又可适用于高电阻的喷油器，一般应用在多点喷射系统中。

6. 在同步喷射发动机中，又分为_____喷射、_____喷射和顺序喷射三种基本类型。

二、简答题

1. 喷油器的作用是什么？

2. 简述孔式喷油器的工作过程。

3. 简述电流驱动方式喷油器的控制原理。

任务二　氧传感器和空燃比传感器的故障诊断与检修

学习目标

1. 能准确讲述三元催化转换器、氧传感器的作用，并在轿车上指出部件所在位置。
2. 能准确讲述三元催化转换器、氧传感器的类型。
3. 结合原理图能准确叙述空燃比传感器的工作原理。
4. 能准确规范地完成氧传感器的诊断与检修。

任务描述

一辆 2013 款 1.6L 自动档科鲁兹轿车，发动机指示灯点亮，排气管冒黑烟，对故障车进行检测，发现氧传感器有故障，经维修处理后，车辆运行正常。

知识储备

一、三元催化转换器

1. 三元催化转换器的作用

为了达到排放法规的要求，国外 1996 年以后生产的车辆必须配置 OBD Ⅱ 系统，也就是必须安装三元催化转换器（TWC）。"三元"是指能同时处理一氧化碳 CO、碳氢化合物 HC 和氮氧化合物 NO_x 三种有害气体，而早期的二元式，仅能针对一氧化碳 CO 和碳氢化合物 HC 做转化。三元催化转换器安装在排气管中部，如图 4-34 所示。其功能是利用转换器中的三元催化剂，将发动机排出废气中的有害气体——氧化碳 CO、碳氢化合物 HC 和氮氧化合物 NO_x 转变为无害气体水蒸气 H_2O、二氧化碳 CO_2 和氮气 N_2。

三元催化转换器(TWC)

图 4-34 三元催化转换器

2. 三元催化转换器的构造

根据三元催化剂载体的结构特点，三元催化转换器可分为颗粒式和整体式两种类型。颗粒式载体将催化剂沉积在颗粒状氧化铝载体表面，主要用于美国和日本生产的汽车上。整体式载体分为陶瓷和金属两种，将催化剂沉积在蜂巢状氧化铝载体表面，氧化铝表面有形状复杂的表层，可增大催化剂与废气的实际接触面积。

以整体式三元催化转换器为例，其主要由四部分组成：载体、涂在载体上的催化活性层、承纳载体的钢板壳体和钢板壳体之间的隔离层或缓冲层，如图 4-35 所示。

3. 三元催化转换器的工作原理

三元催化的含义是指该催化剂可同时对一氧化碳（CO）、碳氢化合物（HC）和氮氧化合物（NO_x）三种有害气体进行的无害化催化转换处理。

当在一定温度范围内，发动机燃烧废

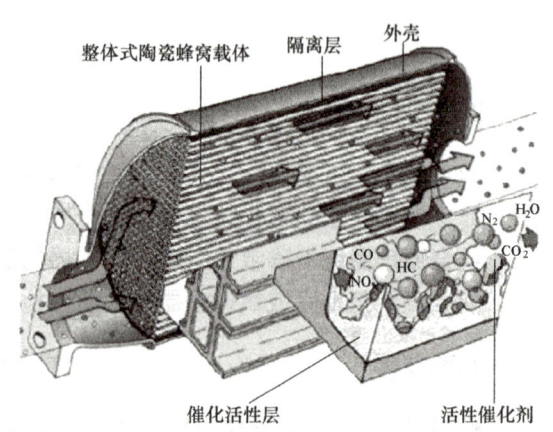

图 4-35 三元催化转换器的构造

气流经蜂巢状陶瓷载体表面，涂层表面上的催化剂（铂、钯和铑）将会促进废气中的有害化学成分一氧化碳、碳氢化合物和氮氧化合物的化学反应。其过程分为碳氢化合物和一氧化碳的氧化反应与氮氧化合物的还原反应两种，如图4-36所示。

氧化反应：$2CO + O_2 = 2CO_2$　　　　$4HC + 5O_2 = 2H_2O + 4CO_2$

还原反应：$2NO + 2CO = N_2 + 2CO_2$　　$10NO + 4HC = 5N_2 + 2H_2O + 4CO_2$

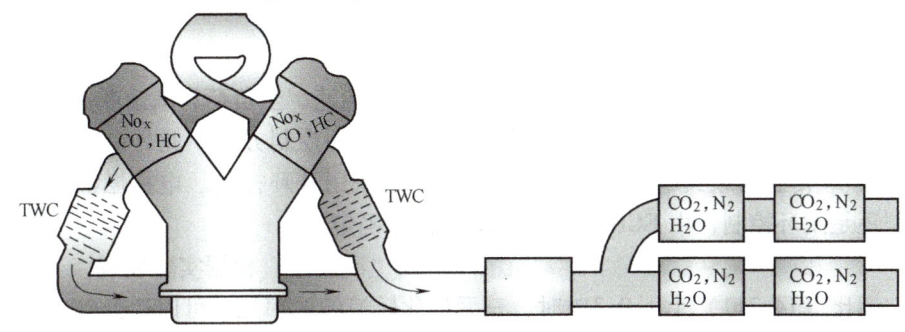

图4-36　三元催化转换器的催化作用

一氧化碳、碳氢化合物和氮氧化合物的转化需要在载体的温度达到300℃左右时方可达到较高的转化效率。因此，三元催化转换器通常安装在靠近排气歧管的位置，以保证三元催化转换器能迅速达到正常工作温度。

4. 开环和闭环控制

（1）开环控制　在控制系统中，如果输出端与输入端之间不存在反馈回路，输出量对系统的控制作用没有影响，该系统就称为开环控制系统，如图4-37所示。

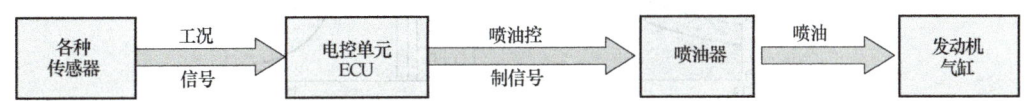

图4-37　开环控制系统

在任何开环控制系统中，既不需要对输出量进行测量，也不需要将输出量反馈到系统输入端与输入量进行比较。对应于每一个输入量，相应的就有一种工作状态与之对应。因此，开环控制系统的精度主要取决于系统的校准精度、工作过程中保持校准值的程度以及系统组成元件性能参数的稳定程度。在系统不存在内部扰动和外界扰动、元件性能参数又比较稳定的条件下，开环控制系统是比较简单并可保证足够的控制精度的。在汽车电子控制系统中，燃油喷射式发动机的起动工况和加速工况以及汽车前照灯光束的控制就采用了开环控制方式。

（2）闭环控制　凡是系统的输出端和输入端之间存在反馈回路，即输出量对控制作用有直接影响的系统，就称为闭环控制系统，如图4-38所示。

由于采用了反馈，对外界扰动和系统内部参数变化引起的偏差，系统就会产生调节作用来减少这一偏差。在汽车电子控制系统中，空燃比反馈控制、发动机爆燃控制、废气再循环控制等都采用了闭环控制方式。

在装有氧传感器的电控燃油喷射发动机上，电控燃油喷射系统（EFI）并不是在所有工

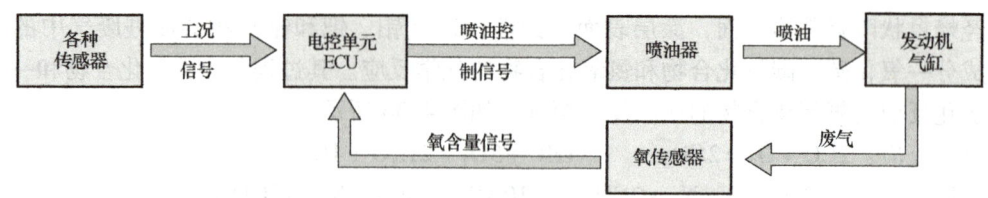

图 4-38 闭环控制系统

况下都进行闭环控制。在发动机起动、怠速、暖机、加速、全负荷和减速断油等工况下，发动机不可能以理论空燃比（14.7∶1）工作，仍采用开环控制方式。此外，氧传感器温度在400℃以下、氧传感器或其电路发生故障时，也只能采用开环控制。电控燃油喷射系统进行开环控制还是闭环控制，由 ECU 根据相关输入信号确定。

三元催化转换器的转换效率与发动机的空燃比也有关系。根据实验发现，当空燃比维持在理论空燃比（14.7∶1）上下 0.3% 时，三元催化转换的效率几乎可以达到 90% 以上，如图 4-39 所示。因混合气浓时，碳氢化合物、一氧化碳含量将增多，使转换的效率降低；但若混合气稀，氮氧化合物排量也会增加，如此亦将使转换的效率下降。

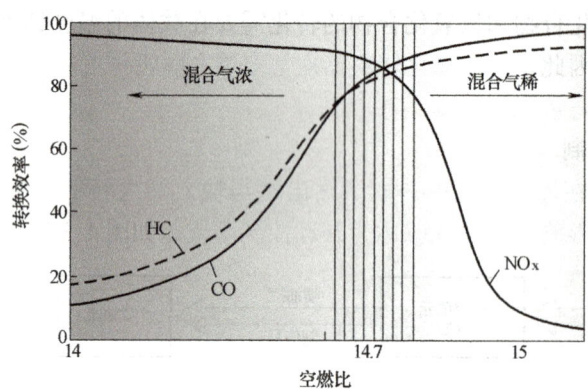

图 4-39 三元催化转换器的转换效率与混合气浓度的关系

空燃比由发动机 ECU 控制，即控制喷油量，喷油量的大小取决于氧传感器送给 ECU 有关废气之中含氧量的多少。发动机 ECU 根据氧传感器的信号调节喷油量，这就是发动机闭环控制。ECU 将发动机空燃比尽可能地控制在理想空燃比附近，此时发动机燃烧完全，工作效率最高，三元催化转换器的转换效率也最高，即发动机工作时最省油，动力性最佳，污染排放量最少。

二、氧传感器

为了保证三元催化转换器最佳的转换效率，使其燃烧严格控制在理想空燃比 14.7∶1（$\lambda=1$）附近。为此，现代汽车发动机管理系统普遍采用由氧传感器组成的空燃比反馈控制方式，即闭环控制方式。

1. 氧传感器的作用

氧传感器安装在发动机排气管上（图 4-40），其作用是监测排气管中氧的含量，用于确定实际空燃比比理论空燃比是大还是小，并将其转变为电信号输入 ECU，ECU 根据氧传感器信号对喷油时间进行修正（增加或减少喷油量），实现空燃比反馈控制，从而将空燃比控制在理论空燃比附近（过量空气系数 λ 控制在 0.98～1.02 之间），使发动机获得最佳浓度的混合气，从而达到降低有害气体的排放量和节约燃油的目的。

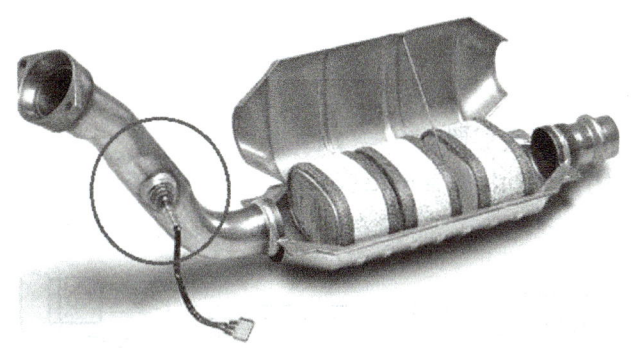

图 4-40　氧传感器

2. 氧传感器的分类

1) 按氧传感器的材料和结构分为氧化锆（ZrO_2）式和氧化钛（TiO_2）式。
2) 按是否具有加热装置分为加热型和非加热型。
3) 按检测范围分为窄型氧传感器和宽型氧传感器（空燃比传感器）。

窄型氧传感器在理论空燃比的附近，输出电压常会急剧变化，如图 4-41 所示。一旦超过此范围，其反应性能降低，信号电压变化微弱。当发动机需要作稀混合或浓混合控制时，这种传感器就无法胜任了。和窄型氧传感器相同，宽型氧传感器（空燃比传感器）也探测排气中的氧浓度，相比而言，宽型氧传感器能检测的空燃比范围大（$0.7 < \lambda < 4$），且空燃比探测精度高，用宽型氧传感器参与闭环控制，喷油脉宽修正将更加准确。

4) 按检测功能分为上游氧传感器和下游氧传感器，如图 4-42 所示。

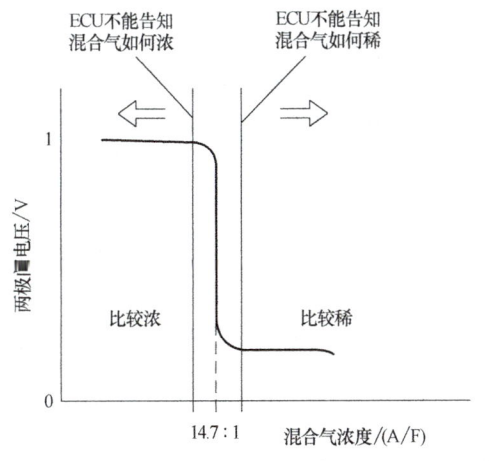

图 4-41　氧传感器电压特性

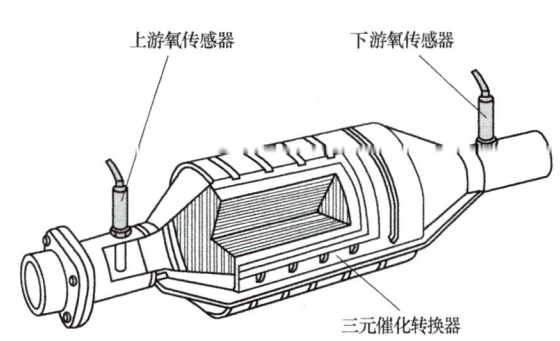

图 4-42　上游氧传感器和下游氧传感器

上游氧传感器俗称前氧传感器，安装在三元催化转换器的上游位置，用于检测发动机燃烧废气中氧的浓度，并生成电压信号反馈给ECU，以实现空燃比的反馈控制。下游氧传感器俗称后氧传感器，安装在三元催化转换器的下游端，用于检测三元催化转换器的转换效率。

5）按传感器接线数分为1线、2线、3线和4线式氧传感器。1线、2线为非加热型氧传感器，3线、4线为加热型氧传感器。

3. 氧化锆（ZrO_2）式氧传感器

（1）氧化锆（ZrO_2）式氧传感器的结构　氧化锆式氧传感器主要由钢质护管、钢质壳体、锆管、加热元件、电极引线和线束插接器等组成，如图4-43所示。

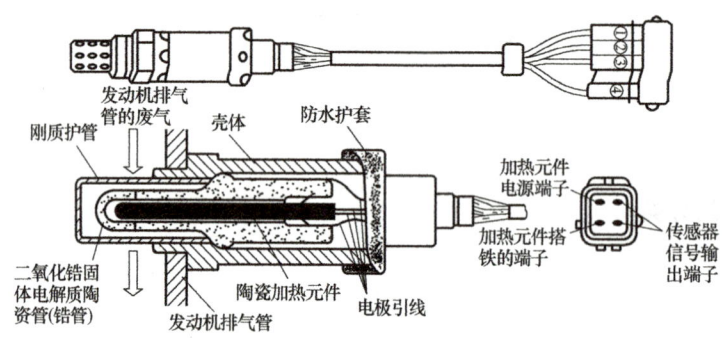

图4-43　氧化锆式氧传感器

氧化锆式氧传感器的基本元件是专用陶瓷体，即二氧化锆固体电解质。陶瓷体制成试管式的管状，亦称锆管。锆管固定在带有安装螺钉的固定套中，其内表面与大气相通、外表面与废气相通。锆管内外表面都覆盖着一层多孔性的铂膜作为电极。氧传感器安装于排气管上，为了防止废气中的杂质腐蚀铂膜，在锆管外表的铂膜上覆盖有一层多孔的陶瓷层，并且还加装一个防护套管，套管上开有槽口。氧传感器的接线端有一个金属护套，其上开有一孔，用于锆管内表面与大气相通，电线将锆管内表面铂极经绝缘套从传感器引出。

目前，氧化锆式氧传感器主要有单引线式、两线式、三线式和四线式四种形式。

单引线式：氧传感器只有一根信号线，以壳体作为搭铁回路。这种氧传感器依靠排气管中的废气热量才能保证正常工作温度，当发动机怠速工作达不到正常工作温度时，ECU会以一个固定值代替氧传感器信号值。

两线式：一根为信号线，另一根为搭铁线。

三线式：使用在加热型氧传感器上，其中两根线分别为信号线和搭铁线，第三根线为来自继电器或点火开关的12V加热电源线。

四线式：其中两根线分别为信号线和搭铁线，另外两根线分别为加热线圈供电线和控制线。

（2）氧化锆（ZrO_2）式氧传感器的工作原理　氧化锆式氧传感器实质是一个化学电池，又称氧浓差电池。在400℃以上的高温时，氧气发生电离，若氧化锆管内、外表面接触的气体中存在氧的浓度差别，则在固体电解质内部氧离子从大气一侧向排气一侧扩散，形成微电池，氧化锆管内、外表面的两个铂电极之间将会产生电压。发动机工作时，由于氧化锆管内表面接触的大气中氧浓度是固定的,而与锆管外表面接触的废气中氧浓度是随空燃比变化的,所以可将氧化锆管内、外表面两个电极间产生的电压输送给 ECU,作为判断实际空燃比的依据。当混合气过稀时($\lambda > 1$),排出的废气中氧的含量高,锆管内外侧氧浓度差小,两电极间产生的电压(氧传感器输出电压)几乎为 0,一般为 0.1V,当混合气过浓时($\lambda < 1$),排出的废气中的氧的含量低,锆管内外侧氧浓度差大,两电极间产生的电压接近 1V 或 0.9V。在发动机混合气闭环控制的过程中,氧传感器相当于一个浓稀开关,根据空燃比变化向 ECU 输送脉冲宽度变化的电压信号。

因为氧传感器的工作特性与温度密切相关,温度强烈地影响着氧化锆管对氧离子的导通能力。氧化锆只能在 400℃ 以上的高温时才能正常工作,低于 350℃ 时几乎没有信号。另外,输出信号电压随混合气空燃比变化的响应时间也与温度有关。为保证发动机在进气量少、排气温度低时也能正常工作,有的氧传感器内装有加热器,加热器也由发动机 ECU 控制,如图 4-44 所示。加热式的锆管内有加热元件,通电 30s 便达到工作温度。加热元件为正温度系数(PTC)电阻,温度较低时电阻很小,加热电流、功率大,加热很快。加热后电阻升高,功率不大。

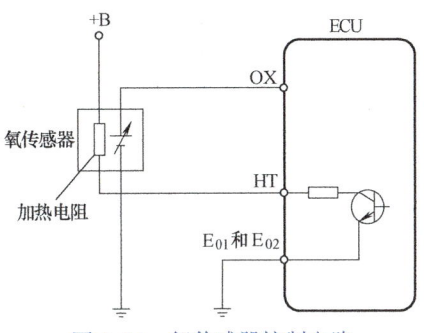

图 4-44 氧传感器控制电路

4. 氧化钛(TiO_2)式氧传感器

(1)氧化钛(TiO_2)式氧传感器的结构 氧化钛式氧传感器是利用二氧化钛材料的电阻值随排气中氧含量的变化而变化的特性构成的,故又称电阻型氧传感器。

氧化钛式氧传感器的外形与氧化锆式氧传感器相似,主要由二氧化钛元件、热敏电阻、加热元件、金属保护管、金属外壳和电极引线等组成,如图 4-45 所示。

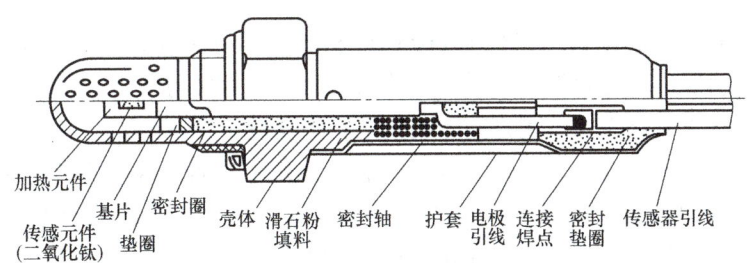

图 4-45 氧化钛式氧传感器

氧化钛式氧传感器具有二氧化钛元件,一个具有多孔性用来感测排气中氧含量的二氧化钛陶瓷,另一个则为实心二氧化钛陶瓷用来作加热调节,补偿温度的误差。该传感器外端以具有孔槽的金属管作为防护套,一方面让废气可以进出,另一方面防止里面二氧化钛元件受到外物撞击。传感器接线端以橡胶作为密封材料,防止外界气体渗入。它一般安装于排气歧管或尾管上,同时可借助排气高温将传感器加热至适当的工作温度。

(2)氧化钛(TiO_2)式氧传感器的工作原理 由于二氧化钛半导体材料的电阻具有随氧离子浓度的变化而变化的特性,因此,氧化钛式氧传感器的信号源相当于一个可变电阻。当发动机混合气稀时($\lambda > 1$),排气中氧离子含量较多,传感器元件周围的氧离子浓度较大，二氧化钛呈现低阻状态。当发动机混合气浓时（$\lambda<1$），由于燃烧不完全，排气中会剩余少量氧气，传感器元件周围的氧离子很少，二氧化钛呈高阻状态，电路图如图4-46所示。

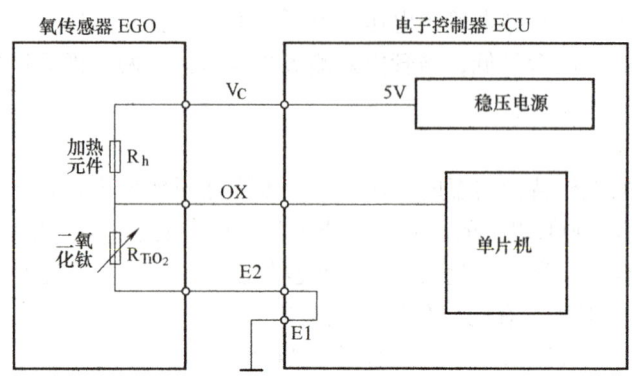

图4-46　氧化钛式氧传感器电路图

氧化钛式氧传感器与氧化锆式氧传感器相比，具有结构简单、体积小和价格低等优点，但有电阻随温度变化大的缺点。因此，需要温度补偿回路，或安装在温度较高的排气管上并通过内装加热器来确保温度稳定性。

5. 宽型氧传感器（空燃比传感器）

由于普通传感器只能定性检测到排出气体浓度的高低，而不知道浓稀的程度。因此要使空燃比保持在理论空燃比就显得非常困难，且当发动机需要作稀混合或浓混合控制时，这一类型的氧传感器就无法胜任了，而空燃比传感器不但可以检测出排出气体浓度的高低，还可以检测出实际的空燃比状况。

（1）空燃比传感器的结构　以德国BOSCH公司生产的空燃比传感器为例，它是4线平面型氧化锆氧传感器，内有两组传感元件，读取氧含量的方式与常规的氧化锆管一样。该氧传感器选用层状陶瓷氧化锆，采用筛网印刷技术，将电极、导电陶瓷层、绝缘介质和加热器等都集成在一起，厚度仅有1.5mm，这样的传感器体积小、质量轻、不容易污染。

（2）空燃比传感器的工作原理　如图4-47所示为空燃比传感器的原理示意图，废气流经过气室，只有当"气室氧浓度"是标准空燃比14.7时，窄型氧传感器信号才在0.45V，这时电脑控制泵单元不泵也不排出气室内的氧气，信号电压在1.5V左右。

当混合气浓时，气室中的氧气浓度会变低，电压高于0.45V时，ECU识别后让泵电流改变方向，这时向气室中泵入氧气，电流越大，泵入氧气越多，气室内氧气变多，浓度恢复到窄型氧传感器电压为0.45V时，泵电流大小即可反映废气中氧的浓度，信号电压为1.0～1.50V。

当混合气稀时，气室中的氧气浓度会高，电压低于0.45V时，ECU识别后让泵电流改变方向，电流越大，排出越多，气室中氧气变少，浓度恢复到窄型氧传感器电压为0.45V时，泵电流大小即可反映废气中氧的浓度，信号电压为1.5～2.0V。

泵电流的曲线走势如图4-48所示，废气稀时得到正的泵电流，而废气浓时则得到负的泵电流。

项目四 燃油供给系统的故障诊断与检修

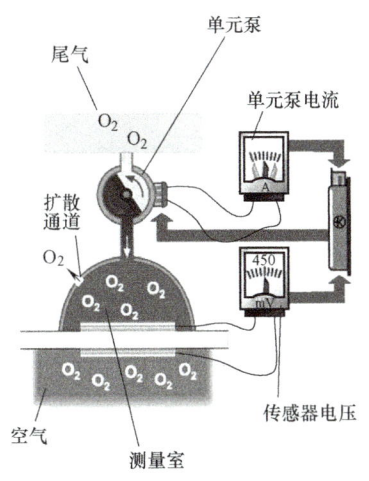

图 4-47 空燃比传感器的原理示意图

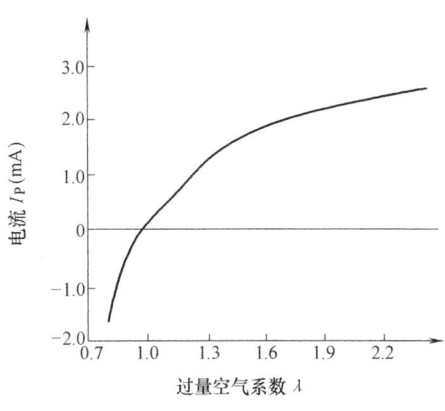

图 4-48 泵电流与过量空气系数的关系

与有些氧传感器相同，空燃比传感器上也配有加热器，在排气温度低时用来保持探测性能。但是，空燃比传感器的加速器比氧传感器的加热器需耗用大得多的电流，故其 10s 内即可进入正常工作温度范围内。

任务实施

任务解析 1　科鲁兹轿车氧传感器

以雪佛兰 2013 款科鲁兹发动机采用的氧传感器的检测为例，加以说明，图 4-49 为其实物图。

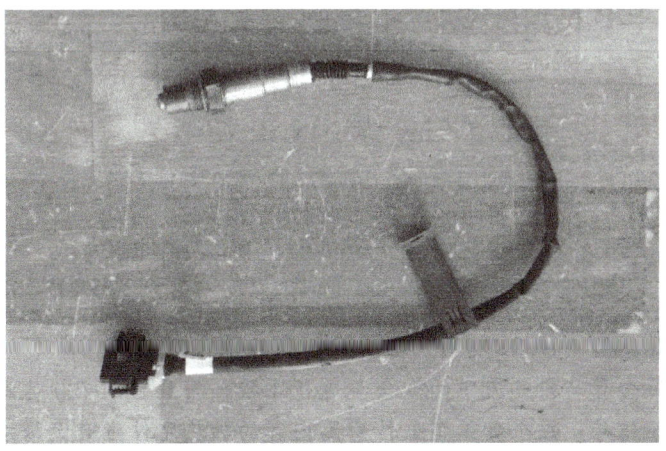

图 4-49 氧传感器实物图

任务解析 2　科鲁兹轿车空气流量传感器电路图解读

图 4-50 为氧传感器系统电路图。

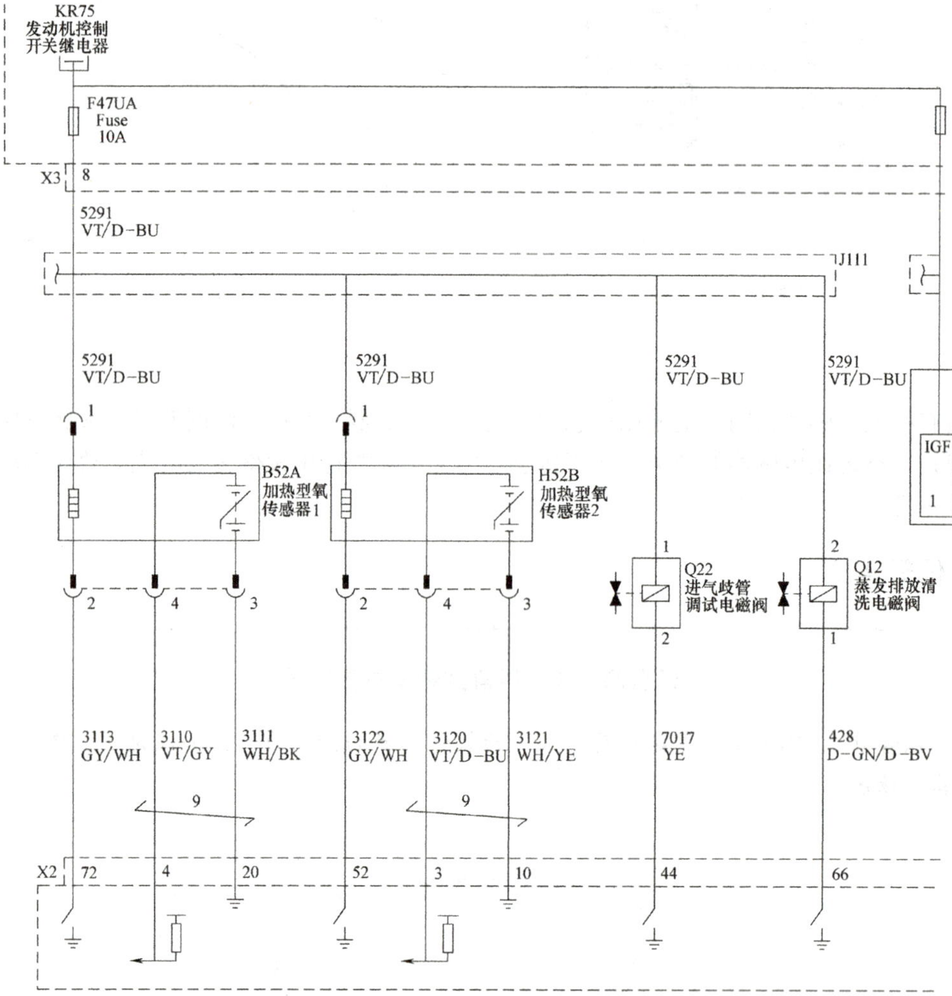

图 4-50　氧传感器系统电路图
1 号线—点火电压电路　2 号线—低电平控制电路
3 号线—低电平参考电压电路（搭铁电路）　4 号线—信号电路

加热型氧传感器（HO2S）用于燃油控制和后催化剂监测。每个加热型氧传感器将周围空气的氧含量与排气流中的氧含量进行比较，而且它们必须达到工作温度才能提供准确的电压信号。每个加热型氧传感器内部的加热元件可最大限度缩短传感器达到工作温度所需的时间。点火电压电路通过一个熔丝将电压提供给加热器。发动机运行时，加热型氧传感器加热器低电平控制电路通过发动机控制模块内部的一个低电平侧驱动器向加热器提供搭铁。发动机控制模块利用脉宽调制控制加热型氧传感器加热器的工作，以将加热型氧传感器保持在一个特定的工作温度范围内。

科鲁兹轿车氧传感器维修过程：
1）读取静态故障码、冻结帧和数据流。
2）检查氧传感器的安装状态。
3）确认故障症状。起动发动机前，确认车辆周围环境是否安全。起动发动机时，观察起动状况，确认故障症状并记录症状现象。
4）动态下再次读取故障码、冻结帧和数据流。
5）将点火开关置于"OFF（关闭）"位置，断开相应 B52 加热型氧传感器上的线束插接器，再将点火开关置于"ON（打开）"位置，确认点火电压电路端子 1 和搭铁之间的测试灯点亮。

① 如果测试灯未点亮，如图 4-51 所示（图中测试灯不亮），且电路熔丝状态良好，将点火开关置于"OFF（关闭）"位置。测试点火电路端对端的电阻是否小于 2Ω。如果为 2Ω 或更大，则修理电路中的断路/电阻过大故障（断路故障）；如果小于 2Ω，如图 4-52 所示（图中数值为 0.6Ω），则确认熔丝未熔断且熔丝处有电压。

图 4-51　点火电压电路检查

图 4-52　线路断路检查

② 如果测试灯未点亮，且电路熔丝熔断，将点火开关置于"OFF（关闭）"位置。测试点火电路和搭铁之间的电阻是否为无穷大。如果电阻不为无穷大，如图 4-53 所示（图中数值为 0.2Ω），则修理电路上的搭铁短路故障；如果电阻为无穷大，则测试所有连接至点火

电压电路的部件并在必要时予以更换。

图 4-53　线路短路检查

③ 如果测试灯点亮，在控制电路端子 2 和点火电路端子 1 之间连接一盏测试灯。当用故障诊断仪指令加热型氧传感器加热器打开和关闭时，确认测试灯点亮和熄灭，如图 4-54 所示。

图 4-54　控制电路检查

A. 如果测试灯始终熄灭，将点火开关置于"OFF（关闭）"位置，断开蓄电池负极接线柱，断开 K20 发动机控制模块的线束插接器，再将点火开关置于"ON（打开）"位置。测试控制电路和搭铁之间的电压是否低于 1V。如果是 1V 或更高，则修理电路上的电压短路故障；如果低于 1V，将点火开关置于"OFF（关闭）"位置。测试控制电路端对端的电阻是否小于 2Ω。如果为 2Ω 或更大，如图 4-55 所示（图中数值为无穷大），则修理电路中的断路/电阻过大故障（断路故障）；如果小于 2Ω，则更换 K20 发动机控制模块。

B. 如果测试灯始终点亮，点火开关置于"OFF（关闭）"位置，断开 K20 发动机控制模块的线束插接器。测试控制电路和搭铁之间的电阻是否为无穷大。如果电阻不为无穷大，如图 4-56 所示（图中数值为 0.3Ω），则修理电路上的搭铁短路故障；如果电阻为无穷大，则更换 K20 发动机控制模块。

图 4-55　线路断路检查

图 4-56　线路短路检查

C. 如果测试灯点亮并熄灭，测试或更换 B52 加热型氧传感器。

部件测试：将点火开关置于"OFF（关闭）"位置，断开 B52 加热型氧传感器上的线束插接器。测试控制端子 2 和点火端子 1 之间的电阻是否为 8~20Ω，如果不在 8~20Ω 之间，更换 B52 加热型氧传感器，如图 4-57 所示（图中数值为 10.6Ω）。

6）将点火开关置于"OFF（关闭）"位置，所有车辆系统关闭，断开相应的 B52 加热型氧传感器的线束插接器。可能需要 2min 才能让所有车辆系统断电。测试低电平参考电压电路端子 3 和搭铁之间的电阻是否小于 5Ω，如图 4-58 所示（图中数值为 0.5Ω）。

① 如果等于或高于 5Ω，点火开关置于"OFF（关闭）"位置，断开蓄电池负极接线柱，断开 K20 发动机控制模块的线束插接器。测试低电平参考电压端对端的电阻是否小于 2Ω。如果为 2Ω 或更大，则修理电路中的断路/电阻过大故障（断路故障）；如果小于 2Ω，如图 4-59 所示（图中数值为 0.7Ω），则更换 K20 发动机控制模块。

② 如果小于 5Ω，将点火开关置于"ON（打开）"位置，测试高速信号电路端子 4 和搭铁之间的电压是否为 1.5~2.5V，如图 4-60 所示（图中数值为 1.78V）。

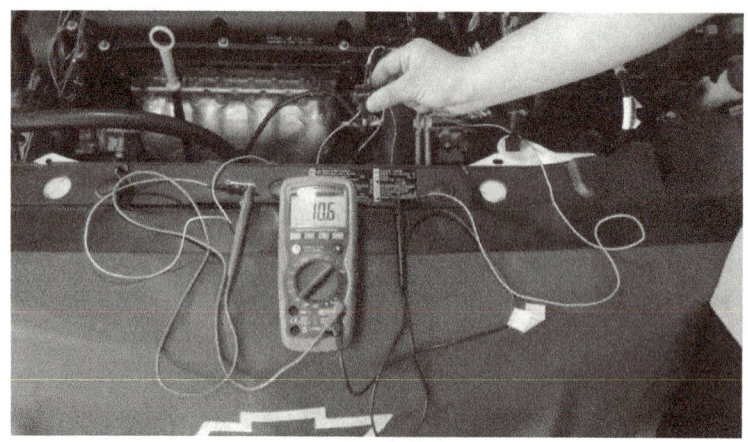

图 4-57　B52 加热型氧传感器检查

图 4-58　低电平参考电压电路检查

图 4-59　线路断路检查

图 4-60　高速信号电路检查

A. 如果小于 1.5V，点火开关置于"OFF（关闭）"位置，断开蓄电池负极接线柱，断开 K20 发动机控制模块的线束插接器。测试信号电路和搭铁之间的电阻是否为无穷大。如果电阻不为无穷大，则修理电路上的搭铁短路故障；如果电阻为无穷大，如图 4-61 所示（图中数值为无穷大），则更换 K20 发动机控制模块。

图 4-61　线路短路检查

B. 如果大于 2.5V，将点火开关置于"OFF（关闭）"位置，断开蓄电池负极接线柱，断开 K20 发动机控制模块的线束插接器，再将点火开关置于"ON（打开）"位置。测试信号电路和搭铁之间的电压是否低于 1V。如果是 1V 或更高，则修理电路上的电压短路故障。如果低于 1V，将点火开关置于"OFF（关闭）"位置，测试信号电路端对端的电阻是否小于 2Ω。如果为 2Ω 或更大，则修理电路中的断路/电阻过大故障（断路故障）；如果小于 2Ω，如图 4-62 所示，则更换 K20 发动机控制模块。

C. 如果为 1.5 ~ 2.5V，全部正常。

7）修复后再次检查故障码和数据流。

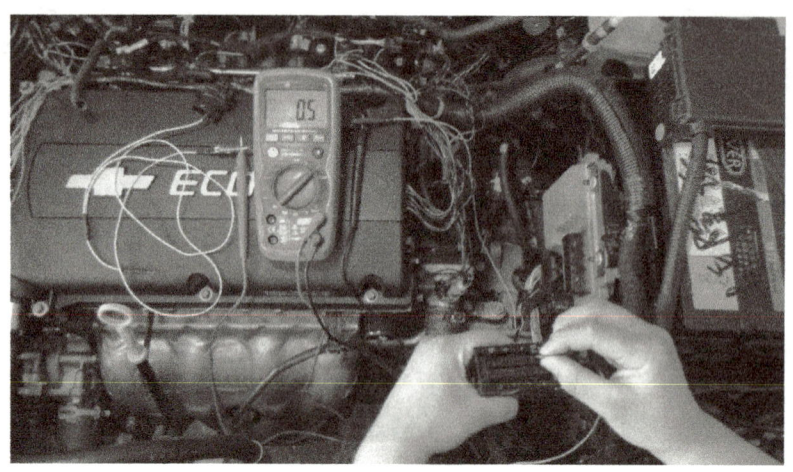

图 4-62　线路断路检查

任务评价

表 4-2　任务评价表

任务名称	氧传感器的故障诊断与检修		姓名		日期	
序　号	评 价 内 容		要　求	分值	自评	互评
1	讲述三元催化转换器、氧传感器的作用，并在轿车上指明部件所在位置		表达清楚准确	20		
2	讲述三元催化转换器、氧传感器的类型		表达清楚准确	20		
3	结合原理图叙述空燃比传感器的工作原理		原理图解析要清楚，思路清晰	20		
4	完成氧传感器的诊断与检修		思路清晰，操作规范	20		
5	操作过程5S管理		工具摆放，场地整理按5S要求	20		
6	总分					
教师评语						

课后测评

一、判断题

1. 根据三元催化剂载体的结构特点，三元催化转换器可分为颗粒式和_____两种类型。
2. 以整体式三元催化转换器为例，其主要由四部分组成：_____、涂在载体上的催化活性层、_____和钢板壳体之间的隔离层或缓冲层。
3. 氧传感器的分类：按氧传感器的材料和结构分为_____和_____，按是否具有加热装置分为_____和_____，按检测范围分为：_____和_____，按检测功能分为上游氧传感器和_____。

4. 氧化锆式氧传感器主要由_____、钢质壳体、_____、_____、_____和线束插接器等组成。

5. 氧化钛式氧传感器的外形与氧化锆式氧传感器相似，主要由_____、_____、_____、金属保护管、金属外壳和_____等组成。

二、简答题

1. 三元催化转换器的作用是什么？

2. 氧传感器的作用是什么？

3. 氧化钛（TiO_2）式氧传感器的工作原理是什么？

项目五

电控点火系统的故障诊断与检修

项目描述

一辆车由于电控点火系统工作不良导致发动机性能故障,需对电控点火系统各元件及控制电路进行检查,确定故障部位,并维修或更换。

任务一　曲轴位置传感器的故障诊断与检修

学习目标

1. 能准确讲述曲轴位置传感器的作用,并在发动机上指明部件所在位置。
2. 能准确讲述曲轴位置传感器的类型。
3. 结合原理图能准确叙述各类曲轴位置传感器的工作原理。
4. 能准确规范地完成磁控电阻式曲轴位置传感器的诊断与检修。

任务描述

一辆 2013 款 1.6L 自动档科鲁兹轿车,发动机指示灯点亮,仪表板转速表数值为零,对故障车进行检测,发现曲轴位置传感器有故障,经维修处理后,车辆运行正常。

知识储备

一、曲轴位置传感器的作用

曲轴位置传感器(CKP)是电控发动机中最重要的传感器(图 5-1),也是点火系统和燃油喷射系统共用的传感器,一般安装在曲轴前端的带轮之后、飞轮侧和分电器内。

曲轴位置传感器的功用是检测发动机曲轴运转角度，将和曲轴角度一一对应的活塞运行位置信号及时送至发动机 ECU，用以控制点火正时和喷油正时。同时，曲轴位置传感器也是测量发动机转速（NE）的信号源，其信号也被称为 NE 信号。

图 5-1　曲轴位置传感器

二、曲轴位置传感器的类型

根据检测并输入到发动机微机控制装置的信号类型，曲轴位置传感器包括活塞上止点检出型和曲轴转角检出型两种。而根据信号形成的原理分类，曲轴位置传感器又可分为磁感应式、光电式、霍尔式和磁阻式四大类，其中磁感应式曲轴位置传感器产生的是模拟信号，如图 5-2 所示；霍尔式曲轴位置传感器、光电式曲轴位置传感器、磁阻式曲轴位置传感器产生的是数字方波信号，霍尔式曲轴位置传感器的信号如图 5-3 所示。

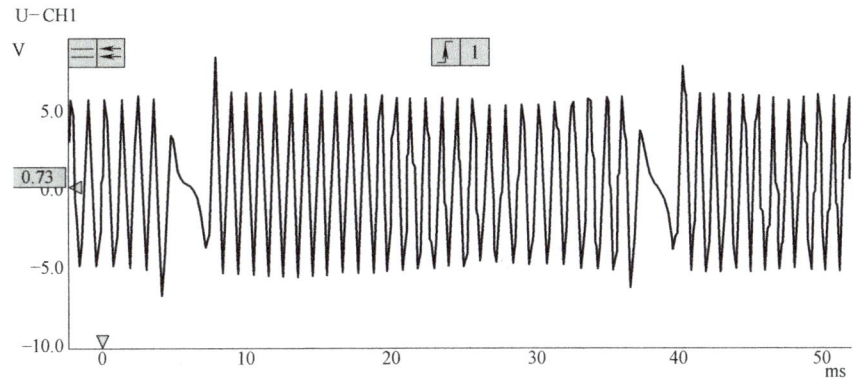

图 5-2　磁感应式曲轴位置传感器信号波形

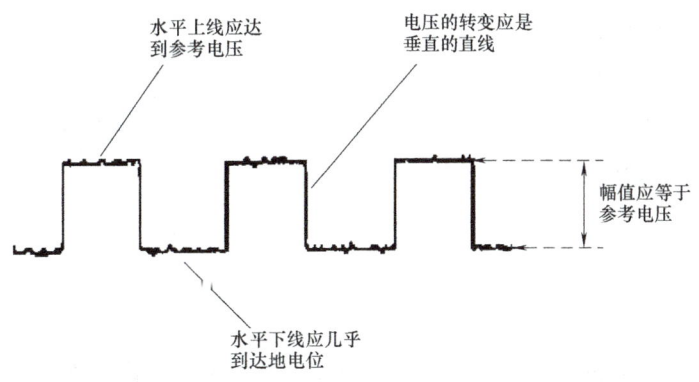

图 5-3　霍尔式曲轴位置传感器信号波形

三、磁感应式曲轴位置传感器

磁感应式曲轴位置传感器的核心元件是一个电磁线圈，该线圈缠绕在一个永久性磁铁上,它被螺栓固定在传感器安装支架上。绕组的两端与电器引线相连,如图5-4所示。在电磁线圈的对面,安装着一个用作信号发生器的磁阻轮,该磁阻轮随发动机曲轴的转动而转动。对应特定的曲轴转角,磁阻轮上都有相应的一个凸齿与之相对应,磁阻轮转动时这些凸齿以很小的间隙扫过传感器线圈。由于传感器线圈是用螺栓固定在传感器安装支架上的,因而磁阻轮凸齿与传感器之间的间隙通常是可调的。

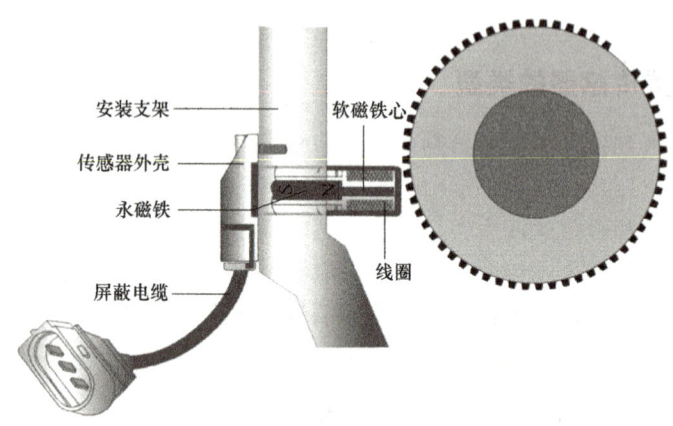

图5-4 磁感应式曲轴位置传感器

当磁阻轮凸齿与传感线圈不对中时,凸齿与感应线圈之间的空气间隙比较大,因而磁场比较弱,如图5-5a所示。当磁阻轮的凸齿接近于传感器线圈对中时,空气间隙比较小,因而围绕传感器的磁场强度增大,如图5-5b所示。这种交替变化的磁场使传感器线圈内感应出交流电压信号。

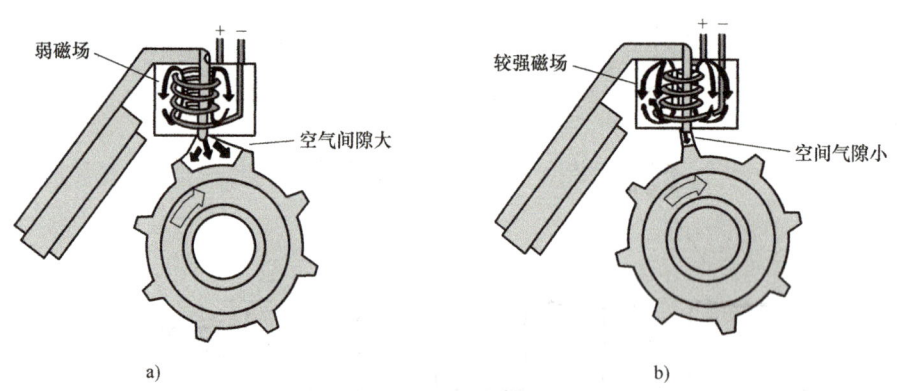

图5-5 磁感应式曲轴位置传感器工作原理

在磁阻轮凸齿正好对准感应线圈中心线的瞬间,磁场不再变化,感应电压降为零。磁阻轮凸齿离开传感器线圈中心线时,磁场减弱到某一程度或消失,这种磁场的变化在传感器线圈内感应出负电压。所以,每当磁阻轮的一个凸齿转过传感器时,曲轴位置传感器线圈就产生一个电压信号,电子控制单元根据这些信号来计算和确定曲轴的位置和转速。

磁感应式曲轴位置传感器会产生磁脉冲信号,该信号是由信号转子的旋转运动使磁通量发生变化而在感应线圈中产生的。磁感应式传感器的优点是价格低、尺寸小、自发交流信号无需外电源、具有良好的温度稳定性；缺点是信号转子在零转速时无信号输出，信号变化的幅度取决于信号转子的转速，需要另外的信号处理电路。磁感应式传感器内空气间隙要求小于2mm。

四、霍尔式曲轴位置传感器

霍尔式曲轴位置传感器（图5-6）利用霍尔效应原理产生相对应的电压脉冲信号。

图5-6　霍尔式曲轴位置传感器

霍尔效应是指当电流 I 以垂直于磁场方向通过置于磁场中的半导体基片（称霍尔元件）时，在垂直于电流和磁场的霍尔元件横向侧面上，将产生一个与电流和磁场强度成正比的霍尔电压 U_H，即 $U_H = KIB$（K 为常数，I 为电流，B 为磁场强度），如图5-7所示。

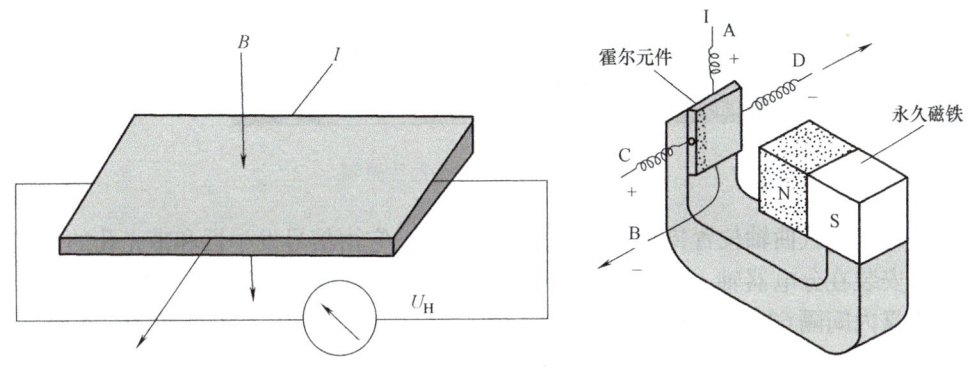

图5-7　霍尔效应原理

当叶片旋转进入霍尔元件和磁铁之间时，由于磁场被隔离，霍尔元件上没有磁场通过，所以不产生霍尔电压 U_H；当叶片转到其缺口对着霍尔元件时，永久磁铁所产生的磁场在导板的引导下，垂直通过通电的霍尔元件，于是产生霍尔电压 U_H，再经信号处理后以整齐的矩形脉冲信号输出，如图5-8所示。

五、光电式曲轴位置传感器

光电式曲轴位置传感器是应用光电原理来检测曲轴转角的一种传感器，如图5-9所示。

光电式曲轴位置传感器主要由遮光转盘、发光二极管、光敏二极管和放大电路等组成，遮光转盘上制有一定数量的透光孔，利用发光二极管作为信号源，随遮光转盘的转动，交替地阻断从发光二极管射向光敏二极管的光线，使光敏二极管导通或截止，由此产生脉冲信号。

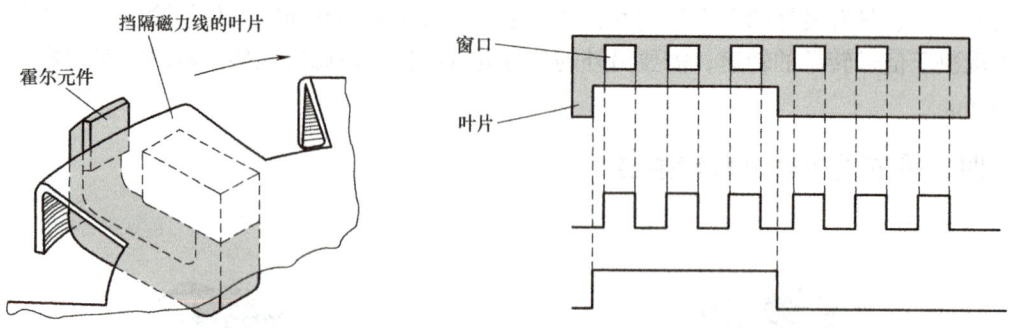

图 5-8　霍尔式曲轴位置传感器工作原理

图 5-9　光电式曲轴位置传感器

日产公司光电式曲轴位置传感器设置在分电器内,它由信号发生器和带光孔的信号盘组成,信号盘安装在分电器轴上,外围有 360 条缝隙(光栅),相邻缝隙产生 1°曲轴转角信号;外围稍靠内间隔 60°曲轴转角分布着六个光孔(六缸),产生 120°曲轴转角信号,其中一个较宽的光孔是产生一缸上止点对应对的 120°曲轴转角信号的,如图 5-10 所示。

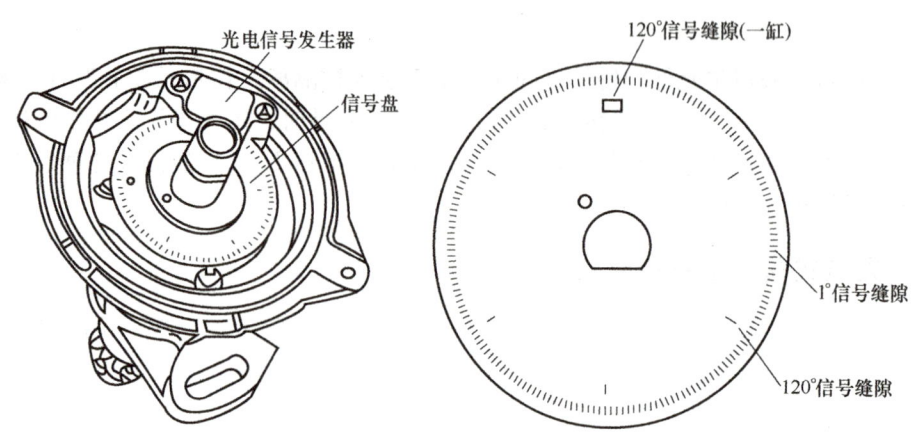

图 5-10　光电式曲轴位置传感器

项目五　电控点火系统的故障诊断与检修

脉冲信号发生器固装在分电器壳体上，主要由两只发光二极管、两只光敏二极管和电子电路组成，如图 5-11 所示。两只发光二极管分别正对着两只光敏二极管，发光二极管以光敏二极管为照射目标。信号盘位于发光二极管和光敏二极管之间，当信号盘随发动机曲轴运转时，因信号盘上有光孔，则产生透光和遮光的交替变化，使得信号发生器输出表征曲轴位置和转角的脉冲信号。

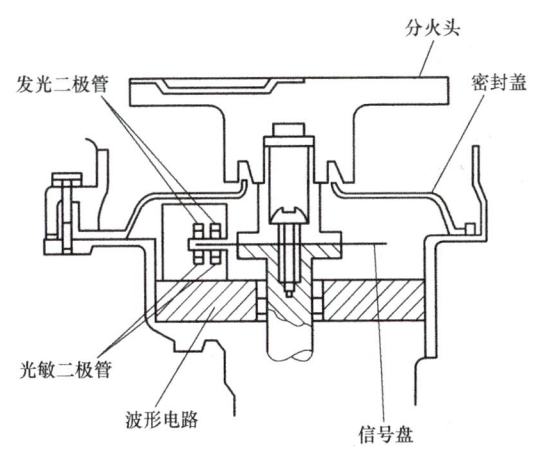

图 5-11　脉冲信号发生器

如图 5-12 所示为信号发生器产生脉冲信号的原理，当发光二极管的光束照射到光敏二极管上时，光敏二极管感光而导通并产生电压；当发光二极管的光束被遮挡时，光敏二极管截止，产生电压为零。将光敏二极管产生的脉冲电压送至电子电路放大整形后，即向电脑输送 1° 信号和 120° 信号。

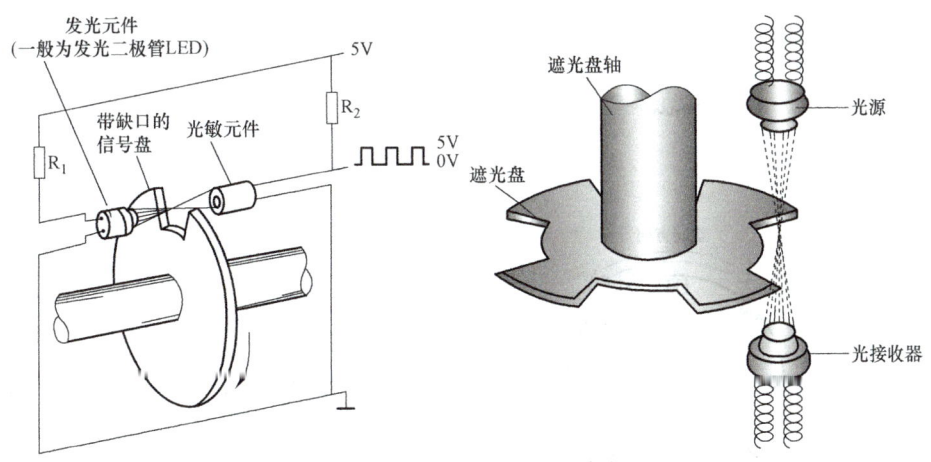

图 5-12　信号发生器产生脉冲信号的原理

六、磁控电阻式（MRE 型）曲轴位置传感器

磁阻效应原理：即材料电阻随外加磁场的大小而成比例变化，电阻式窄形条，沉积在薄

层的高载子传输半导体（锑化铟 InSb 或砷化铟 InAs）上，且垂直于电流流入方向，如图 5-13 所示。半导体磁敏感材料受到与电流方向相垂直方向的磁场作用时，由于洛伦兹力的作用，电子流动的方向发生改变，路径加长，半导体阻值增大，即磁控电阻（MR）值随施加在其上的磁力线的方向而改变。

磁控电阻式传感器采用微电子信号集成处理技术，传感元件和信号处理装置集成在一块芯片上。该传感器的优点是：可传感零转速、传感器空气间隙最大可达 3mm、具有良好的温度稳定性（最高工作温度可达 200℃），这使得磁控电阻式传感器可应用于零转速旋转运动的检测，另一个重要应用就是用于巡航系统中检测车速。该传感器的缺点是：尺寸中等、价格中等、需要外接电源 12V。

为了检测转速，一种方式是将嵌齿轮装在曲轴上，由其驱动旋转，将永久磁铁和磁控电阻安装在嵌齿轮附近，如图 5-14 所示。另一种方式是将永久磁铁做成磁环装在转轴上，将磁控电阻偏置在磁环附近，如图 5-15 所示，两种结构都满足磁阻效应，都能产生转速信号。

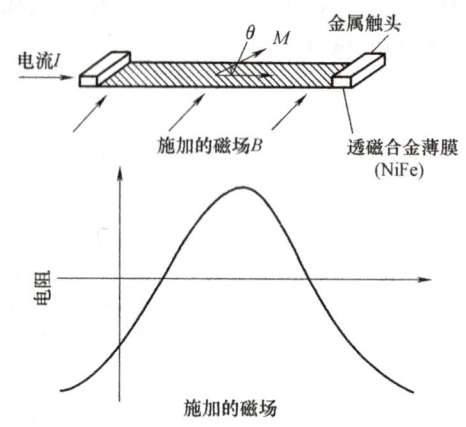

图 5-13　磁阻效应原理图

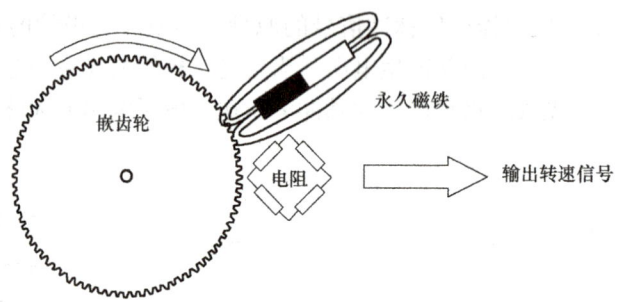

图 5-14　磁控电阻传感方式一

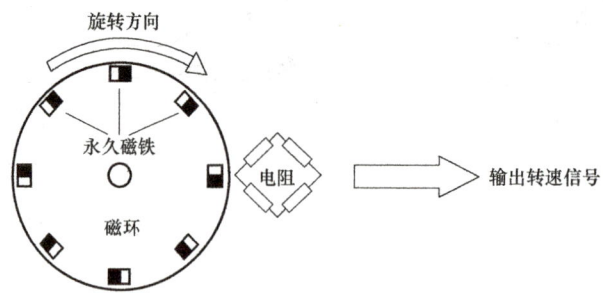

图 5-15　磁控电阻传感方式二

硅片中的霍尔效应与透磁合金薄膜中的磁阻效应的比较如图 5-16 所示。两种技术都可用于集成电路的制造，也可以用于制造全集成的单片传感器。两种效应都会在非时变磁场中发生并可用来构造零转速传感器，但是 MR 的敏感性约是硅片中霍尔效应的 100 倍，而且通过选择薄膜厚度和线宽还可对其敏感度进行调节。在用环形磁铁计算转速的应用中用 MR 效应代替霍尔效应的传感器有另一个优点：由于 MR 传感器的全向极性（使用 N 极或 S 极工作）而使分辨率翻倍。尽管霍尔效应所具有的优点是它对极强的磁场具有高线性响应而无饱和效应，霍尔效应薄膜只对传感器的法向磁场作出响应而不对切向磁场作出响应。

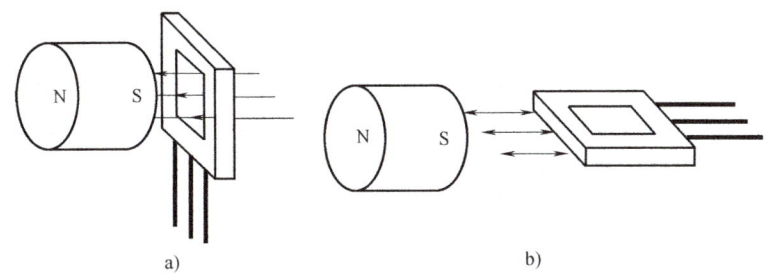

图 5-16 霍尔效应与磁阻效应的比较
a）霍尔效应式 b）磁控电阻式

磁控电阻式传感器采用上拉电路，即传感差动放大信号驱动电源与信号线的导通，输出数字信号的幅值为电源电压值。霍尔效应式传感器采用下拉电路，即传感差动放大信号驱动 ECU 内的限流电阻是否搭铁，所以输出数字信号的幅值不会超过 ECU 内部供电电压，即输出数字信号的幅值一定会小于电源电压。

任务实施

任务解析 1　科鲁兹轿车曲轴位置传感器

以雪佛兰 2013 款科鲁兹发动机采用的曲轴位置传感器的检测为例，加以说明，图 5-17 为其实物图。

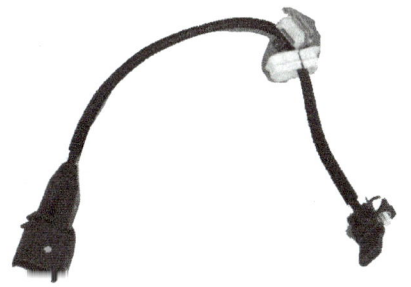

图 5-17 曲轴位置传感器实物图

任务解析 2　科鲁兹轿车曲轴位置传感器电路图解读

图 5-18 为曲轴位置传感器系统电路图。
曲轴位置传感器电路由 1 个发动机控制模块（ECM）提供的 5V 参考电压电路、

1个低电平参考电压电路以及1个输出信号电路组成。曲轴位置传感器是一种内部磁性偏差数字输出集成电路传感装置。该传感器检测曲轴上58齿磁阻轮的齿槽磁通量变化，磁阻轮上的每个齿按60齿间隔分布，缺失的2个齿用作参考间隙。曲轴位置传感器产生一个变频的开/关直流电压，曲轴每转动一圈输出58个脉冲。曲轴位置传感器输出信号的频率取决于曲轴的转速。当曲轴磁阻轮上的每个齿转过曲轴位置传感器时，曲轴位置传感器向发动机控制模块发送一个数字信号，该信号描绘了该轮的图像。发动机控制模块使用每个曲轴位置信号脉冲以确定曲轴转速，并对磁阻轮参考间隙进行解码，以识别曲轴位置。然后，此信息被用来确定发动机的最佳点火和喷油时刻。发动机控制模块还利用曲轴位置传感器输出信息来确定凸轮轴相对于曲轴的位置，以控制凸轮轴相位和检测气缸缺火。

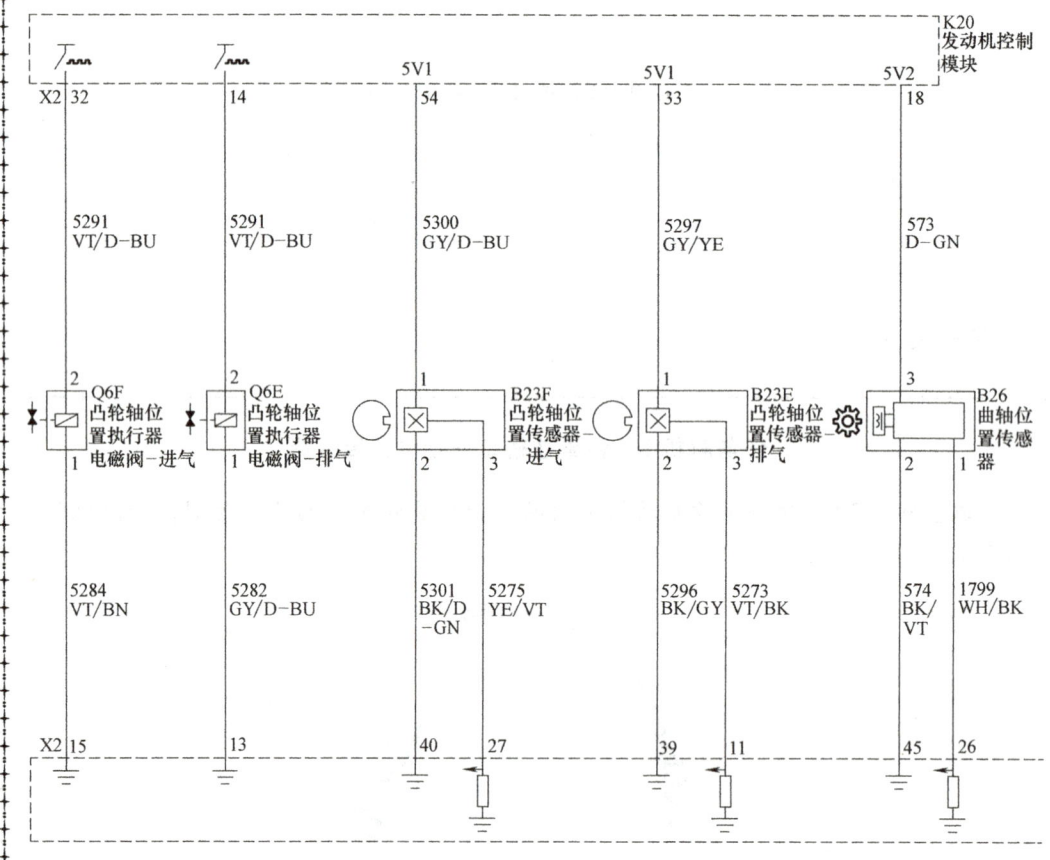

图 5-18　曲轴位置传感器系统电路图

1号线—信号电路　2号线—低电平参考电压电路（搭铁电路）
3号线—5V参考电压电路

科鲁兹轿车曲轴位置传感器维修过程：

1）读取静态故障码、冻结帧和数据流。

2）检查曲轴位置传感器的安装状态。

3）确认故障症状。起动发动机前，确认车辆周围环境是否安全。起动发动机时，观察起动状况，确认故障症状并记录症状现象。

4）动态下再次读取故障码、冻结帧和数据流。

5）将点火开关置于"OFF（关闭）"位置并关闭所有车辆系统，断开 B26 曲轴位置传感器的线束插接器。可能需要 2min 才能让所有车辆系统断电。测试低电平参考电压电路端子 2 和搭铁之间的电阻是否小于 5Ω。

① 如果等于或高于 5Ω，如图 5-19 所示（图中数值为无穷大），将点火开关置于"OFF（关闭）"位置，断开蓄电池负极接线柱，断开 K20 发动机控制模块的线束插接器 X2，测试低电平参考电压端对端的电阻是否小于 2Ω。如果为 2Ω 或更大，如图 5-20 所示（图中数值为无穷大），则修理电路中的断路/电阻过大故障（断路故障）。如果等于或小于 2Ω，则更换 K20 发动机控制模块。

图 5-19　低电平参考电压电路检查

图 5-20　线路断路检查

② 如果小于 5Ω，将点火开关置于"ON（打开）"位置。测试 5V 参考电压电路端子 3

和搭铁之间的电压是否为 4.8~5.2V。

A. 如果小于 4.8V，将点火开关置于"OFF（关闭）"位置，断开蓄电池负极接线柱，断开 K20 发动机控制模块的线束插接器 X2。测试 5V 参考电压电路端子和搭铁之间的电阻是否为无穷大。如果电阻不为无穷大，则修理电路上的搭铁短路故障。如果电阻为无穷大，如图 5-21 所示（图中数值为无穷大），测试 5V 参考电压电路端对端的电阻是否小于 2Ω。如果为 2Ω 或更大，则修理电路中的断路/电阻过大故障（断路故障）；如果小于 2Ω，如图 5-22 所示（图中数值为 1.6Ω），则更换 K20 发动机控制模块。

图 5-21　线路短路检查

图 5-22　线路断路检查

B. 如果大于 5.2V，将点火开关置于"OFF（关闭）"位置，断开蓄电池负极接线柱，断开 K20 发动机控制模块的线束插接器 X2，再将点火开关置于"ON（打开）"位置。测试 5V 参考电压和搭铁之间的电压是否低于 1V。如果是 1V 或更高，则修理电路上的电压短路故障；如果低于 1V，则更换 K20 发动机控制模块。

C. 如果为 4.8~5.2V，如图 5-23 所示（图中数值为 5.04V），测试信号电路端子 1 和搭铁之间的电压是否为 4.8~5.2V。

图 5-23　5V 参考电压电路检查

　　a. 如果小于 4.8V，将点火开关置于"OFF（关闭）"位置，断开蓄电池负极接线柱，断开 K20 发动机控制模块的线束插接器 X2。测试信号电路和搭铁之间的电阻是否为无穷大。如果电阻不为无穷大，如图 5-24 所示（图中数值为 1.1Ω），则修理电路上的对搭铁短路故障。如果电阻为无穷大，测试信号电路端对端的电阻是否小于 2Ω。如果为 2Ω 或更大，则修理电路中的断路/电阻过大故障（断路故障）；如果小于 2Ω，如图 5-25 所示（图中数值为 0.7Ω）则更换 K20 发动机控制模块。

图 5-24　线路短路检查

　　b. 如果大于 5.2V，将点火开关置于"OFF（关闭）"位置，断开蓄电池负极接线柱，断开 K20 发动机控制模块的线束插接器 X2，再将点火开关置于"ON（打开）"位置。测试信号电路和搭铁之间的电压是否低于 1V。如果是 1V 或更高，则修理电路上的电压短路故障；如果低于 1V，则更换 K20 发动机控制模块。

　　c. 如果为 4.8~5.2V，将点火开关置于"OFF（关闭）"位置，连接一条带 3A 熔丝的跨接线到信号电路端子 1。将点火开关置于"ON（打开）"位置，将带熔丝的跨接线重复碰触搭铁，如图 5-26 所示，确保故障诊断仪的"Crankshaft Position Sensor Active Counter（曲

图 5-25 线路断路检查

轴位置传感器激活计数器)"参数增加,如图 5-27 所示(左图为 0 计数,右为碰触搭铁一次后,为 7 计数)。如果计数器的读数不增加,更换 K20 发动机控制模块。

图 5-26 K20 发动机控制模块检查(1)

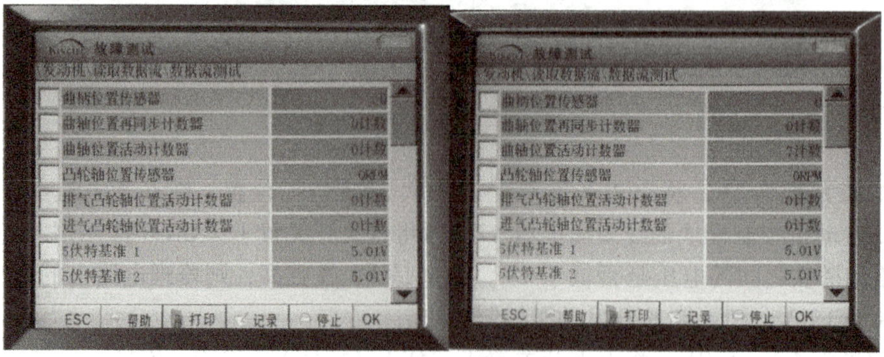

图 5-27 K20 发动机控制模块检查(2)

6)以上测量都正常,测试或更换 B26 曲轴位置传感器。

7）修复后再次检查故障码和数据流。

任务评价

表 5-1 任务评价表

任务名称	曲轴位置传感器的故障诊断与检修		姓名		日期	
序 号	评 价 内 容		要 求	分值	自评	互评
1	讲述曲轴位置传感器的作用，并在发动机上指明部件所在位置		表达清楚准确	20		
2	讲述曲轴位置传感器的类型		表达清楚准确	20		
3	结合原理图叙述各类曲轴位置传感器的工作原理		原理图解析要清楚，思路清晰	20		
4	完成磁控电阻式曲轴位置传感器的诊断与检修		思路清晰，操作规范	20		
5	操作过程 5S 管理		工具摆放，场地整理按 5S 要求	20		
6	总分					
教师评语						

任务拓展

以一汽丰田 2010 款卡罗拉发动机为例，利用课上时间进行曲轴位置传感器的检测，并完成工单。图 5-28 为曲轴位置传感器系统电路图。

曲轴位置传感器系统由 1 号曲轴位置信号盘和耦合线圈组成。1 号曲轴位置信号盘有 34 个齿，并安装在曲轴上。耦合线圈由缠绕的铜线、铁心和磁铁组成。1 号曲轴位置信号盘旋转时，随着每个齿经过耦合线圈，便产生一个脉冲信号。发动机每转一圈，耦合线圈产生 34 个信号。ECM 根据这些信号计算出曲轴位置和发动机转速。利用这些计算结果控制喷油持续时间和点火正时。

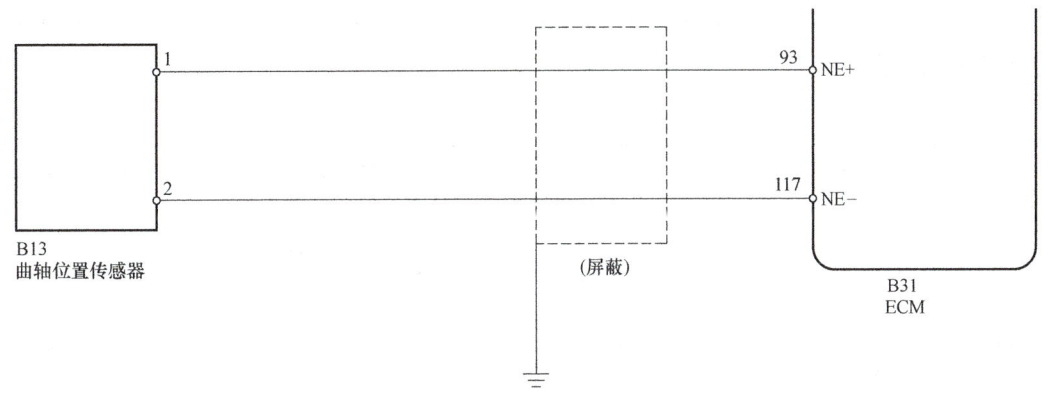

图 5-28 曲轴位置传感器系统电路图

1)读取静态故障码、冻结帧和数据流。

2)检查曲轴位置传感器的安装状态,如图5-29所示,如异常,则重新牢固安装曲轴位置传感器。

3)确认故障症状。起动发动机前,确认车辆周围环境是否安全。起动发动机时,观察起动状况,确认故障症状并记录症状现象。

4)动态下再次读取故障码、冻结帧和数据流。

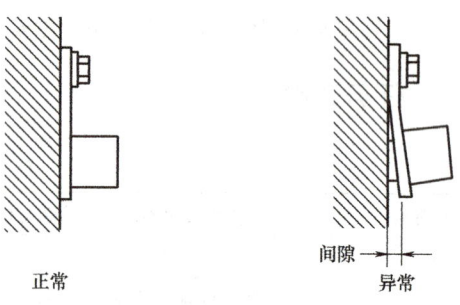

图 5-29 曲轴位置传感器安装状态的检修

5)检查曲轴位置传感器(电阻),将点火开关置于"OFF"位置,断开曲轴位置传感器插接器,根据表5-2测量曲轴位置传感器部件,如图5-30所示(图中数值为2100Ω),如果测量结果异常,则更换曲轴位置传感器。

表 5-2 标准电阻

检测仪连接	条 件	标准电阻值	测量电阻值
1—2	20℃	1850~2450Ω	

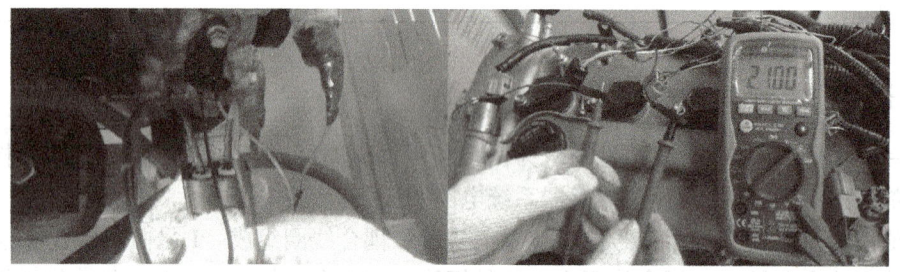

图 5-30 曲轴位置传感器检查

6)检查线束和插接器(曲轴位置传感器—ECM)。断开蓄电池负极接线柱,断开ECM插接器,根据下表5-3、表5-4测量电阻,线束插接器前视图(至曲轴位置传感器)如图5-31所示,线束插接器前视图(至ECM)如图5-32所示。测量结果异常,则维修或更换线束或插接器。

表 5-3 标准电阻(断路检查)

检测仪连接	条 件	标准电阻值	测量电阻值
B13-1—B31-93(NE+)	始终	小于1Ω	
B13-2—B31-117(NE-)	始终	小于1Ω	

表 5-4 标准电阻(短路检查)

检测仪连接	条 件	标准电阻值	测量电阻值
B13-1 或 B31-93(NE+)-车身搭铁	始终	10KΩ 或更大	
B13-2 或 B31-117(NE-)-车身搭铁	始终	10KΩ 或更大	

项目五 电控点火系统的故障诊断与检修

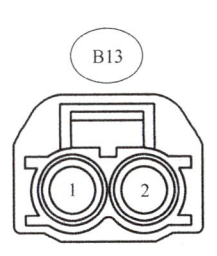

图 5-31 线束插接器前视图
（至曲轴位置传感器）

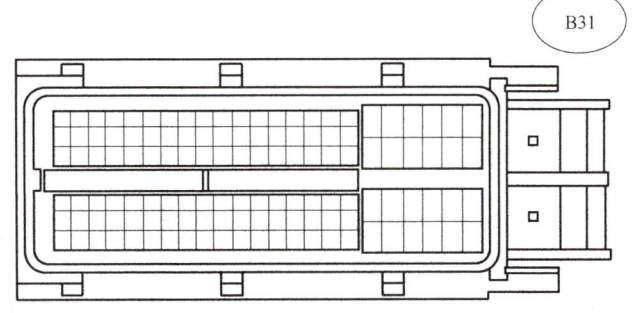

图 5-32 线束插接器前视图
（至 ECM）

7）检查 1 号曲轴位置信号盘（信号盘齿）。正常：1 号曲轴位置信号盘无破裂或变形；出现异常，则更换 1 号曲轴位置信号盘。

8）以上测量都正常，更换 ECM。

9）修复后再次检查故障码和数据流。

课后测评

一、判断题

1. 曲轴位置传感器是电控发动机中最重要的传感器，一般安装在_____、飞轮侧和_____。

2. 根据信号形成的原理分类，曲轴位置传感器又可分为磁感应式、_____式、霍尔式和_____式四大类，其中_____式曲轴位置传感器产生的是模拟信号，_____式曲轴位置传感器、_____式曲轴位置传感器、_____式曲轴位置传感器产生的是数字方波信号。

3. 霍尔式曲轴位置传感器利用_____产生相对应的电压脉冲信号。

4. 光电式曲轴位置传感器是应用_____来检测曲轴转角的一种传感器，主要由遮光转盘、_____、_____和_____等组成。

5. 磁控电阻式传感器采用微电子信号集成处理技术，_____和信号处理装置集成在一块芯片上。

二、简答题

1. 曲轴位置传感器的作用是什么？

2. 磁感应式曲轴位置传感器的工作原理是什么？

任务二　　凸轮轴位置传感器的故障诊断与检修

学习目标

1. 能准确讲述凸轮轴位置传感器的作用，并在发动机上指明部件所在位置。
2. 能准确讲述凸轮轴位置传感器的类型。
3. 能准确规范地完成磁控电阻式凸轮轴位置传感器的诊断与检修。

任务描述

一辆 2013 款 1.6L 自动档科鲁兹轿车，发动机指示灯点亮，发动机起动困难，对故障车进行检测，发现凸轮轴位置传感器有故障，经维修处理后，车辆运行正常。

知识储备

ECU 根据曲轴位置传感器的信号能计算出曲轴的位置和发动机转速，但无法判断是哪两个气缸的活塞正向上止点运动，也无法判断这两个气缸的活塞，哪个处于压缩行程，哪个处于排气行程，因此需要凸轮轴位置传感器的信号输入。

凸轮轴位置传感器又称同步信号传感器，如图 5-33 所示，主要用来检测凸轮轴的转角位置，发动机控制模块用此信号确定发动机某气缸（如 1 缸）上止点的位置。凸轮轴位置传感器的结构、工作原理及检修过程与曲轴位置传感器基本相同。

图 5-33　凸轮轴位置传感器

G 信号指活塞运行到压缩上止点前某一角度的判别信号（不同车型角度不同），它是根据凸轮轴位置传感器产生的信号经过整形和转换而获得的信号。NE 信号指发动机曲轴转速信号，它是根据曲轴位置传感器产生的信号经过整形和转换而获得的信号。

在有些发动机上，将曲轴位置传感器、凸轮轴位置传感器分开安装，一般曲轴位置传感器主要用来检测发动机的转速、曲轴的位置，而凸轮轴位置传感器主要用来发送上止点信号。随着发动机可变气门正时等新技术的出现，需要分别检查凸轮轴和曲轴的位置，这时的凸轮轴位置传感器与传统的凸轮轴位置传感器的作用完全不同。

任务实施

任务解析1　科鲁兹轿车排气凸轮轴位置传感器

以雪佛兰2013款科鲁兹发动机采用的排气凸轮轴位置传感器的检测为例,加以说明,图5-34为其实物图。

图5-34　排气凸轮轴位置传感器实物图

任务解析2　科鲁兹轿车排气凸轮轴位置传感器电路图解读

图5-35为排气凸轮轴位置传感器系统电路图。

每个凸轮轴位置传感器有3条电路,由一个发动机控制模块(ECM)提供电压的5V参考电压电路、低电平参考电压电路以及一个输出信号电路组成。凸轮轴位置传感器是一种内部磁性偏差数字输出集成电路传感装置,该传感器检测凸轮轴上4齿磁阻轮的齿槽磁通量变化。当磁阻轮的各个齿转过凸轮轴位置传感器时,传感器电子装置会利用引起的磁场变化产生一个数字输出脉冲。传感器返回一个频率变化的数字开/关直流电压脉冲,凸轮轴每转一圈就有4个不同宽度输出脉冲,代表着凸轮轴磁阻轮的镜像。凸轮轴位置传感器输出信号的频率取决于凸轮轴的转速。发动机控制模块对窄齿和宽齿模式进行解码,以识别凸轮轴位置。然后,此信息被用来确定发动机的最佳点火和喷油时刻。发动机控制模块使用一缸进气凸轮轴位置传感器确认喷射器和点火系统同步。一缸进气凸轮轴位置传感器还可用来确认凸轮轴和曲轴的相关性。发动机控制模块还利用凸轮轴位置传感器输出信息来确定凸轮轴相对于曲轴的位置,以控制凸轮轴相位和在应急操纵模式下运行。

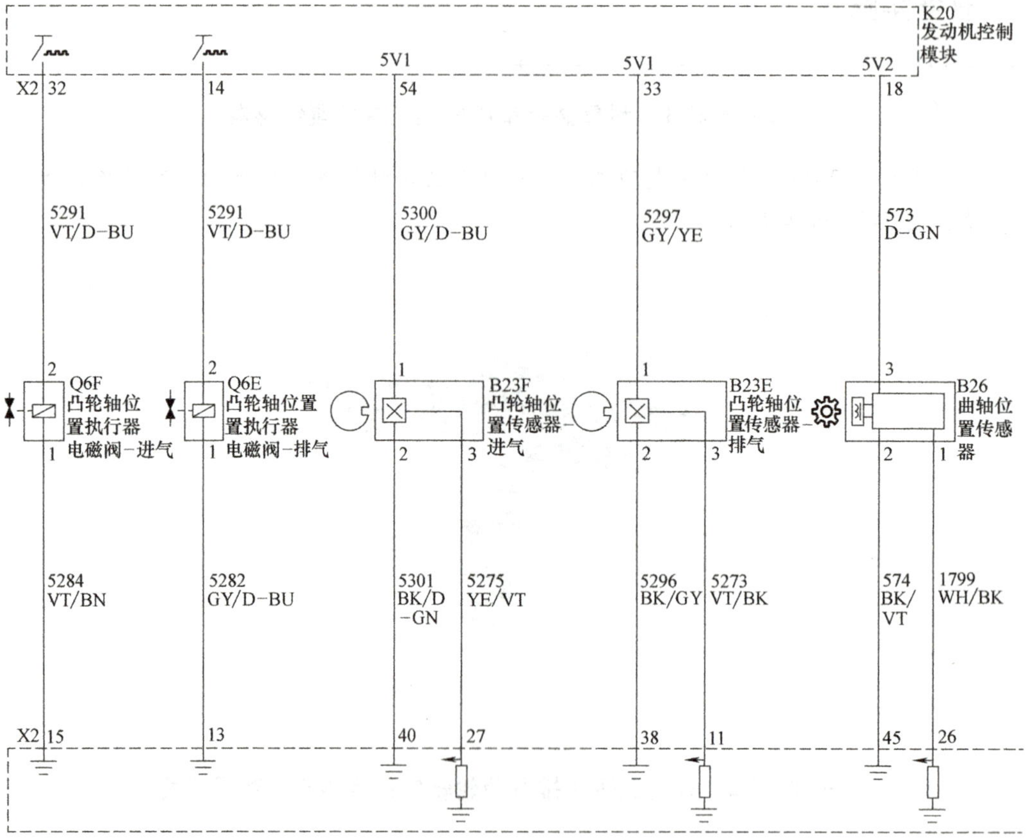

图 5-35 排气凸轮轴位置传感器系统电路图

1号线—5V参考电压电路　2号线—低电平参考电压电路（搭铁电路）
3号线—信号电路

科鲁兹轿车排气凸轮轴位置传感器维修过程：

1）读取静态故障码、冻结帧和数据流。

2）检查排气凸轮轴位置传感器的安装状态。

3）确认故障症状。起动发动机前，确认车辆周围环境是否安全。起动发动机时，观察起动状况，确认故障症状并记录症状现象。

4）动态下再次读取故障码、冻结帧和数据流。

5）将点火开关置于"OFF（关闭）"位置并关闭所有车辆系统，断开相应的 B23E 排气凸轮轴位置传感器的线束插接器。可能需要 2min 才能让所有车辆系统断电。测试低电平参考电压电路端子 2 和搭铁之间的电阻是否小于 5Ω。

① 如果等于或高于 5Ω，如图 5-36 所示（图中数值为无穷大），将点火开关置于"OFF（关闭）"位置，断开蓄电池负极接线柱，断开 K20 发动机控制模块的线束插接器 X2。测试低电平参考电压端对端的电阻是否小于 2Ω。如果为 2Ω 或更大，如图 5-37 所示（图中数值为无穷大），则修理电路中的断路/电阻过大故障（断路故障）；如果等于或小于 2Ω，则更换 K20 发动机控制模块。

图 5-36　低电平参考电压电路检查

图 5-37　线路断路检查

② 如果小于 5Ω，将点火开关置于"ON（打开）"位置。测试 5V 参考电压电路端子 1 和搭铁之间的电压是否为 4.8～5.2V。

A. 如果小于 4.8V，将点火开关置于"OFF（关闭）"位置，断开蓄电池负极接线柱，断开 K20 发动机控制模块的线束插接器 X2。测试 5V 参考电压电路端子和搭铁之间的电阻是否为无穷大。如果电阻不为无穷大，则修理电路上的搭铁短路故障。如果电阻为无穷大，如图 5-38 所示（图中数值为无穷大），测试 5V 参考电压电路端对端的电阻是否小于 2Ω。如果为 2Ω 或更大，则修理电路中的断路/电阻过大故障（断路故障）；如果小于 2Ω，如图 5-39 所示（图中数值为 0.8Ω），则更换 K20 发动机控制模块。

B. 如果大于 5.2V，将点火开关置于"OFF（关闭）"位置，断开蓄电池负极接线柱，断开 K20 发动机控制模块的线束插接器 X2，再将点火开关置于"ON（打开）"位置。测试 5V 参考电压电路和搭铁之间的电压是否低于 1V。如果是 1V 或更高，则修理电路上的电压短路故障。如果低于 1V，则更换 K20 发动机控制模块。

C. 如果为 4.8～5.2V，测试信号电路端子 3 和搭铁之间的电压是否为 4.8～5.2V，如图 5-40 所示（图中数值为 5.03V）。

图 5-38　线路短路检查

图 5-39　线路断路检查

图 5-40　信号电路检查

a. 如果小于 4.8V,将点火开关置于"OFF(关闭)"位置,断开蓄电池负极接线柱,断开 K20 发动机控制模块的线束插接器 X2。测试信号电路和搭铁之间的电阻是否为无穷大。如果电阻不为无穷大,则修理电路上的对地搭铁短路故障。如果电阻为无穷大,如图 5-41 所示(图中数值为无穷大),测试信号电路端对端的电阻是否小于 2Ω。如果为 2Ω 或更大,则修理电路中的断路/电阻过大故障(断路故障);如果小于 2Ω,如图 5-42 所示(图中数值为 0.9Ω),则更换 K20 发动机控制模块。

图 5-41　线路短路检查

图 5-42　线路断路检查

b. 如果大于 5.2V,将点火开关置于"OFF(关闭)"位置,断开蓄电池负极接线柱,断开 K20 发动机控制模块的线束插接器 X2,再将点火开关置于"ON(打开)"位置。测试信号电路和搭铁之间的电压是否低于 1V。如果是 1V 或更高,则修理电路上的电压短路故障;如果低于 1V,则更换 K20 发动机控制模块。

c. 如果为 4.8~5.2V,确认未设置 DTC P0366。如果没有设置故障诊断码,更换 B23E 排气凸轮轴位置传感器。

6)修复后再次检查故障码和数据流。

任务评价

表 5-5 任务评价表

任务名称	排气凸轮轴位置传感器的故障诊断与检修		姓名		日期	
序号	评价内容	要求	分值	自评	互评
1	讲述凸轮轴位置传感器的作用，并在发动机上指明部件所在位置	表达清楚准确	25		
2	讲述凸轮轴位置传感器的类型	表达清楚准确	25		
3	完成磁控电阻式凸轮轴位置传感器的诊断与检修	思路清晰，操作规范	25		
4	操作过程 5S 管理	工具摆放，场地整理按 5S 要求	25		
5	总分				
教师评语					

课后测评

一、判断题

1. G 信号指活塞运行到压缩上止点前某一角度的判别信号（不同车型角度不同），它是根据_____产生的信号经过整形和转换而获得的信号。

2. NE 信号指_____，它是根据曲轴位置传感器产生的信号经过整形和转换而获得的信号。

3. 一般曲轴位置传感器主要用来检测发动机的转速、曲轴的位置，而凸轮轴位置传感器主要用来_____。

二、简答题

凸轮轴位置传感器的作用是什么？

任务三　点火线圈的故障诊断与检修

学习目标

1. 能准确讲述点火系统的作用，并在发动机上指明点火系统主要部件所在位置。
2. 能准确讲述微机控制点火系统的类型。
3. 结合原理图能准确叙述各类微机控制点火系统的工作原理。
4. 能准确规范地完成点火线圈的诊断与检修。

任务描述

一辆 2013 款 1.6L 自动档科鲁兹轿车，发动机指示灯点亮并闪烁，发动机抖动强烈，对故障车进行检测，发现点火线圈有故障，经维修处理后，车辆运行正常。

知识储备

一、点火系统的作用

点火系统是发动机管理系统的重要组成部分（图 5-43），其作用是将汽车电源提供的低压电转变为高压电，并按照发动机各缸的点火顺序和点火时刻的要求，适时准确地将高压电送至各缸的火花塞，使火花塞跳火，点燃气缸内的可燃混合气。

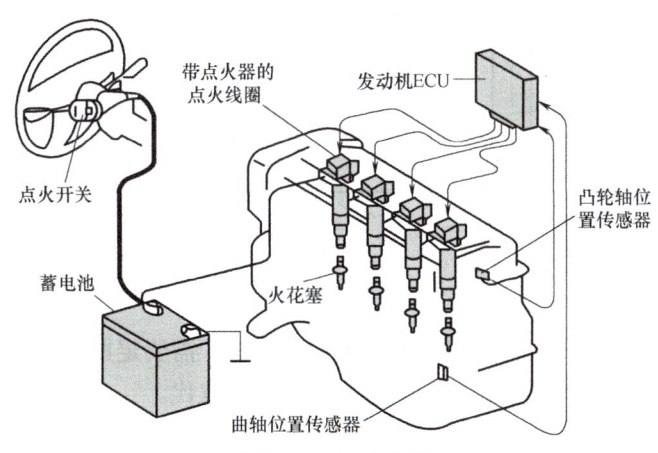

图 5-43　点火系统

二、发动机对点火系统的要求

1）应能产生足以击穿火花塞间隙的电压。点火系统利用高压电击穿火花塞电极间隙而产生电火花，为了确保发动机在工作时火花塞的电极间隙处能产生可靠电火花，要求点火系统必需能提供 10~30kV 的电压，但电压也不能过高，以免绝缘不良而产生漏电。

2）电火花应具有足够的能量。要使可燃混合气可靠点燃，电火花必须具有一定的能量。可燃混合气压缩终了的温度已接近其自燃温度，所需的电火花能量很小（1~5mJ）。在发动机正常工作时，需要 10~50mJ 的电火花能量。但在发动机低温起动时，因可燃混合气雾化不良，需较高的电火花能量。为了保证发动机可靠点火，一般要求电火花的能量在 100mJ 以上。

3) 点火时刻应能适应发动机工况。点火系统应按发动机的工作顺序进行点火，如四缸发动机的点火顺序为 1—3—4—2，六缸发动机的点火顺序为 1—5—3—6—2—4，且必须在最佳时刻点火，使发动机发生的功率最大、油耗最低、排放污染最小。

4) 工作要可靠。点火系统除在正常的工作条件下工作可靠外，在一些特殊的条件下，如高温、低温、潮湿、高原等环境下也能可靠地工作。

三、点火系统的发展历程

1. 传统点火系统

在传统点火系统中，蓄电池或发电动机供给 12V 低压电，经点火线圈和断电器转变为高压电，再经配电器分送到各缸火花塞，使火花塞电极间产生电火花。

发动机工作时，断电器轴连同凸轮一起在发动机凸轮轴的驱动下旋转。断电器凸轮转动时，断电器触点交替地闭合和打开，因此传统点火系统的工作原理可分为三个阶段：触点闭合，一次电流增长；触点断开，二次绕组产生高压；火花塞电极间火花放电。传统点火系统的工作原理如图 5-44 所示。

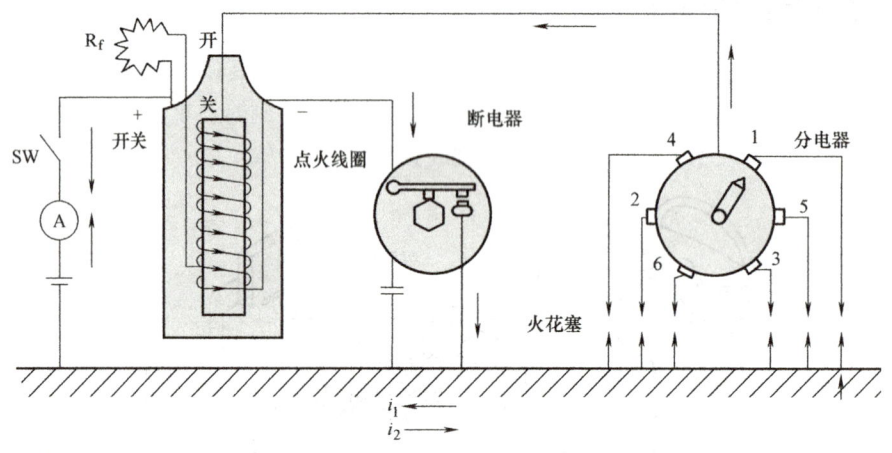

图 5-44 传统点火系统工作原理图

由于传统点火系统的分电器触点会发生氧化、烧蚀，需要定期保养，且触点的机械惯性大，响应速度慢，因而性能不佳，已经被新型点火系统取代。

2. 电子点火系统

电子点火系统的电路和基本原理与传统点火系统大致相同，所不同的是电子点火系统将传统点火系统的触点改成了可以起到相同开关作用的晶体管。利用触发信号使晶体管接通或切断，产生一次电流的变化，从而产生点火的高压，如图 5-45 所示。晶体管开关特性的特点，使得点火系统具有点火能量高、高低速点火性能稳定、二次电压上升快、对火花塞积炭不敏感、故障少、寿命长、对无线电干扰少等优点。

由于信号发生器所发出的信号不能直接控制晶体管的导通与截止，因此在实际的点火电路中往往还有信号放大电路、信号整形电路及直流放大器。通常将信号的放大电路、整形电路、直流放大器及大功率晶体管等单独做成一个整体，称为点火模块（或点火器）。

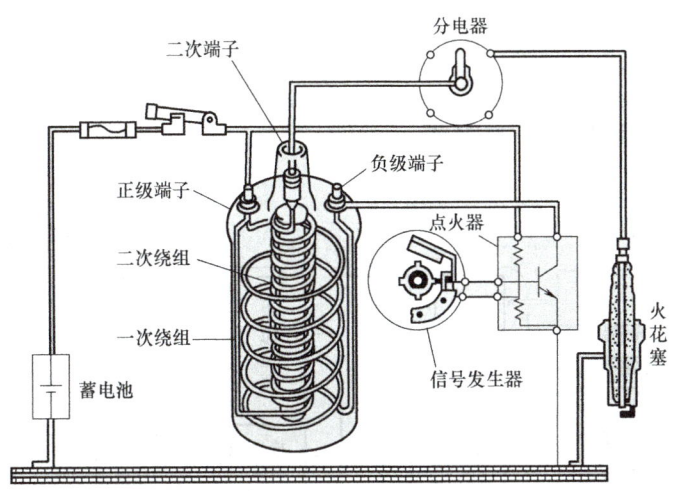

图 5-45　电子点火系统

点火系统工作时，信号发生器产生出点火电压信号，将信号送入点火模块，点火模块将点火信号放大、整形、直流放大，控制大功率晶体管的导通与截止。接通与切断一次电路，完成点火功能。

3. 微机控制点火系统

在微机控制点火系统中，微机控制点火提前装置取代了传统的点火提前机构（真空及离心提前机构），并开始利用发动机电子控制单元控制点火提前角，如图 5-46 所示。

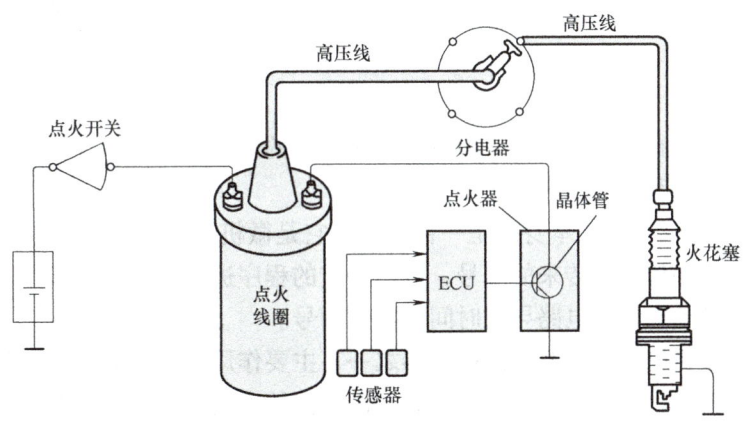

图 5-46　微机控制点火系统

随着微机技术的发展，汽车上开始应用微机控制点火。该系统在电子点火系统的基础上，采用微机来控制点火提前角和闭合角，使发动机处于最佳点火状态，从而大大改善了排放污染和油耗等指标。部分微机控制点火系统仍采用分电器，但在系统中，分电器只起到高压电的分配作用，取消了离心提前和真空提前机械机构。

点火正时的控制原理：微机根据曲轴位置传感器提供的曲轴位置信号，判断出发动机各缸的活塞上止点位置，并由这些脉冲信号计算出发动机转速值，再通过燃油喷射系统的节气门位置传感器或空气流量传感器确定出负载大小。根据发动机转速和负荷大小，微机从存储单元中查出此工况的点火提前角和一次导通时间,根据这些数据对点火进行控制。从而实现点火系统的精确控制。

四、微机控制点火系统的组成

微机控制点火系统是如今广泛采用的一种点火系统,主要由与点火有关的各种传感器、电子控制单元(ECU)、点火器、点火线圈、高压线和火花塞等,如图5-47所示。

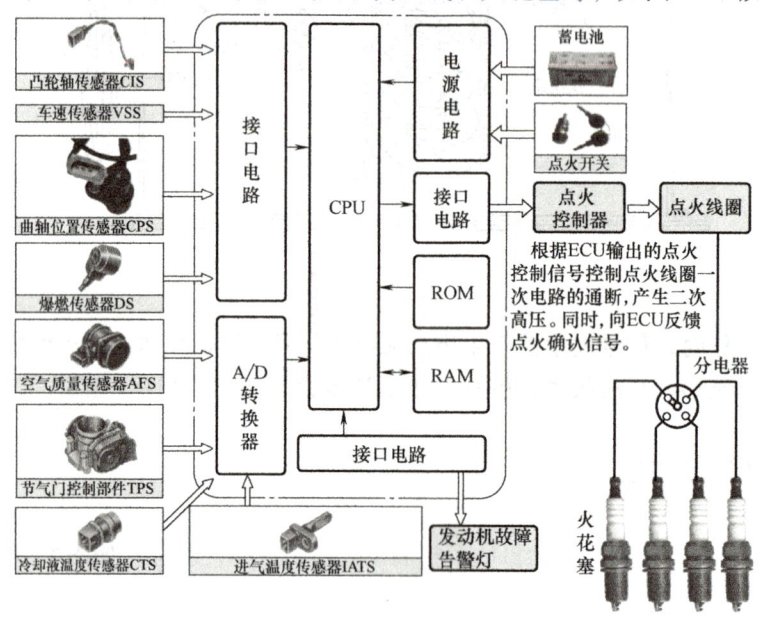

图5-47 微机控制油分电器式点火系统的组成

与点火有关的各种传感器:用来检测与点火有关的发动机工况信息,并将信息输入电子控制单元,作为运算和控制点火时刻的依据。

电子控制单元(ECU):本身就是一台微机,它是微机控制点火系统的核心,在点火系统工作时,接受各种传感器传来的信号,按照特定的程序进行判断、运算后,给点火器输出最佳点火提前角和点火一次电路导通时间的控制信号。

点火器:是微机控制点火系统的执行器之一,主要作用是根据电子控制单元的指令,通过内部的大功率晶体管的导通和截止,控制一次电流的通断,完成点火工作。

点火线圈:主要由一次绕组和二次绕组组成,将低压电转变为能击穿火花塞电极间隙的高压电。点火线圈和点火器往往是配套设计、配套使用的,如果将不配套的点火线圈和点火器一起使用,有可能造成点火线圈和点火器的损坏。在无分电器微机控制点火系统中,点火线圈和点火器做成了一个整体,整体统称"点火线圈"。点火线圈的内部结构和工作原理如图5-48所示,在点火线圈的铁心上绕有一次绕组和二次绕组,二次绕组的匝数大约是一次绕组匝数的100倍(如一次绕组为300匝时,二次绕组为30000匝),一次绕组与蓄电池和点火器连接,二次绕组与火花塞连接。当点火器控制切断一次绕组的电流时,一次绕组产生的自感电动势为500V左右,二次绕组则产生30000V左右的互感电动势。

高压线:将点火线圈二次绕组产生的高压电传送给火花塞。

火花塞：将点火线圈产生的高压电引入发动机的燃烧室内，通过本身的间隙产生电火花放电，点燃可燃混合气。火花塞的工作条件十分恶劣，它受到高温、高压及燃烧产物腐蚀的作用，因此，火花塞必须具有足够的强度、良好的绝缘性和耐腐蚀性，能够承受温度的剧烈变化，要有合适的热特性。

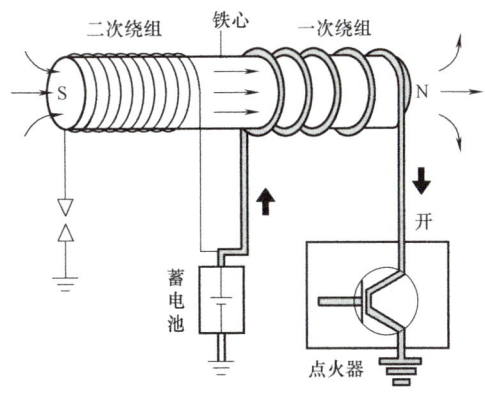

图 5-48　点火线圈的内部结构和工作原理

五、微机控制点火系统的分类

微机控制点火系统按是否保留分电器（实质上是指配电器）可分为有分电器微机控制点火系统和无分电器微机控制点火系统。

1. 有分电器微机控制点火系统

仍保留分电器的微机控制点火系统称为非直接点火系统，该系统中，点火线圈产生的高压电是经过分电器中的配电器进行分配的，即由分火头和分电器盖组成的配电器依据点火顺序适时地将高压电分配至各气缸，使各缸火花塞依次点火。凌志 LS400、桑塔纳 2000 的 AFE 发动机等采用了这种点火方式，如图 5-49 所示。

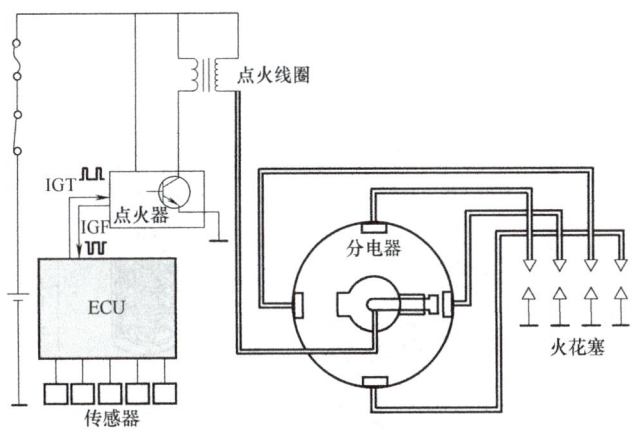

图 5-49　有分电器微机控制点火系统

有分电器微机控制点火系统只有一个点火线圈，ECU 根据各传感器信号确定某缸点火时，向点火器发出指令信号（IGT 信号），点火器则根据 ECU 的指令控制点火线圈内一次电路通电或断电。当点火线圈中的一次电路断电时，二次绕组产生的高压电经分电器输送到点火缸的火花塞，以实现点火。

有分电器微机控制点火系统工作原理图如图 5-50 所示，点火开关接通 IG2 时，点火器、点火线圈和 ECU 通电，ECU 根据各种传感器输入的信号，确定出发动机最佳点火时刻，向点火器发出触发点火信号"IGT"，切断一次电路，使二次绕组感应出高压电经分电器送至各缸火花塞。发动机每点一次火，点火器向 ECU 反馈一个点火确认信号"IGF"，作为自诊断系统监控信号。若 ECU 连续四次没有未收到"IGF"信号，即判定点火系统出现故障。

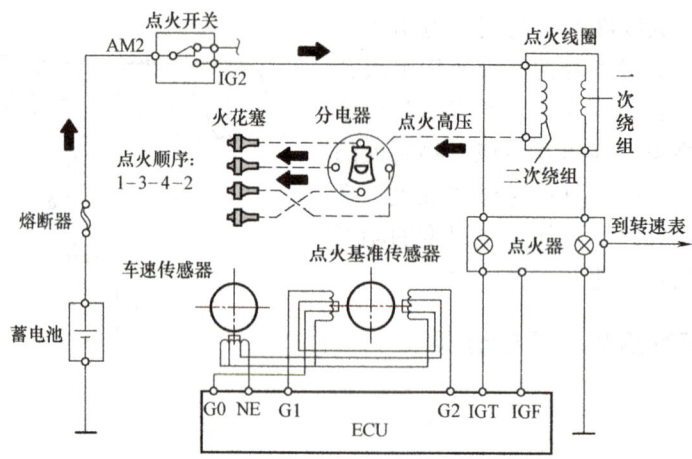

图 5-50　有分电器微机控制点火系统工作原理图

有分电器微机控制点火系统工作时，分火头与分电器盖之间有一定间隙，在高压电跳过这一间隙时必然要产生火花，它不但浪费电能，也是干扰电脑工作的干扰源之一。随着无分电器微机控制点火系统的出现，有分电器微机控制点火系统已趋于淘汰。

2. 无分电器微机控制点火系统

无分电器微机控制点火系统去掉了传统的分电器（主要指配电器），称为直接点火系统，如图 5-51 所示。工作时，点火线圈产生的高压电直接送至各火花塞，由微机根据各传感器输入的信息，依照发动机的点火顺序，适时地控制各缸火花塞点火。

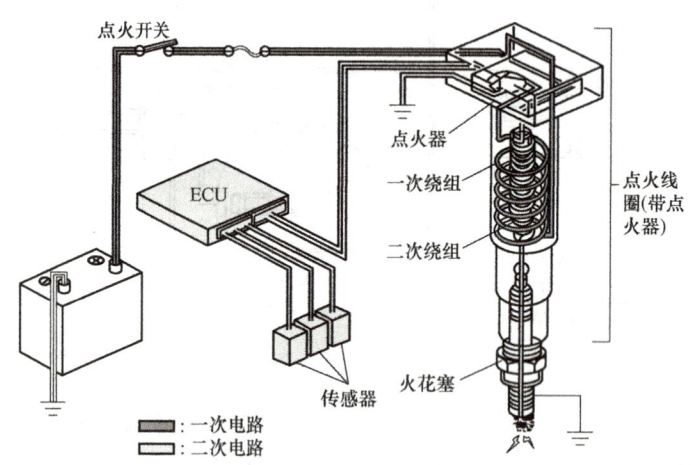

图 5-51　无分电器微机控制点火系统

无分电器微机控制点火系统按点火方式可分为独立点火方式和同时点火方式两种方式。

（1）独立点火方式　独立点火方式有两种类型：一种是各点火线圈共用一个点火器；另一种是每个点火线圈都有一个单独的点火器，并且点火器和点火线圈集成一体，称为"集成点火线圈"（一般统称点火线圈），如图 5-52 所示。

独立点火方式是每缸一个点火线圈，点火线圈的数量与气缸数相同，点火线圈安装在火花塞的上方，取消了高压线，由点火线圈直接向火花塞供电。发动机工作时，ECU 按各缸工

项目五　电控点火系统的故障诊断与检修

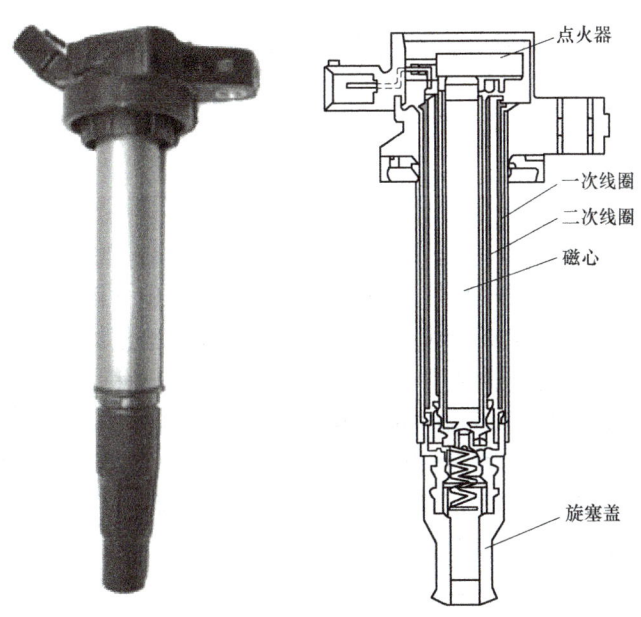

图 5-52　集成点火线圈

作顺序向点火器发出点火信号，点火器内相应的晶体管截止，使对应气缸点火线圈一次绕组断开，在二次绕组上感应出高压，火花塞产生电火花，点燃可燃混合气。这也是目前点火系统发展的最高阶段，直接点火可使高压电能的传递损失和对无线电的干扰降到最低水平，如图 5-53 所示。

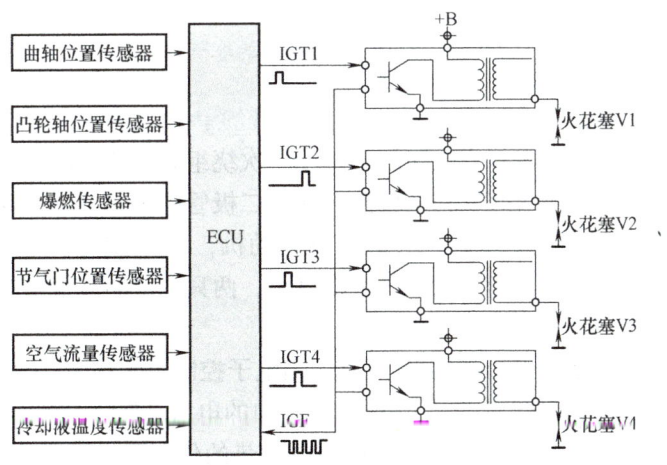

图 5-53　独立点火方式

独立点火方式的优点是：由于各缸都有各自独立的点火线圈，即使发动机转速很高，点火线圈也有较长的通电时间，可提供足够高的点火能量；由于去除了高压分电器中的电火花，要求的点火电压会降低一些，单位时间内通过点火线圈一次电路的电流要小得多，点火线圈不易发热，且点火线圈的体积又可以非常小，点火线圈可直接装在火花塞上面；由于该种点火系统已不需要分高压线了，避免了对 ECU 信号的电磁干扰，消除了干扰源；发动机 ECU 可一缸接一缸地改变点火正时，对爆燃传感器发出的信号能及时作出响应。

（2）同时点火方式　对同时点火方式，按配电方式又分为点火线圈分配式和二极管分配式两种方式。

1）点火线圈分配式。点火线圈分配式是一种直接用点火线圈分配高压电的同时点火方式。几个相互屏蔽的、结构独立的点火线圈组合成一体，称为点火线圈组件。

点火线圈分配式的电路原理如图 5-54 所示，点火线圈组件由两个（四缸发动机）或三个（六缸发动机）独立的点火线圈组成，每个点火线圈供给成对的两个火花塞工作（四缸发动机的 1、4 缸和 2、3 缸分别共用一个点火线圈；六缸发动机的 1、6 缸、2、5 缸和 3、4 缸分别共用一个点火线圈）。点火器中配有与点火线圈数量相等的功率晶体管，分别控制一个点火线圈工作。点火器根据电子控制单元输出的点火控制信号，按点火顺序触发功率晶体管导通、截止，从而控制每个点火线圈轮流产生高压电，再通过高压线直接输送到成对的两缸火花塞电极间隙上跳火，点燃可燃混合气。

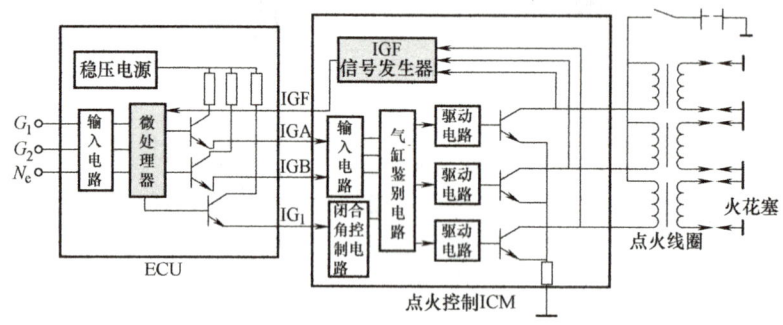

图 5-54　点火线圈分配式的电路原理图

2）二极管分配式。二极管分配式是利用二极管的单向导通特性，对点火线圈产生的高压电进行分配的同时点火方式。点火线圈有两个一次绕组和一个二次绕组构成，二次绕组的两端通过四只高压二极管与火花塞构成回路。四只二极管有内装式（安装在点火线圈内部）和外装式两种。对于点火顺序为 1—3—4—2 的发动机，1、4 缸为一组，2、3 缸为另一组。点火器中的两只功率晶体管分别控制一个一次绕组，两只功率晶体管由电子控制单元按点火顺序交替控制其导通与截止。

二极管分配式的电路原理如图 5-55 所示，当电子控制单元将 1、4 缸的点火触发信号输入点火器时，功率晶体管 VT1 截止，一次绕组 A 中的电流切断，二次绕组中就会产生高压电动势，方向如图中实线箭头方向所示。在该电动势的作用下，二极管 D1、D4 正向导通，1、4 缸火花塞电极上的电压迅速升高直至跳火，高压放电电流镜图中实线箭头所指方向构成回路；D2、D3 反向截止，不能构成放电回路，因此，2、3 缸火花塞电极上无高压火花放电电流而不能跳火。当电子控制单元将 2、3 缸点火触发信号输入点火器时，晶体管 VT2 截止，一次绕组 B 中电流切断，二次绕组产生高压电动势，方向如图中虚线箭头方向所示。此时，二极管 D1、D4 反向截止，D2、D3 正向导通，因此，2、3 缸火花塞电极上的电压迅速升高直至跳火，高压放电电流经图中虚线箭头所指方向构成回路。

项目五 电控点火系统的故障诊断与检修

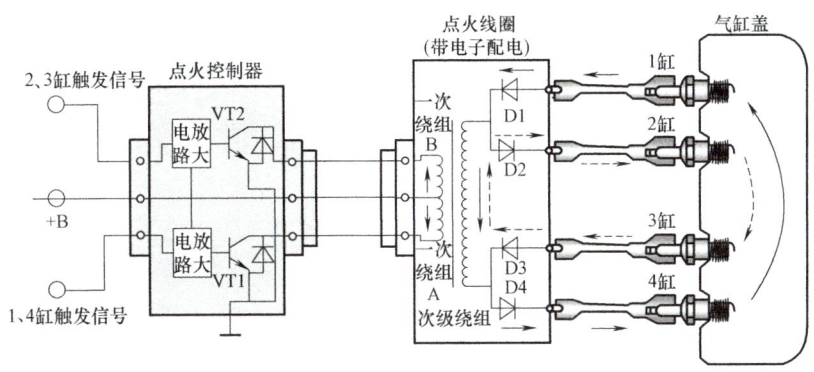

图 5-55 二极管分配式的电路原理图

无分电器微机控制点火系统的优势更明显,除具有一般微机控制点火系统的优点外,还具有以下优点:

① 由于无机械分电器,不存在分火头和旁电极间跳火问题,同时减少了高压导线,因而能量损失明显减小,其机械磨损和发生故障的机会也同时减少。特别是单独点火方式已不设高压导线,各缸的点火线圈和火花塞一般均由金属包覆,其电磁干扰大大减小。

② 由于废除了分电器,因此节省了安装空间,特别是独立点火方式,又恰当地将点火线圈装在双凸轮轴中间,充分利用了有限空间,这对小轿车发动机室的合理布置有着特别重要的意义。

③ 独立点火方式采用了与气缸数相同的特制点火线圈,由于该点火线圈充电速率快,线圈充电时间端,因而能在高达 9000r/min 的宽广转速范围内提供足够的点火能量和高电压。

任务实施

任务解析1 科鲁兹轿车点火线圈

以雪佛兰 2013 款科鲁兹发动机采用的点火线圈的检测为例,加以说明,图 5-56 为其实物图。

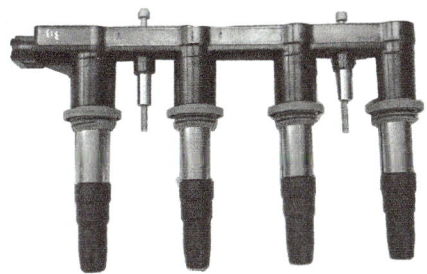

图 5-56 点火线圈实物图

任务解析2　科鲁兹轿车喷油器电路图解读

图5-57为点火线圈系统电路图。

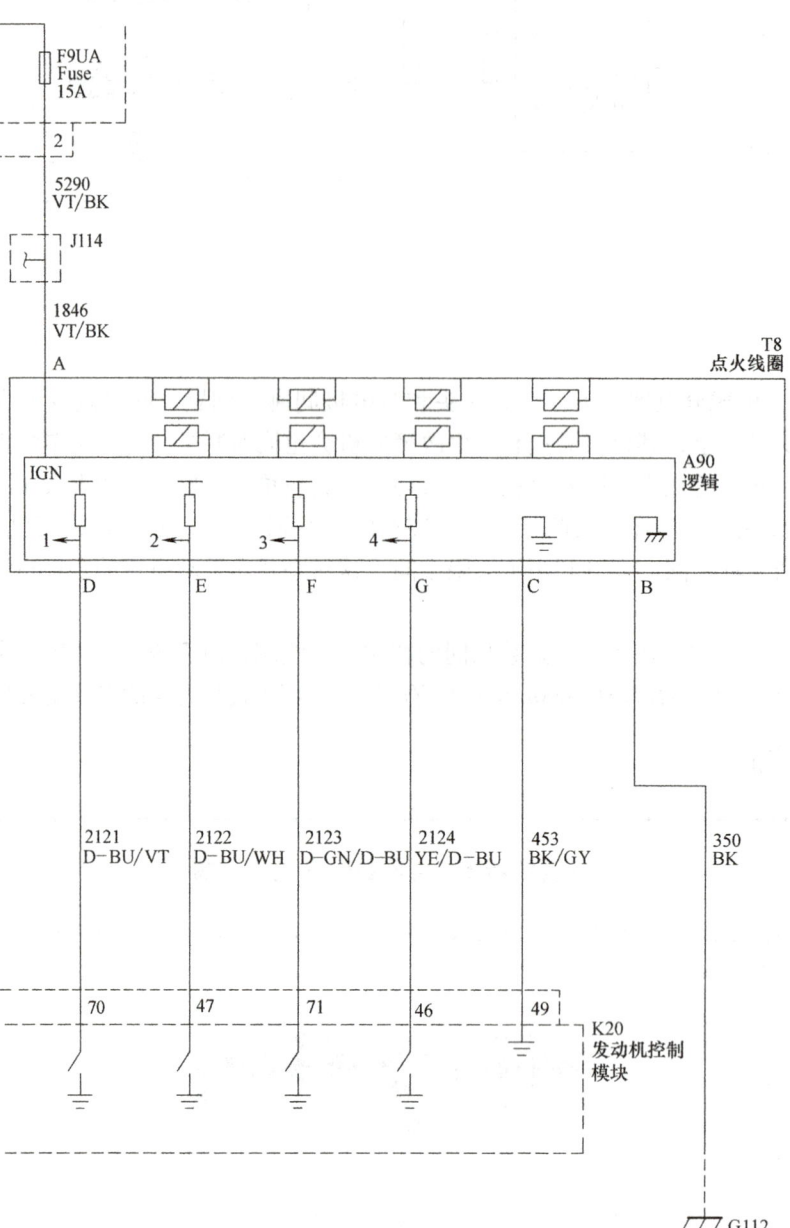

图5-57　点火线圈系统电路图
A号线—点火电压电路　B号线—搭铁电路
C号线—低电平参考电压电路　D号线—点火控制电路

发动机点火系统采用一个点火线圈模块。发动机控制模块（ECM）通过单独的点火线圈控制电路，控制每个气缸的点火时间。当发动机控制模块指令点火控制电路通电时，电流将流经点火线圈的一次绕组，形成一个磁场。当点火时间被请求时，发动机控制模块将指令点火控制电路断开，阻止电流流经一次绕组。由一次绕组形成的磁场穿过二次绕组时减弱，产生一个穿过火花塞电极的高压。发动机控制模块使用来自曲轴位置（CKP）传感器、凸轮轴位置（CMP）传感器的信息，来控制点火时间的顺序及正时。发动机控制模块监测每个点火控制电路上的异常电平。点火线圈模块具有以下电路：一个点火电压电路、一个搭铁、每个气缸点火线圈所对应的一个点火线圈控制电路、一个低电平参考电压电路。

科鲁兹轿车点火线圈维修过程：

1）读取静态故障码、冻结帧和数据流。

2）检查点火线圈的安装状态。

3）确认故障症状。起动发动机前，确认车辆周围环境是否安全。起动发动机时，观察起动状况，确认故障症状并记录症状现象。

4）动态下再次读取故障码、冻结帧和数据流。

5）将点火开关置于"OFF（关闭）"位置并关闭所有车辆系统，断开 T8 点火线圈模块处的线束插接器。可能需要 2min 才能让所有车辆系统断电。测试搭铁电路端子 B 和搭铁之间的电阻是否小于 5Ω。

① 如果等于或高于 5Ω，如图 5-58 所示（图中数值为无穷大），将点火开关置于"OFF（关闭）"位置。测试搭铁电路端对端的电阻是否小于 2Ω。如果为 2Ω 或更大，则修理电路中的断路/电阻过大故障（断路故障）；如果小于 2Ω，如图 5-59 所示（图中数值为 0.5Ω），则修理搭铁连接中的断路/电阻过大故障（接触不良故障）。

图 5-58　搭铁电路检查

② 如果小于 5Ω，测试低电平参考电压电路端子 C 和搭铁之间的电阻是否小于 5Ω。

A. 如果等于或高于 5Ω，将点火开关置于"OFF（关闭）"位置，断开蓄电池负极接线柱，断开 K20 发动机控制模块的线束插接器 X2，测试低电平参考电压端对端的电阻是否小于 2Ω。如果为 2Ω 或更大，如图 5-60 所示（图中数值为无穷大），则修理电路中的断路/电阻过大故障（断路故障）；如果小于 2Ω，则更换 K20 发动机控制模块。

图 5-59　线路断路检查（1）

图 5-60　线路断路检查（2）

B. 如果小于 5Ω，将点火开关置于"ON（打开）"位置，确认点火电路端子 A 和搭铁之间的测试灯点亮。

a. 如果测试灯未点亮，且电路熔丝状态良好，如图 5-61 所示（图中数值为 0.4Ω），将点火开关置于"OFF（关闭）"位置，拆下测试灯。测试点火电路端对端的电阻是否小于 2Ω。如果为 2Ω 或更大，则修理电路中的断路/电阻过大故障（断路故障）；如果小于 2Ω，如图 5-62 所示（图中数值为 0.8Ω），则确认熔丝未熔断且熔丝处有电压。

b. 如果测试灯未点亮，且电路熔丝熔断，如图 5-63 所示（图中数值为无穷大），将点火开关置于"OFF（关闭）"位置，拆下测试灯。测试点火电路和搭铁之间的电阻是否为无穷大。如果电阻不为无穷大，则修理电路上的搭铁短路故障；如果电阻为无穷大，如图 5-64 所示（图中数值为无穷大），则更换 T8 点火线圈模块。

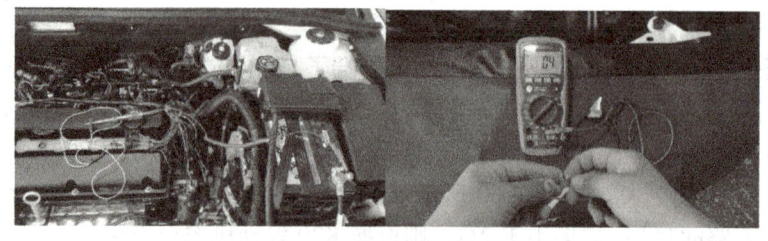

图 5-61　点火电压电路及熔丝检查

项目五　电控点火系统的故障诊断与检修

图 5-62　线路断路检查

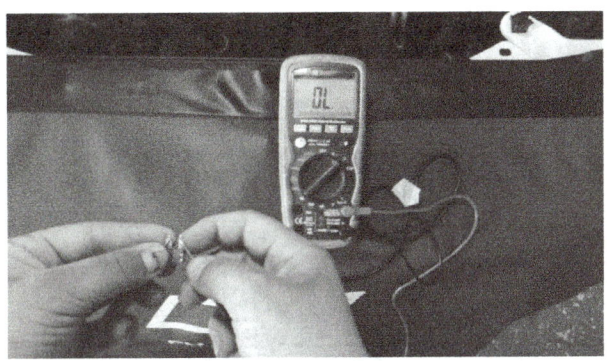

图 5-63　熔丝检查

图 5-64　线路短路检查

C. 如果测试灯点亮，断开相应的 Q17 喷油器处的线束插接器。将数字式万用表连接在下列相应的点火控制电路和搭铁之间：点火线圈 1 端子 D、点火线圈 2 端子 E、点火线圈 3 端子 F、点火线圈 4 端子 G，测试在发动机起动期间读数是否大于 1.5Hz。

如果小于 1.5Hz，将点火开关置于"OFF（关闭）"位置，断开蓄电池负极接线柱，断开 K20 发动机控制模块的线束插接器 X2。测试控制电路和搭铁之间的电阻是否为无穷大。如果电阻不为无穷大，则修理电路上的搭铁短路故障。如果电阻为无穷大，如图 5-65 所示（图中数值为无穷大），测试控制电路端对端的电阻是否小于 2Ω。如果为 2Ω 或更大，则修理电路中的断路/电阻过大故障（断路故障）；如果小于 2Ω，如图 5-66 所示（图中数值为

205

0.6Ω），将点火开关置于"ON（打开）"位置。测试控制电路和搭铁之间的电压是否低于1V。如果是1V或更高，则修理电路上的电压短路故障；如果低于1V，则更换K20发动机控制模块。

图5-65　线路短路检查

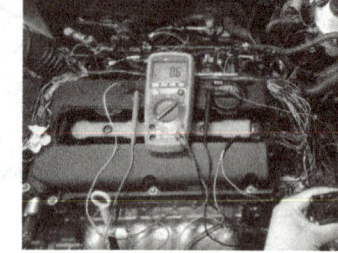
图5-66　线路断路检查

如果大于1.5Hz，如图5-67所示（图中数值为0.059KΩ），更换T8点火线圈模块。

图5-67　点火控制电路检查

6）修复后再次检查故障码和数据流。

任务评价

表5-6　任务评价表

任务名称	点火线圈的故障诊断与检修	姓名		日期	
序　号	评价内容	要　求	分值	自评	互评
1	讲述点火系统的作用，并在发动机上指明点火系统主要部件所在位置	表达清楚准确	20		
2	讲述微机控制点火系统的类型	表达清楚准确	20		
3	结合原理图叙述各类微机控制点火系统的工作原理	原理图解析要清楚，思路清晰	20		
4	完成点火线圈的诊断与检修	思路清晰，操作规范	20		
5	操作过程5S管理	工具摆放，场地整理按5S要求	20		
6	总分				
教师评语					

课后测评

一、填空题

1. 点火系统的发展历程为传统点火系统、_____、_____。
2. 电子点火系统的电路与基本原理和传统点火系统大致相同，所不同的是电子点火系统将传统点火系统的_____改成了可以起到相同开关作用的_____。
3. 微机控制点火系统是如今广泛采用的一种点火系统，主要由与点火有关的各种传感器、_____、_____、_____、_____和火花塞等。
4. _____将点火线圈二次绕组产生的高压电传送给火花塞。
5. 微机控制点火系统按是否保留分电器可分为_____和无分电器微机控制点火系统。
6. 无分电器微机控制点火系统按点火方式可分为独立点火方式和_____两种方式。
7. 同时点火方式，按配电方式又分为点火线圈分配式和_____两种方式。

二、简答题

1. 点火系统的作用是什么？

2. 点火线圈的组成及作用是什么？

3. 独立点火方式的工作原理是什么？

任务四　电子控制点火提前角的故障诊断与检修

学习目标

1. 能准确讲述影响点火提前角的因素。
2. 能准确讲述控制点火提前角的基本方法。
3. 能准确讲述通电时间的控制方法。

4. 能准确规范地完成爆燃传感器的诊断与检修。

任务描述

一辆 2010 款 1.6L 自动档卡罗拉轿车，发动机指示灯点亮，对故障车进行检测，发现爆燃传感器故障，经维修处理后，车辆运行正常。

知识储备

要保证正确的点火正时，必须对点火提前角（点火正时）进行控制；为了获得强烈的火花，必须对通电时间（闭合角）进行控制；此外，为了避免发生爆燃，还要进行防爆燃控制。所以，点火系统必须进行下列三方面的控制：点火提前角（点火正时）控制、通电时间（闭合角）控制和爆燃控制。

一、点火提前角控制

汽油机点火系统电子控制的核心问题是点火提前角电子控制（ESA）。点火提前角对发动机动力性、经济性和排放有十分重要的影响，是继燃油喷射量控制之后的第二个必不可少的控制参数，应根据发动机负荷和转速加以优化。

1. 点火提前角对发动机性能的影响

点火提前角是从火花塞发出电火花，到该缸活塞运行至压缩上止点时曲轴转过的角度，如图 5-68 所示。

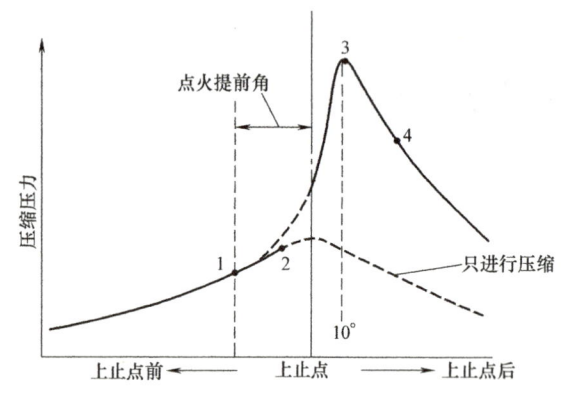

图 5-68　点火提前角
1—点火　2—开始燃烧（火焰开始传播）　3—最大燃烧压力　4—燃烧结束

对应于发动机每一工况都存在一个"最佳"点火提前角，对于现代汽车而言，最佳的点火提前角不仅保证发动机的动力性和燃油经济性都达到最佳值，还必须保证排放污染最小。

点火提前角过大（点火过早），则大部分混合气在压缩过程中燃烧，活塞所消耗的压缩功增加，且缸内最高压力升高，末端混合气自燃所需的时间缩短，爆燃倾向增大。

点火提前角过小（点火过迟），则燃烧延长至膨胀过程，燃烧最高压力和温度下降，传热损失增多，排气温度升高，功率、热效率降低，但爆燃倾向减小，NO_x 排放量降低。试验证明，最佳的点火提前角，应使发动机气缸内的最高压力出现在上止点后 10°~15°。适当的点火提前角，可使发动机每循环所做的机械功最多（曲线 3 下阴影部分），如图 5-69 所示。

2. 影响点火提前角的因素

不同发动机有不同的最佳点火提前角，而且同一发动机在不同工况和不同使用条件下的最佳点火提前角也不相同。影响最佳点火提前角的因素主要有发动机转速、发动机负荷、燃油辛烷值及其他因素。

（1）发动机转速 点火提前角应随发动机转速升高而增大，因为随发动机转速的提高，以秒计的燃烧过程所需时间缩短，但燃烧过程所占的曲轴转角增大，为保证发动机气缸内的最高压力出现在上止点后 10°～15°的最佳位置，就必须适当提前点火（即增大点火提前角），如图 5-70 所示。与采用机械式离心提前器的传统点火系统相比，采用 ESA 点火系统，可以使发动机的实际点火提前角接近于理想的点火提前角。

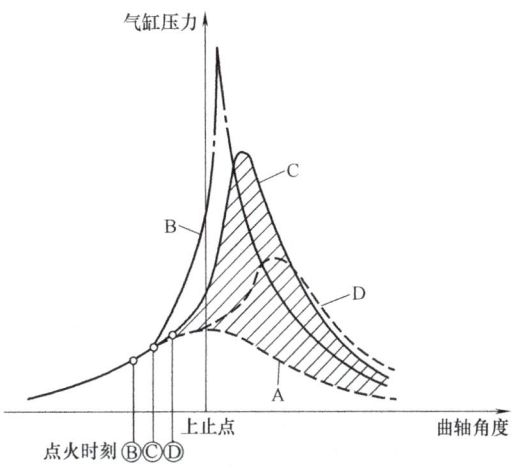

图 5-69 点火提前角对发动机性能的影响
A—不点火 B—点火过早 C—点火适当 D—点火过迟

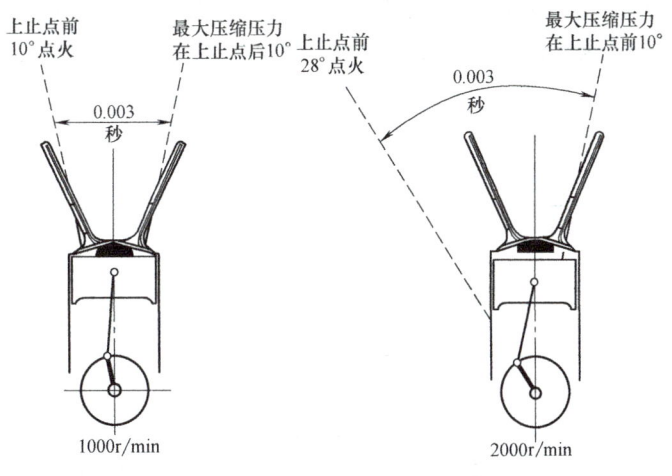

图 5-70 转速变化时点火提前角的变化趋势

（2）发动机负荷 点火提前角随着发动机负荷的增大而减小，汽油发动机的负荷调节是通过节气门进行的量调节，随着负荷的减小，进气管真空度增大，进气量减少，气缸内的温度和压力均降低，燃烧速度变慢，燃烧过程所占的曲轴转角增大，应适当增大点火提前角。与采用真空提前器的传统点火系统相比，采用 ESA 点火系统时，可以使发动机的实际点火提前角接近于理想的点火提前角。

（3）燃油辛烷值 汽油的辛烷值越高，抗爆性越好，点火提前角可适当增大；辛烷值越低，点火提前角则应相应减小，否则容易产生爆燃。有的发动机在发动机控制模块中存储了两张点火正时图，在实际使用中，可根据使用的燃料不同进行选择，在出厂时一般开关设定在无铅优质汽油的位置。

（4）其他因素　除以上因素外，最佳点火提前角还与发动机燃烧室结构、燃烧室内温度、空燃比、大气压力和冷却液温度等因素有关。空燃比增大，缸内燃烧温度下降、大气压力下降及冷却液温度降低时，点火提前角应增大。在传统点火系统中，当上述因素变化时，系统无法对点火提前角进行调整，而微机控制点火系统能综合地考虑发动机工况的变化和运行条件，选择最佳的点火提前角，不仅能保证发动机的动力性和燃油经济性都达到最佳值，还能使排放污染最小。

3. 控制点火提前角的基本方法

点火提前角控制可分为起动时点火提前角控制和起动后点火提前角控制。

（1）起动时点火提前角控制　发动机起动时，按ECU内存储的初始点火提前角（设定值）对点火提前角进行控制。起动时点火提前角的设定值随发动机而异，对一定的发动机而言，起动时的点火提起角是固定的，一般为10°。在发动机起动过程中，发动机转速变化大，且由于转速较低（一般低于500r/min），进气管绝对压力传感器信号或空气流量传感器信号不稳定，ECU无法正确计算点火提前角，一般将点火时刻固定在设定的初始点火提前角。此时的控制信号为发动机转速信号（NE）和起动开关信号（STA）

（2）起动后点火提前角控制　发动机起动后，电控点火系统对点火正时实行最佳点火提前角控制。最佳点火提前角的基本控制过程是：首先，ECU根据发动机转速和负荷（空气流量、进气压力或节气门信号）确定基本点火提前角；然后，根据有关传感器的信号，确定修正点火提前角；这两项点火提前角的代数和，再加上作为计算基准的初始点火提前角，得到实际的最佳点火提前角，如图5-71所示，实际最佳点火提前角可用下式表达。

实际最佳点火提前角＝初始点火提前角＋基本点火提前角＋修正点火提前角

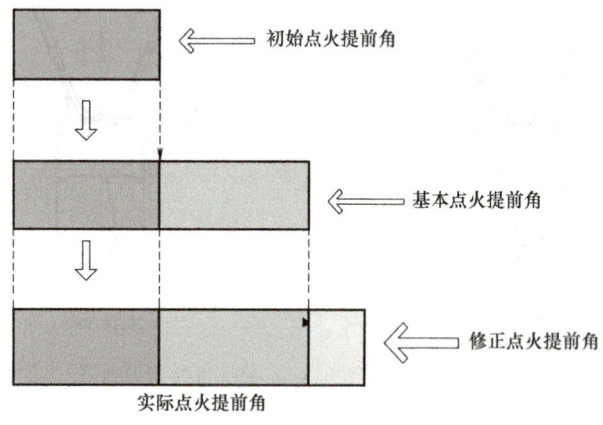

图5-71　点火提前角的计算

1）初始点火提前角。当发动机转速小于或等于某一转速（如500r/min）时，发动机ECU认为发动机正在起动。这时，由于转速低，进入发动机的空气量或进气歧管压力不稳定，点火提前角应采取定值控制法。该角度为一固定值，是发动机出厂时便有的点火提前量，任何工况都保持恒定，其值大约为10°。

2）基本点火提前角。发动机设计的最佳基本点火提前角的数据存储在发动机控制模块的存储器中，发动机运行时，发动机控制模块根据各种传感器的输入信号，在存储器中查找到这一工况条件下运转时相应的基本点火提前角。基本点火提前角根据发动机运行工况可分为怠速工况基本点火提前角和非怠速工况基本点火提前角。

① 怠速工况基本点火提前角控制。发动机处于怠速工况时，ECU 根据节气门位置传感器信号确认发动机处于怠速运行工况，然后根据发动机转速信号、空调开关信号，从预先设定的怠速工况基本点火提前角数据表中选出相应的点火提前角，如图 5-72 所示。

② 非怠速工况点火提前角控制。发动机处于非怠速工况运行时，ECU 根据发动机转速信号、负荷（空气流量、进气压力或节气门开度）信号，从预先设定的非怠速工况基本点火提前角数据表（也称点火提前角脉谱图 MAP）选出相应的基本点火提前角，如图 5-73 所示。

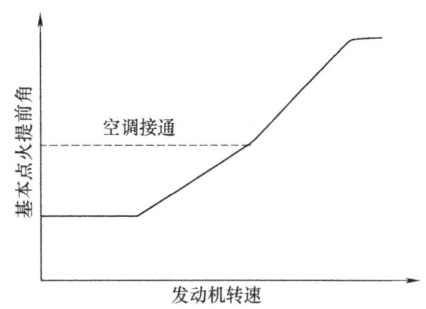

图 5-72　怠速工况的基本点火提前角控制

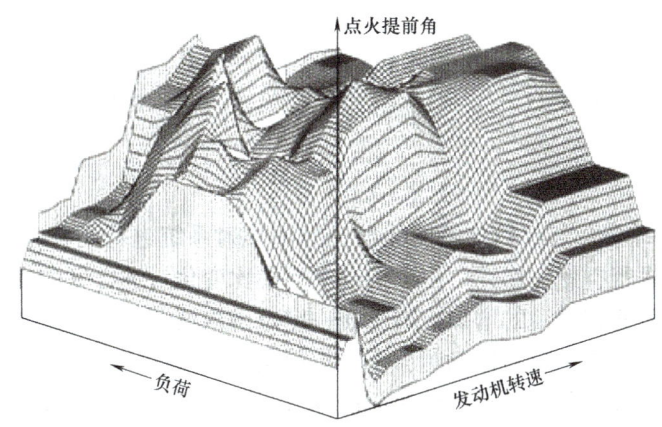

图 5-73　非怠速工况的基本点火提前角控制

基本点火提前角是发动机转速和负荷的函数，呈现十分复杂的变化关系，虽然要遵循"转速越高，点火越早"的趋势，但在有时高负荷区反而要回落，通常通过试验的方法来建立此模型，基本点火提前角以 MAP 的形式存于电控单元（ECU）的存储器中。发动机工作时，电控单元根据转速和进气压力等信息，从预先存储在存储器中的数据表中查出相应工况的基本点火提前角。

3）修正点火提前角。修正点火提前角是指发动机工作条件变化时对点火提前角进行修正的量。除了转速和负荷这两个主要因素外，其他对点火提前角有影响的因素均归入到修正点火提前角中。在发动机运转过程中，ECU 根据有关传感器的输入信号，分别求出对应的修正值，它们的代数和就是总的修正点火提前角。在大多数电控点火系统中，总的修正点火提前角包括暖机工况修正、发动机过热修正、空燃比反馈修正、发动机怠速稳定性修正、最大和最小提前角控制、其他修正等。

① 暖机工况修正。暖机修正是指发动机冷车起动后，当节气门位置传感器怠速触点闭合时，随发动机冷却液温度变化，对点火提前角进行的修正。发动机冷车起动后，冷却液温度较低时，混合气燃烧速度较慢，应增大点火提前角。在暖机过程中，随冷却液温度的升

高，点火提前角修正值逐渐减小，暖机修正曲线如图 5-74 所示。暖机修正值大小与冷却液温度的对应关系随发动机不同而改变，但变化规律基本相同，暖机工况修正的主要控制信号有冷却液温度信号、节气门位置信号和空气流量信号等。

② 发动机过热修正。当发动机处于急速工况时（急速触电闭合），若冷却液温度过高，为了避免发动机长时间过热，应将点火提前角增大。当发动攻击处于非急速工况时（急速触电断开），若冷却液温度过高，为了避免产生爆燃，应将点火提前角减小。发动机过热修正曲线如图 5-75 所示，发动机过热修正的主要控制信号有节气门位置信号和冷却液温度信号等。

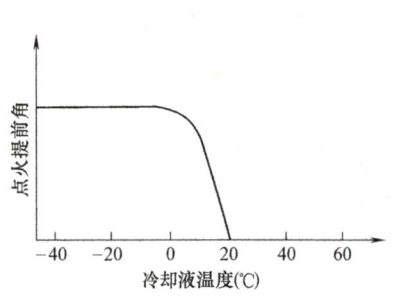 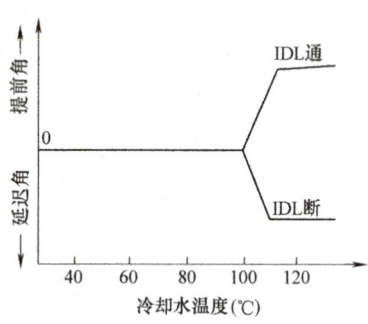

图 5-74　暖机修正曲线　　　　　图 5-75　发动机过热修正曲线

③ 空燃比反馈修正。装有氧传感器的电控燃油喷射系统进行闭环控制时，ECU 根据氧传感器的反馈信号进行空燃比修正。由于混合气空燃比变化对混合气的燃烧速度有影响，因此发动机转速将随着修正燃油的增加或减少在一定范围内波动。为了提高转速的稳定性，电控燃油喷射系统进行空燃比反馈控制时，点火提前角需要根据喷油量的变化进行修正。当喷油量减少时，混合气会变稀，发动机转速相应降低，为了提高急速的稳定性，点火提前角应适当地增加；反之，点火提前角应适当地减小，如图 5-76 所示。空燃比反馈修正的主要控制信号有节气门位置信号、冷却液温度信号和氧传感器的空燃比反馈信号等。

④ 发动机急速稳定性修正。发动机在急速工况运行时，由于负荷变化使发动机转速发生变化，为使发动机在规定的急速转速下稳定运转，需要对点火提前角进行修正。发动机处于急速工况时，ECU 不断地计算发动机的平均转速，当发动机的转速低于规定的急速转速时，ECU 根据实际转速与目标转速差值的大小相应地增大点火提前角；当发动机转速高于目标转速时，则减小点火提前角，如图 5-77 所示。发动机急速稳定性修正的主要控制信号有发动机转速信号、空调开关信号和节气门位置信号等。

⑤ 最大和最小提前角控制。在发动机运转期间，如果发动机的实际点火提前角（初始点火提前角 + 基本点火提前角 + 修正点火提前角）超出一定范围时，发动机将不能正常运转。在初始点火提前角已经设定后，实际点火提前角就只由基本点火提前角与修正点火提前角确定，该值应保证在某一范围内，其范围一般为：

最大提前角：35°～45°曲轴转角

最小提前角：-10°～0 曲轴转角

⑥ 其他修正。为了使点火正时能精确地进行调整，发动机的点火提前角还有过渡期修正、巡航控制修正、牵引控制修正和谐波进气控制系统修正。

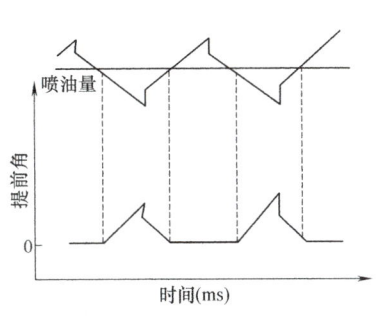

图 5-76 空燃比反馈修正

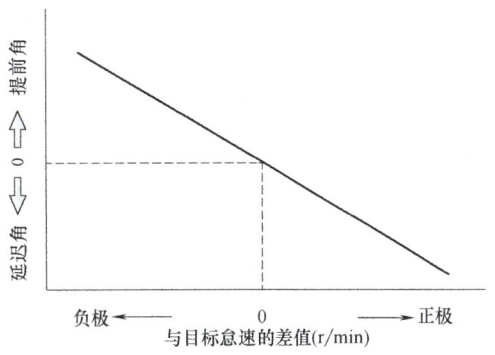

图 5-77 怠速稳定性修正

二、通电时间（闭合角）控制

1. 通电时间的概念

通电时间指点火线圈一次绕组与点火功率输出级形成通路这一段时间内转过的曲轴转角，也被称为闭合角。对于电感储能式电控点火系统，为了使火花塞能够提供尽可能大的点火能量，必须保证点火线圈的一次电路有足够的通电时间，即应使闭合角足够大，以使它对应的时间超过点火线圈充磁所需的时间，也就是让一次电流在点火之前达到限定的最大值。在发动机转速下降和蓄电池电压较高时，在相同的通电时间里一次电流所达到的值将会减小，因此，还必须根据蓄电池电压对通电时间进行修正。

2. 通电时间的控制方法

由于闭合角是以曲轴转角来度量的，对于不同的转速，单位曲轴转角所代表的绝对时间各不相同。另外，当蓄电池电压发生变化时，一次绕组达到饱和电流所需的绝对时间也将发生变化。为了达到闭合角控制的主要目标，通过试验把不同的蓄电池电压和不同转速下使一次绕组流过电流达到饱和所需要的闭合角编制成闭合角数据表（也成闭合角脉谱图）储存在 ECU 中，如图 5-78 所示。发动机工作时，ECU 根据输入蓄电池电压信号和发动机转速信号，从闭合角数据表中选出相应的闭合角，对一次绕组通电时间进行控制。

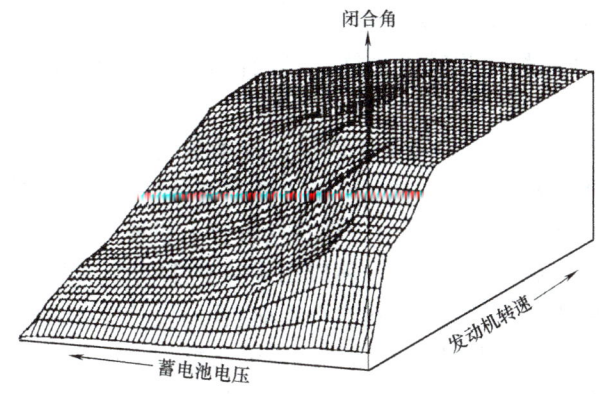

图 5-78 闭合角与发动机转速和蓄电池电压的关系

现代电控点火系统中，用灵敏可靠的传感器（凸轮轴/曲轴位置传感器）和晶体管开关取代了传统点火系统中断电器和分电器中的凸轮。在对于无分电器点火系统，点火线圈一次电路的通电时间由 ECU 控制，通电时间（闭合角）控制模型储存在 ECU 中。发动机工作时，ECU 根据发动机转速信号（NE 信号）和蓄电池电压信号确定最佳的通电时间（闭合角），并向点火器输出指令信号（IGT 信号），以控制点火器中晶体管的导通时间。随发动机转速提高和蓄电池电压下降，通电时间（闭合角）增大。

3. 点火线圈的恒流控制

在电控点火系统中，为了减小转速对二次电压的影响，提高点火能量，采用了一次绕组电阻很小的高能点火线圈，其一次电流最高可达 30A 以上。为了防止一次电流过大烧坏点火线圈，在部分电控点火系统的点火控制电路中增加了恒流控制电路，保证在任何转速下一次电流均为规定值（7A），既改善了点火性能，又能防止一次电流过大而烧坏点火线圈。恒流控制的基本方法是：在点火器功率晶体管的输出回路中增设一个电流检测电阻，用电流在该电阻上形成的电压降反馈控制晶体管的基极电流，只要这种反馈为负反馈，就可使晶体管的集电极电流稳定，从而实现恒流控制。

三、爆燃控制

爆燃是发动机不正常燃烧引起的故障现象，如果发动机发生持续的严重爆燃，火花塞电极或活塞就可能因过热而发生熔损，导致发动机损坏，因此在发动机运转过程中不允许发生持续的爆燃。另一方面，为了最大限度地发挥发动机的潜能，应使实际最佳点火提前角尽可能接近理想最佳点火提前角，而理想最佳点火提前角实际是发动机可能发生爆燃的临界点。为了使发动机既具有最佳的点火提前角，又不发生爆燃，除了必须采用微机控制点火系统外，还必须对实际最佳点火提前角实行反馈控制，根据发动机是否爆燃，对实际最佳点火提前角进行实时反馈修正。为此，需要对发动机是否发生爆燃进行检测，ECU 根据检测结果做出相应的控制响应。

1. 爆燃产生的原因

（1）点火提前角过大　点火提前角过大是发动机发生爆燃最主要的原因。为了使活塞在压缩上止点结束后，一进入做功行程就能立即获得动力，通常都会在活塞达到上止点前提前点火（因为从点火到完全燃烧需要一段时间）。而过早点火，会使活塞还在压缩行程时，大部分燃油混合气已经燃烧，此时未燃烧的燃油混合气会承受极大的压力而自燃，造成爆燃。

（2）发动机过度积炭　汽车使用久了以后，发动机气缸内就可能产生积炭，尤其是常常在堵车严重的城市里行驶的汽车，由于汽油不能够充分燃烧，其中的碳分子和氧分子不能全部转化为 CO_2 和 CO，而是产生了碳分子粘在气缸壁上形成了积炭。炭是易燃的物质，在气缸高温高压的环境中，更是容易燃烧，所以积炭的生成增加了爆燃的可能性。当发动机处于压缩行程的时候，刚刚参与过燃烧的积炭会提前点燃混合气，从而导致爆燃。

（3）燃油辛烷值过低　辛烷值是燃油抗爆燃的指标，辛烷值越高，抗爆燃性越强。压缩比高的发动机，燃烧室的压力较高，若是使用抗爆燃性低的燃油，则容易发生爆燃。

（4）空燃比不正确　过于稀的燃料空气混合比，会使得燃烧温度提升，造成发动机温度提升，当然容易爆燃。

(5) **发动机温度过高** 发动机在太热的环境中,会使进气温度过高,或使发动机冷却液循环不良,都会造成发动机高温而爆燃。

2. 爆燃的控制方法

爆燃控制是通过改变点火提前角来实现的。当通过爆燃传感器（KS）监测到有爆燃发生时,爆燃传感器向 ECU 输入爆燃信号时,电控点火系统采用闭环控制模式,ECU 逐步减小点火提前角,直至爆燃完全消失。当爆燃完全消失后并在若干个循环里不再出现,ECU 会逐渐将点火提前角增大。在最理想的情况下爆燃不出现,ECU 会将点火提前角恢复到爆燃前的水平,直到爆燃再次发生,然后又重复上述过程,如图 5-79 所示。因此,对爆燃的控制实际上是对点火提前角延迟和提前的控制。

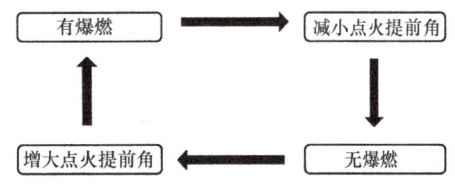

图 5-79 爆燃时点火提前角反馈控制

发动机负荷很小时,发生爆燃的可能性为零,所以电控点火系统在此负荷范围内采用开环控制模式。而当发动机的负荷超过一定值时,电控点火系统自动转入闭环控制模式。发动机工作时,ECU 根据节气门位置传感器信号判断发动机负荷大小,从而决定点火系统采用闭环控制或开环控制

（1）**爆燃的检测方法** 发动机爆燃的检测方法有气缸压力检测法、燃烧噪声检测法和发动机机体振动检测法等。其中,发动机机体振动检测法是一种非接触式检测方法,检测机体壁面振动的传感器（爆燃传感器）安装在机体上,通过检测机体壁面振动间接获得发动机是否发生爆燃的信息。机体振动检测法具有较高的检测精度,传感器安装方便灵活,耐久性也较好,是目前广泛采用的爆燃检测方法。

（2）**爆燃传感器** 爆燃传感器通常安装在发动机缸体侧面且靠近燃烧室的爆燃传感器装配凸台上,以四缸机为例安装在 2 缸和 3 缸之间,其作用是将发动机机体的振动转换成电压信号输送到 ECU,ECU 根据输入电压信号进行爆燃判断,以控制点火提前角,抑制爆燃的产生,如图 5-80 所示。

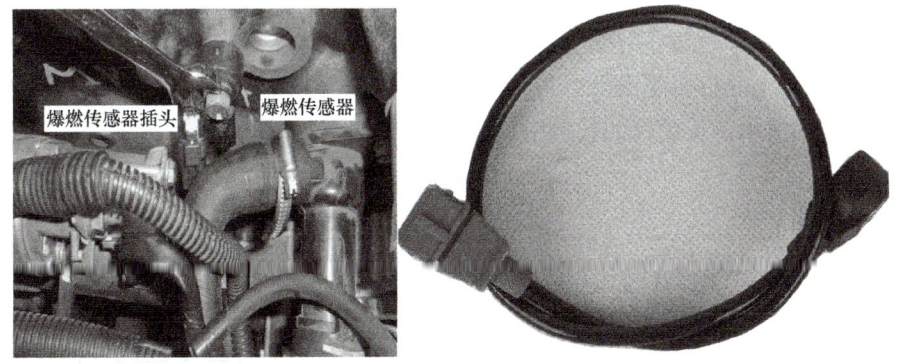

图 5-80 爆燃传感器

爆燃传感器按结构不同分为磁致伸缩式和压电式,按检测方法不同可分为共振检测方法和非共振检测方法。目前应用比较广泛的是共振型压电式爆燃传感器和非共振型压电式爆燃传感器。

1)共振型压电式爆燃传感器。共振型爆燃传感器的共同特点是测振元件的自振频率与被检发动机爆燃时的振动频率相同。当发动机爆燃时,传感器测振元件将发生共振,产生较高的电压输出信号。

共振型压电式爆燃传感器是利用压电元件在外力作用下产生变形时将产生与变形大小相对应的电信号这一原理制成的。

在共振型压电式爆燃传感器中,使压电元件产生变形的外力来自测振元件的变交振荡,该传感器的基本结构如图 5-81 所示。传感器的检测组件主要由压电元件、振荡片(振子)和基座等构成。压电元件紧密贴合在振荡片上,振荡片则固定在传感器的基座上。发动机工作时,振荡片随机体壁面振动激励而产生振荡,振荡片的振荡使与它紧密贴合的压电元件变形,并输出交变的电压信号,输出电压的高低与振荡片的振幅,即压电元件的变形成正比。

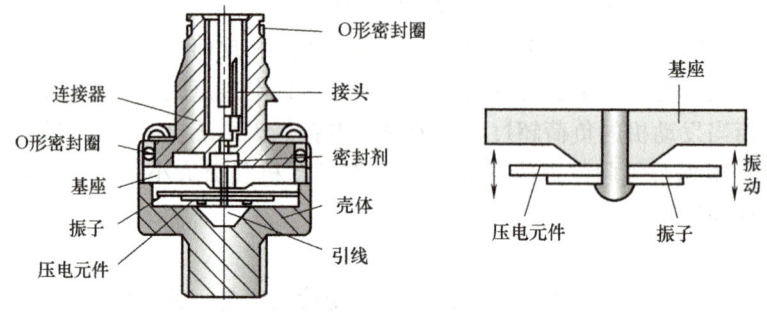

图 5-81 共振型压电式爆燃传感器

当发动机发生爆燃时,由于振荡片的自振频率与爆燃时机体壁面的振动频率相同,振荡片在机体壁面振动激励下发生共振。在共振时,振荡片的振幅达到最大,使与它紧密贴合的压电元件产生最大的输出电压,如图 5-82 所示。共振型爆燃传感器在共振区(即爆燃时)的输出电压比非共振区的输出电压高得多,因此不需要借助滤波器,ECU 根据传感器的输出电压就能对发动机是否发生爆燃作出准确判断。

2)非共振型压电式爆燃传感器。非共振型压电式爆燃传感器是利用压电元件受外力作用时,压电元件将产生与所受外力大小相对应的电信号这一原理制成的。在非共振型压电式爆燃传感器中,压电元件所受的外力来自测振元件交变振动中产生的惯性力,该传感器的基本结构如图 5-83 所示。传感器的检测组件主要由压电元件和配重块等构成。

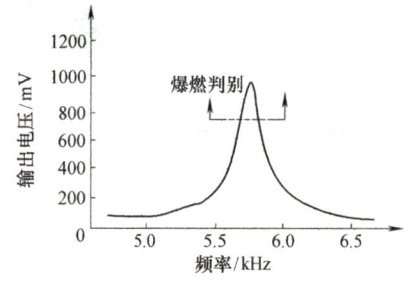

图 5-82 共振型压电式爆燃
传感器的输出特性

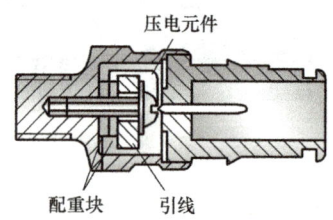

图 5-83 非共振型压电式
爆燃传感器的基本结构

发动机工作时，机体壁面的振动传递到传感器上，传感器内的配重块在机体振动的激励下产生振动。由于配重块振动时加速度的变化规律与机体壁面振动的规律相对应，也即配重块作用在压电元件上的惯性力的变化规律与机体壁面振动的规律相对应，因此，压电元件输出电信号的变化规律与机体壁面振动的规律相对应。由于非共振型压电式爆燃传感器仅是把机体壁面的机械振动转化为相应的输出电压的变化，因此，即使在爆燃区域或该区域附近，传感器也不会产生很大的输出信号，但在工作频带宽度范围内传感器具有较平的输出特性。为了能够根据该传感器输出的电压信号对发动机是否发生爆燃作出判断，必须对传感器的输入进行滤波处理，以提高对爆燃信号识别的准确性。

非共振型压电式爆燃传感器工作频带宽度可以从零到数千赫兹，因此可检测具有较宽振动频率的发动机振动。当用于发动机爆燃检测时，只需要根据具体发动机爆燃时的振动频率调整滤波器的过滤频率，即能满足不同类型发动机的使用要求。通用性强、制造时不需调整、结构简单是非共振型压电式爆燃传感器最突出的特点。

任务实施

任务解析　卡罗拉轿车爆燃传感器电路图解读

以一汽丰田 2010 款卡罗拉发动机采用的爆燃传感器的检测为例，加以说明，图 5-84 为爆燃传感器系统电路图。

使用平面型爆燃控制传感器（非谐振型）可以检测较宽频带内的振动，频率范围约为 6～15kHz。爆燃控制传感器安装在发动机缸体上，用于检测发动机爆燃。爆燃控制传感器内装有压电元件，在变形时产生电压。发动机缸体因爆燃而振动时，就会产生电压。发动机爆燃的发生都可以通过延迟点火正时加以抑止。

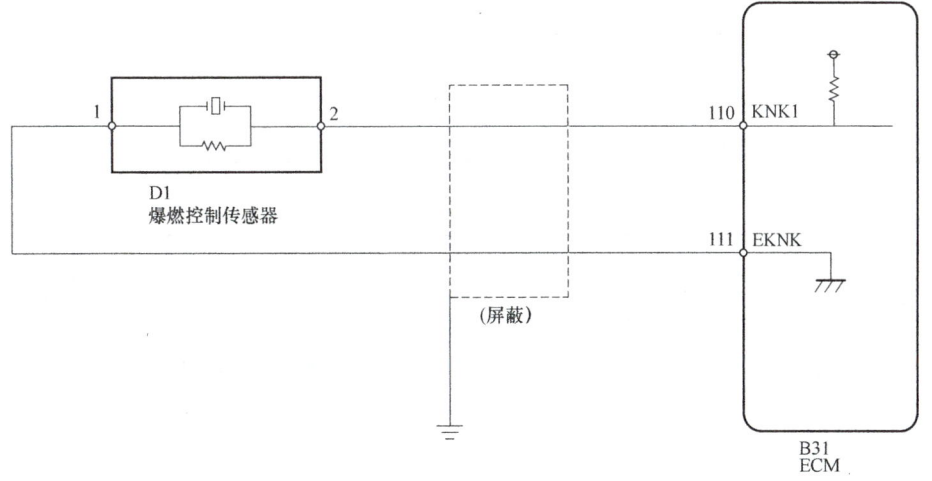

图 5-84　爆燃传感器系统电路图

1 号线—低电平参考电路　2 号线—5V 信号电路

卡罗拉轿车爆燃传感器维修过程：

1) 读取静态故障码、冻结帧和数据流。
2) 检查爆燃传感器的安装状态。
3) 确认故障症状。起动发动机前，确认车辆周围环境是否安全。起动发动机时，观察起动状况，确认故障症状并记录症状现象。
4) 动态下再次读取故障码、冻结帧和数据流。
5) 检查 ECM（KNK1 电压），关闭点火开关，断开爆燃传感器插接器，将点火开关置于 ON 位置，根据表5-7测量电压，线束插接器前视图（至爆燃传感器）如图5-85所示，测量结果异常，转至步骤六。

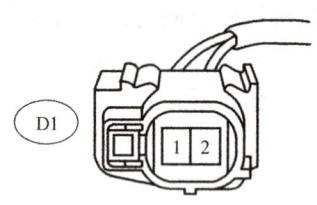

图5-85　线束插接器前视图（至爆燃传感器）

表5-7　标准电压

检测仪连接	开 关 状 态	规 定 状 态
D1-2—D1-1	点火开关置于 ON 位置	4.5～5.5V

6) 检查线束和插接器（ECM—爆燃控制传感器），断开蓄电池负极接线柱，断开 ECM 插接器，根据表5-8、表5-9测量电阻。线束插接器前视图（至 ECM）如图5-86所示。测量结果异常，维修或更换线束或插接器。

表5-8　标准电阻（断路检查）

检测仪连接	条　件	规 定 状 态
D1-2—B31-110（KNK1）	始终	小于1Ω
D1-1—B31-111（EKNK）	始终	小于1Ω

表5-9　标准电阻（短路检查）

检测仪连接	条　件	规 定 状 态
D1-2 或 B31-110（KNK1）—车身搭铁	始终	10kΩ 或更大

7) 部件测试：拆下爆燃传感器，根据表5-10测量电阻，没有线束连接的零部件（爆燃传感器）如图5-87所示，测量结果异常，更换爆燃传感器。
8) 以上测量都正常，更换 ECM。
9) 修复后再次检查故障码和数据流。

表5-10　标准电阻

检测仪连接	开 关 状 态	规 定 状 态
1-2	20℃	120～280kΩ

项目五　电控点火系统的故障诊断与检修

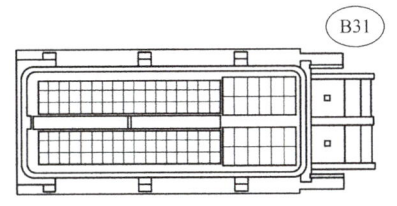

图 5-86　线束插接器前视图（至 ECM）

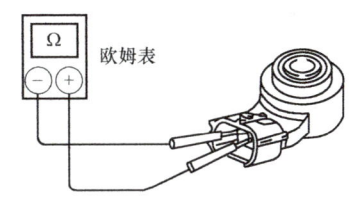

图 5-87　没有线束连接的零部件（爆燃传感器）

任务评价

表 5-11　任务评价表

任务名称	爆燃传感器的故障诊断与检修		姓名		日期	
序　号	评价内容		要　求	分值	自评	互评
1	讲述影响点火提前角的因素		表达清楚准确	20		
2	讲述控制点火提前角的基本方法		表达清楚准确	20		
3	讲述通电时间的控制方法		表达清楚准确	20		
4	完成爆燃传感器的诊断与检修		思路清晰，操作规范	20		
5	操作过程 5S 管理		工具摆放，场地整理按 5S 要求	20		
6	总分					
教师评语						

课后测评

一、填空题

1. 点火系统必须进行的三方面控制为_____、_____、爆燃控制。
2. 汽油机点火系统电子控制的核心问题是_____。
3. 影响最佳点火提前角的因素主要有发动机转速、_____、_____及其他因素。
4. 点火提前角控制可分为_____和起动后点火提前角控制。
5. 实际最佳点火提前角 = 初始点火提前角 + 基本点火提前角 + _____。
6. 基本点火提前角根据发动机运行工况可分为_____和非怠速工况基本点火提前角。
7. 发动机爆燃的检测方法有_____、燃烧噪声检测法、_____检测法等。
8. 爆燃传感器按结构不同分_____和压电式，按检测方法不同可分为_____检测方法和_____检测方法。目前应用比较广泛的是_____爆燃传感器和非共振型压电式爆燃传感器。

二、简答题

1. 点火提前角过大、过小的危害有哪些？

2. 通电时间的概念是什么？

3. 爆燃的控制方法有哪些？

项目六 辅助控制系统的故障诊断与检修

项目描述

一辆车由于辅助控制系统工作不良导致发动机性能故障，需对辅助控制系统各元件及控制电路进行检查，确定故障部位，并维修或更换。

任务一　燃油蒸发排放控制系统的故障诊断与检修

学习目标

1. 能准确讲述蒸发排放吹洗电磁阀的作用，并在发动机上指明部件所在位置。
2. 能准确讲述燃油蒸发排放系统的作用及类型。
3. 结合原理图能准确叙述废气再循环闭环控制系统的工作原理。
4. 能准确规范地完成蒸发排放吹洗电磁阀的诊断与检修。

任务描述

一辆 2013 款 1.6L 自动档科鲁兹轿车，发动机指示灯点亮，对故障车进行检测，发现蒸发排放吹洗电磁阀故障，经维修处理后，车辆运行正常。

知识储备

一、燃油蒸发排放系统的作用

汽车上排放的 HC 有 20% 来自于汽油蒸发，如图 6-1 所示。燃油蒸发排放系统简称为 EVAP 系统，其功能是收集燃油箱和浮子室（化油器式汽油机）内蒸发的汽油蒸气，并将汽油蒸气送入进气歧管，与正常混合气混合后进入气缸参加燃烧，从而防止汽油蒸气直接排入大气而造成污染。汽油蒸气应在发动机处于闭环控制时导入燃烧室燃烧，只有在闭环控制时才能对因额外蒸气作用导致混合气变浓的情况下调节喷油量。同时，还必须根据发动机工况，控制导入气缸内参加燃烧的汽油蒸气量。EVAP 系统不正确的操作会造成因混合气浓而出现驱动性下降、急速不稳或排放不合格等问题。

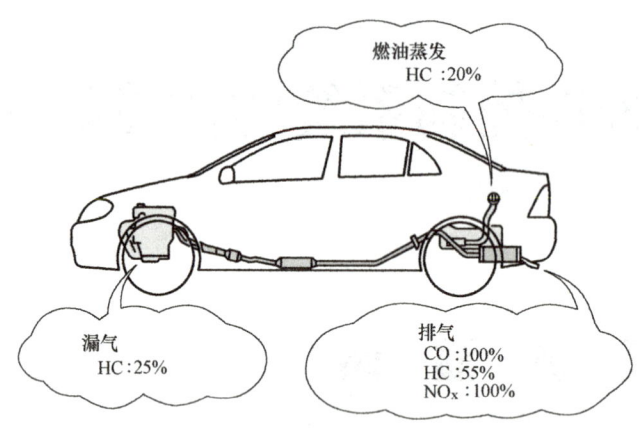

图 6-1　汽车废气来源

二、燃油蒸发排放（EVAP）系统的基本组成

燃油蒸发排放（EVAP）系统的组成和构造，随着汽车制造厂和生产年代的不同而不同。早期的燃油蒸发排放（EVAP）系统多是利用真空进行控制，而现在基本上都采用发动机控制模块进行控制。目前常见到的比较简单的燃油蒸发控制系统如图 6-2 所示，其主要由燃油箱、活性炭罐（有的吸附罐）、炭罐控制电磁阀和发动机控制模块等组成，能够提供比较精确的蒸发流量的控制。

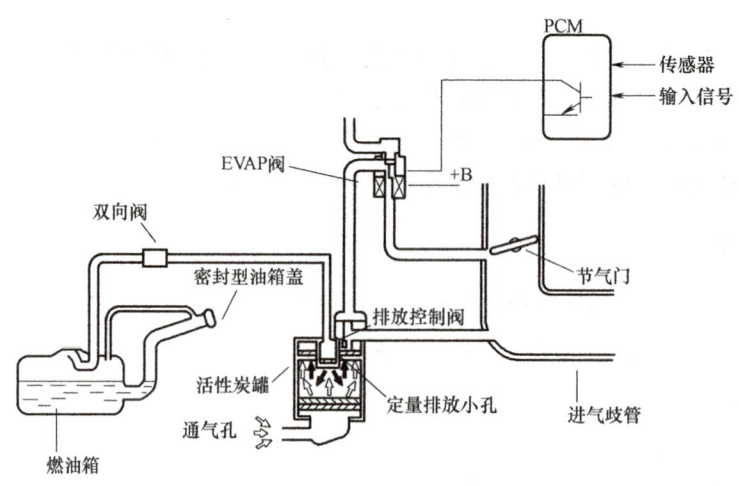

图 6-2　燃油蒸发控制系统示意图

活性炭罐是燃油蒸发系统中储存蒸气的部件，如图 6-3 所示。活性炭罐的下部与大气相通，上部有接头与燃油箱和进气歧管相连，用于收集和清除燃油蒸气。中间是活性炭颗粒，

它具有极强的吸附燃油分子的作用。燃油箱内的燃油蒸汽（HC），经燃油箱管道进入活性炭罐后，蒸气中的燃油分子被吸附在活性炭颗粒表面。活性炭罐有一个出口，经软管与发动机进气歧管相通。软管的中部设一个活性炭罐电磁阀（常闭），以控制管路的通断。当发动机运转时，如果发动机控制模块控制活性炭罐电磁阀开启，则在进气歧管真空吸力的作用下，空气从活性炭罐底部进入，经过活性炭至上方出口，再经软管进入发动机进气管，吸附在活性炭表面的燃油分子又重新脱附，随新鲜空气一起被吸入发动机气缸燃烧。这一过程一方面使燃油得到充分利用；另一方面也使活性炭罐内的活性炭保持良好的吸附燃油分子的能力，而不会因使用太久而失效。当活性炭罐电磁阀关闭时，燃油蒸气储存在活性炭罐中。

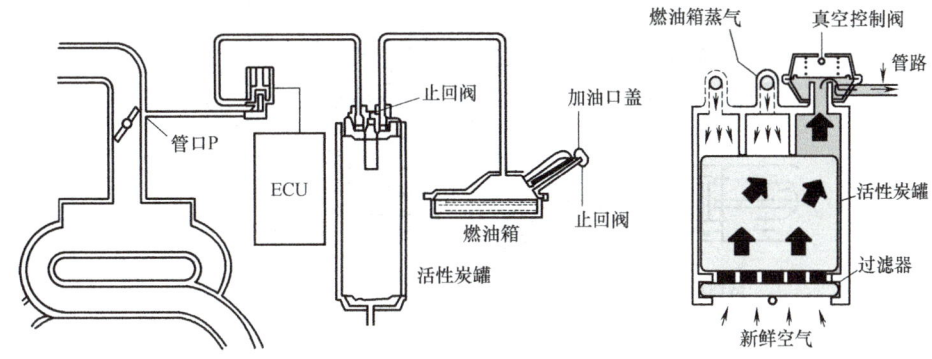

图 6-3　活性炭罐

三、燃油蒸发控制（EVAP）系统的控制

在装有 EVAP 控制系统的汽车上，燃油箱盖上只有真空阀，而不设蒸气放出阀。对 EVAP 系统的监测是 OBD Ⅱ 系统进行排放监测的重要组成部分。EVAP 控制系统有两种类型：非加强型 EVAP 系统和加强型 EVAP 系统。

（1）非加强型 EVAP 系统　该系统用在 1999 年以前设计的具有随车诊断系统的车型上，它只能监测是否净化，不能监测 EVAP 系统是否出现泄漏。典型的非加强型 EVAP 系统主要由 EVAP 排放压力控制阀、活性炭罐、EVAP 诊断开关和 EVAP 净化电磁阀，如图 6-4 所示。

EVAP 净化电磁阀是由脉宽调制控制的，当该阀开启时，活性炭罐内的燃油蒸气在外界大气压力和进气歧管压力

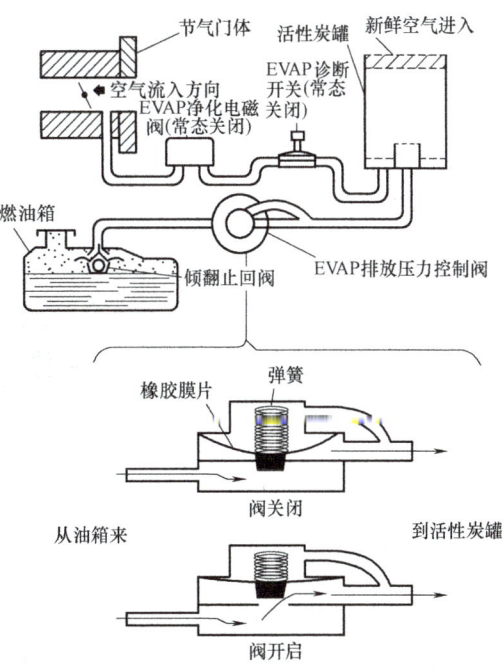

图 6-4　非加强型 EVAP 系统

差的作用下，流入进气歧管，回到燃烧室燃烧。当电控单元控制净化电磁阀关闭时（或者发动机熄火，进气歧管无真空），EVAP 压力控制阀膜片在弹簧力的作用下处于关闭状态。

（2）加强型 EVAP 系统　加强型 EVAP 系统既能监测净化量，又能监测 EVAP 系统蒸气泄漏情况。与非加强型 EVAP 系统相比，加强型 EVAP 系统增添了燃油箱蒸气压力传感器、通风电磁阀和净化电磁阀（部分配置）等，如图 6-5、图 6-6 所示。

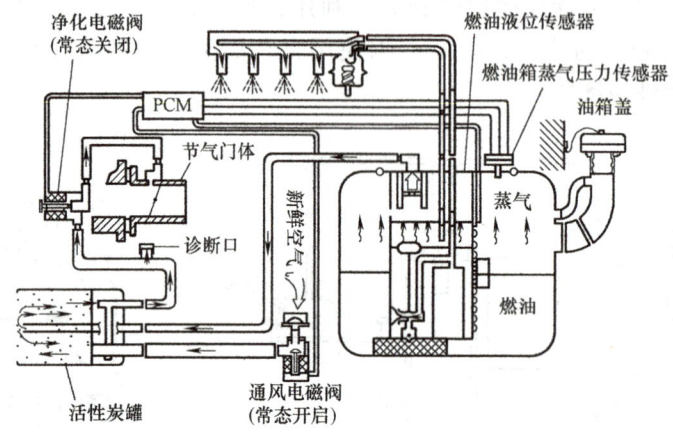

图 6-5　通用汽车上的加强型 EVAP 系统

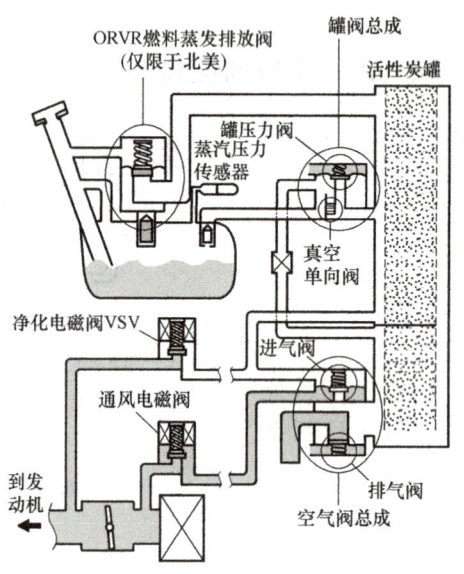

图 6-6　丰田汽车上的 EVAP 系统

蒸气压力传感器用于检测燃油箱气体压力与外界大气压力之差，采用该传感器可监测到 0.020mm 直径的孔洞造成的泄漏，正常情况下信号电压为 2.4~2.8V。净化电磁阀（VSV）安装在活性炭罐和进气歧管之间，当发动机 ECU 接收到转速、进气温度、冷却液温度、进气量和氧传感器等信号后，来控制净化电磁阀 VSV 的打开和关闭，以实施对整个系统燃油蒸气的流动进行控制。净化电磁阀 VSV 是占空比式的，能迅速开启和关闭，以便准确地控制燃油蒸气返回进气歧管的净化量。通风电磁阀安装在活性炭罐的新鲜空气进入通道中，当其关闭时可保证 EVAP 系统的密封性。旁通电磁阀安装在燃油箱和活性炭罐之间，代替了原来的三通阀，在对 EVAP 系统的监测过程中起作用。

任务实施

任务解析 1　科鲁兹轿车蒸发排放吹洗电磁阀

以雪佛兰 2013 款科鲁兹发动机采用的蒸发排放吹洗电磁阀的检测为例，加以说明，图 6-7 为其实物图。

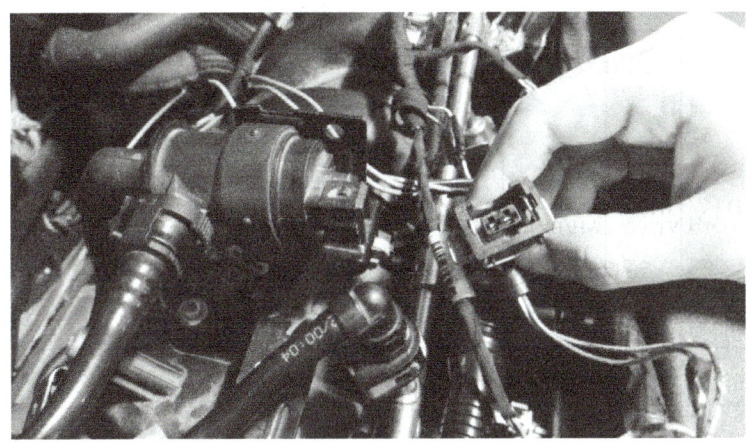

图 6-7　蒸发排放吹洗电磁阀实物图

任务解析 2　科鲁兹轿车蒸发排放吹洗电磁阀电路图解读

图 6-8 为蒸发排放吹洗电磁阀系统电路图。

蒸发排放（EVAP）吹洗电磁阀用于将燃油蒸汽从蒸发排放（EVAP）炭罐吹洗至进气歧管。蒸发排放吹洗电磁阀为脉冲宽度调制（PWM）型。点火电压直接提供至蒸发排放吹洗电磁阀。发动机控制模块（ECM）通过被称为驱动器的固态装置使控制电路搭铁，以控制电磁阀。驱动器中配备了连接到电压的一个反馈电路。发动机控制模块监测反馈电压，以确定控制电路是否断路、对地搭铁短路或对地电压短路。

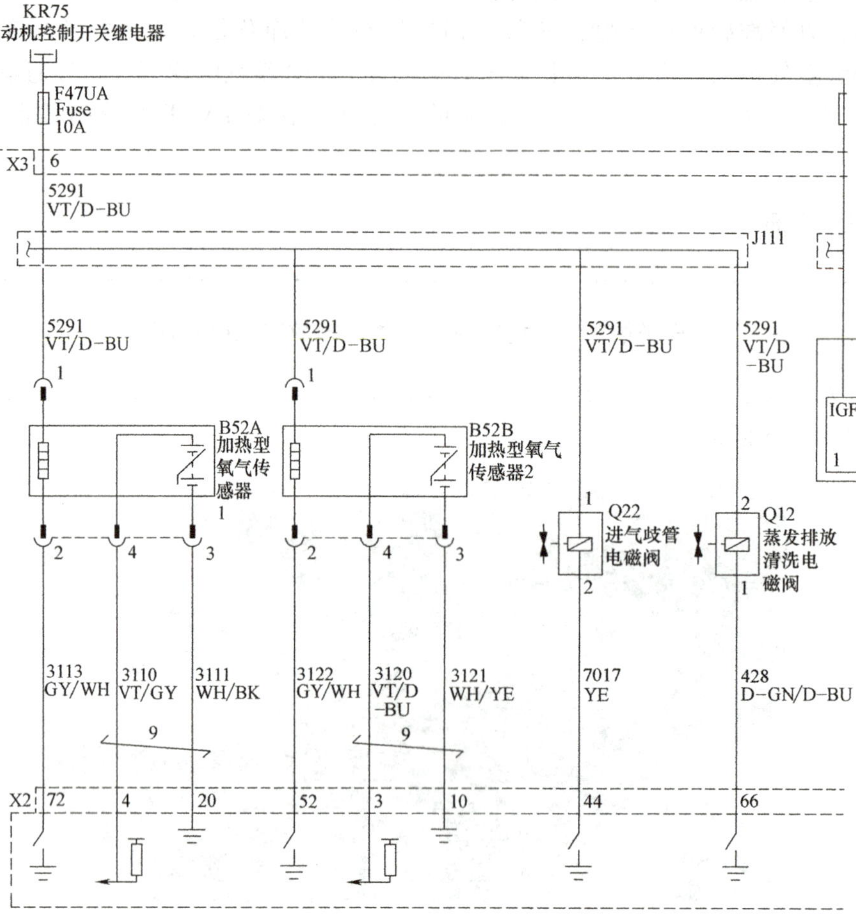

图 6-8 蒸发排放吹洗电磁阀系统电路图

1号线—低电平控制电路　2号线—点火电压电路

科鲁兹轿车蒸发排放吹洗电磁阀维修过程：

1）读取静态故障码、冻结帧和数据流。

2）检查蒸发排放吹洗电磁阀的安装状态。

3）确认故障症状。起动发动机前，确认车辆周围环境是否安全。起动发动机时，观察起动状况，确认故障症状并记录症状现象。

4）动态下再次读取故障码、冻结帧和数据流。

5）将点火开关置于"OFF（关闭）"位置，断开Q12蒸发排放吹洗电磁阀线束插接器。将点火开关置于"ON（打开）"位置，确认点火电压电路端子2和搭铁之间的测试灯点亮。

① 如果测试灯未点亮，如图6-9所示，且电路熔丝状态良好，将点火开关置于"OFF（关闭）"位置，拆下测试灯。测试点火电路端对端的电阻是否小于2Ω。如果为2Ω或更大，则修理电路中的断路/电阻过大；如果小于2Ω，如图6-10所示（图中数值为0.7Ω），则确认熔丝未熔断且熔丝处有电压。

项目六　辅助控制系统的故障诊断与检修

图 6-9　点火电压电路检查

图 6-10　线路断路检查

② 如果测试灯未点亮，且电路熔丝熔断，将点火开关置于"OFF（关闭）"位置，拆下测试灯。测试点火电路和搭铁之间的电阻是否为无穷大，如果电阻不为无穷大，则修理电路上的对搭铁短路故障。如果电阻为无穷大，如图 6-11 所示（图中数值为无穷大），则测试所有连接至点火电压电路的部件是否短路并在必要时予以更换。

图 6-11　线路短路检查

③ 如果测试灯点亮，确认在点火电路端子 2 和控制电路端子 1 之间的测试灯未点亮。

A. 如果测试灯点亮，如图 6-12 所示，将点火开关置于"OFF（关闭）"位置，拆下测试灯，断开蓄电池负极接线柱，断开 K20 发动机控制模块处的线束插接器。测试控制

227

电路和搭铁之间的电阻是否为无穷大。如果电阻不为无穷大，如图 6-13 所示（图中数值为 0.2Ω），则修理电路上的搭铁短路故障；如果电阻为无穷大，则更换 K20 发动机控制模块。

图 6-12　控制电路检查

图 6-13　线路短路检查

B. 如果测试灯未点亮，拆下测试灯。使用故障诊断仪指令蒸发排放吹洗电磁阀接通时，确认故障诊断仪上的"EVAP Purge Solenoid Valve Control Circuit High Voltage Test Status（蒸发排放吹洗电磁阀控制电路电压过高测试状态）"参数为"OK（正常）"。

a. 如果未显示"OK（正常）"，如图 6-14（图中显示没有运行），将点火开关置于"OFF（关闭）"位置，断开蓄电池负极接线柱，断开 K20 发动机控制模块的线束插接器，再将点火开关置于"ON（打开）"位置。测试控制电路和搭铁之间的电压是否低于 1V。如果是 1V 或更高，则修理电路上的对电压短路故障；如果低于 1V，则更换 K20 发动机控制模块。

b. 如果显示"OK（正常）"，在控制电路端子 1 和点火电路端子 2 之间安装一条带 3A 熔丝的跨接线，如图 6-15 所示，使用故障诊断仪指令蒸发排放吹洗电磁阀接通时，确认故障诊断仪上的"EVAP Purge Solenoid Valve Control Circuit High Voltage Test Status（蒸发排放吹洗电磁阀控制电路电压过高测试状态）"参数为"Malfunction（故障）"。

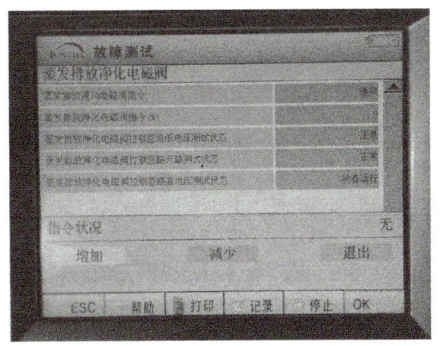

图 6-14 控制电路检查（1）

图 6-15 控制电路检查（2）

如果未显示故障，如图 6-16 所示（图中显示没有运行），将点火开关置于"OFF（关闭）"位置，拆下跨接线，断开蓄电池负极接线柱，断开 K20 发动机控制模块的线束插接器。测试控制电路端对端的电阻是否小于 2Ω。如果为 2Ω 或更大，则修理电路中的断路/电阻过大；如果小于 2Ω，如图 6-17 所示（图中数值为 0.6Ω），则更换 K20 发动机控制模块。

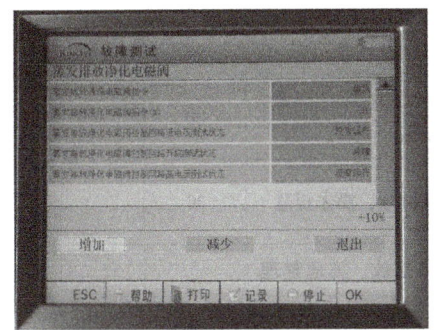

图 6-16 控制电路检查（3）

图 6-17 线路断路检查

如果显示故障，测试或更换 Q12 蒸发排放吹洗电磁阀。

部件静态测试，将点火开关置于"OFF（关闭）"位置，断开 Q12 蒸发排放吹洗电磁阀线束插接器。测试控制端子 1 和点火端子 2 之间的电阻是否为 10~30Ω。如果不在 10~30Ω 之间，更换 Q12 蒸发排放吹洗电磁阀；如果在 10~30Ω 之间，如图 6-18 所示（图中数值为 21.5Ω），全部正常。

动态测试，将点火开关置于"OFF（关闭）"位置，断开 Q12 蒸发排放吹洗电磁阀线束插接器。在点火端子 2 和 12V 电压之间安装一条带 3A 熔丝的跨接线，在控制端子 1 和搭铁之间安装一条跨接线，如图 6-19 所示。确认蒸发排放吹洗电磁阀接通 & 断开/发出咔嗒声并流出真空，如果蒸发排放吹洗电磁阀未接通 & 断开/发出咔嗒声或流出真空，更换 Q12 蒸发排放吹洗电磁阀。如果蒸发排放吹洗电磁阀接通 & 断开/发出咔嗒声并流出真空，全部正常。

6）修复后再次检查故障码和数据流。

图 6-18 Q12 蒸发排放吹洗电磁阀检查

图 6-19 在控制端子 1 和搭铁之间安装一条跨接线

任务评价

表 6-1 任务评价表

任务名称	蒸发排放吹洗电磁阀的故障诊断与检修		姓名		日期	
序 号	评 价 内 容		要 求	分值	自评	互评
1	讲述蒸发排放吹洗电磁阀的作用，并在发动机上指明部件所在位置		表达清楚准确	20		
2	讲述燃油蒸发排放系统的作用及类型		表达清楚准确	20		
3	结合原理图叙述废气再循环闭环控制系统的工作原理		原理图解析要清楚，思路清晰	20		
4	完成蒸发排放吹洗电磁阀的诊断与检修		思路清晰，操作规范	20		
5	操作过程 5S 管理		工具摆放，场地整理按 5S 要求	20		
6	总分					
教师评语						

知识拓展

一、废气再循环（EGR）控制系统的作用

废气再循环控制系统的作用是在保证发动机动力性不降低的前提下，根据发动机的温度及负荷大小将发动机排出的废气的一部分再送回进气管，与新鲜空气或新鲜混合气混合后再次进入气缸参加燃烧，从而降低燃烧温度，这是目前用于降低氮氧化合物 NO_x 排放的一种有效措施。废气再循环控制系统如图 6-20 所示。

NO_x 是在高温富氧条件下，混合气中的 N_2 和 O_2 发生化学反应的产物。一般而言，燃烧温度越高，排出的 NO_x 越多。将废气再次引入气缸，是因为废气中含有大量的二氧化碳。二氧化碳是一种惰性气体，新鲜的混合气中掺入适当比例的废气后，使得单位燃料中二氧化碳的含量明显增加，由于二氧化碳不参与燃烧，却能吸收热量，故使燃烧温度随之下降，有利于抑制 NO_x 的生成。但过度的废气再循环会影响发动机的正常运行，特别是在怠速、低转速小负荷及发动机处于冷车运行时，再循环的废气将会使发动机的性能明显降低。

二、废气再循环（EGR）控制系统的类型

1. 开环控制

EGR 开环控制系统过程如图 6-21 所示，EGR 阀安装在废气再循环通道中，用以控制废气再循环量。EGR 电磁阀安装在通向 EGR 阀的真空通道中，ECU 根据发动机冷却液温度、节气门开度、转速和起动等信号来控制电磁阀的通电或断电。ECU 不给 EGR 电磁阀通电时，控制 EGR 阀的真空通道接通，EGR 阀开启，进行废气再循环；ECU 给 EGR 电磁阀通电时，控制 EGR 阀的真空通道被切断，EGR 阀关闭，停止废气再循环。

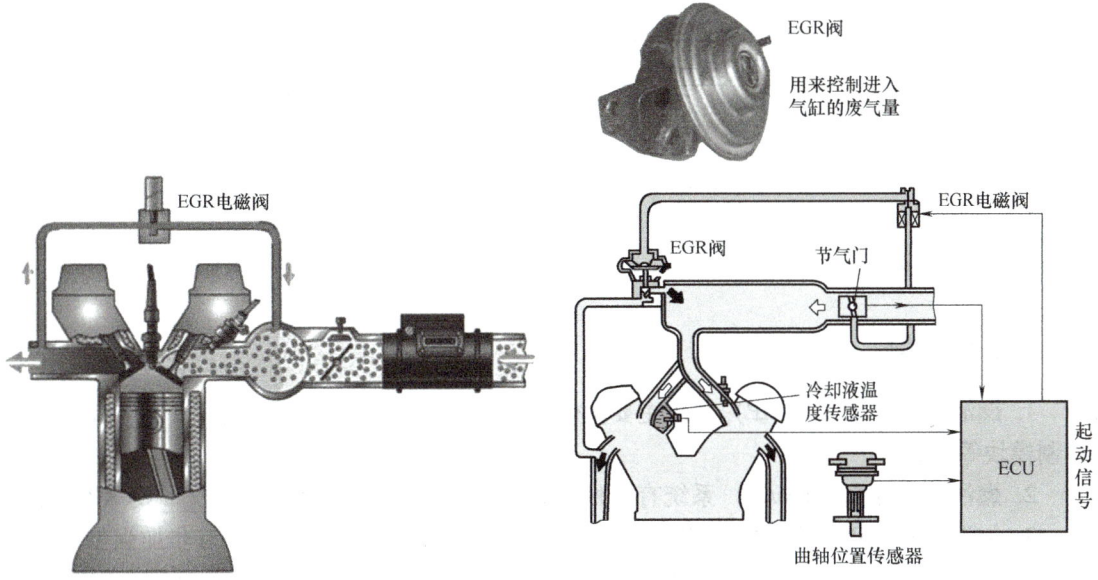

图 6-20　废气再循环控制系统　　　　图 6-21　EGR 开环控制系统过程

发动机 ECU 依据进气歧管压力传感器或空气流量传感器、节气门位置传感器、冷却液温度传感器和发动机转速、变速器、锁止离合器、P/N 开关等信号来控制 EGR 阀开度的大小。通常 EGR 在发动机怠速、暖机、小负荷、大负荷减速及高转速时不工作，废气不回送，仅在加速、中负荷到大负荷之间动作。

废气再循环量取决于 EGR 阀的开度，而 EGR 阀的开度直接由真空度控制。由于真空管口设在靠近节气门全闭位置的上方，随发动机转速和负荷（节气门开度）的增大，真空管口处的真空度增加，EGR 阀的开度增大；随发动机转速和负荷减小，EGR 阀开度也减小。

2. 闭环控制

EGR 闭环控制系统过程如图 6-22 所示，该系统在 EGR 阀上部装有一个可以检测 EGR 升程的位置传感器，用来检测 EGR 阀的开度，并利用电位计将其位移转换为相应的电压信号输送到 ECU，作为 ECU 控制废气再循环的参考信号。在这种 EGR 控制系统中，根据发动

机的转速和负荷，预先设定出阀的升程位置，通过改变 ON-OFF 电磁阀的工作状态，控制膜片室的负压。工作时，将预先设定的 EGR 阀升程位置与当前的 EGR 阀升程位置（由 ECU 阀位置传感器提供）作比较，若不相等，由 ECU 控制改变 ON-OFF 电磁阀工作状态，将 EGR 控制阀的升程调至最佳值。在全负荷及高转速范围，利用节气门开度、发动机转速等控制参数，由 ON-OFF 电磁阀把空气导入真空室，使 EGR 阀完全关闭，停止废气再循环。

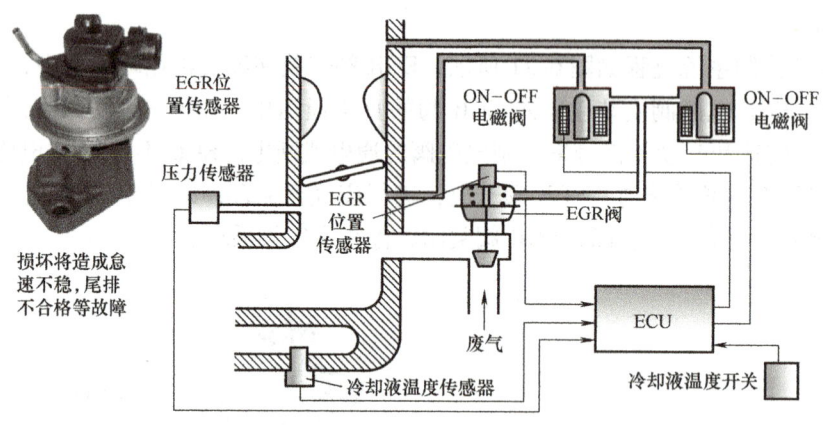

图 6-22　EGR 闭环控制系统过程

课后测评

一、填空题

1. 燃油蒸发排放（EVAP）系统主要由燃油箱、_____、_____和发动机控制模块等组成。
2. 燃油蒸发控制（EVAP）系统有两种类型：_____EVAP 系统和_____EVAP 系统。
3. 加强型 EVAP 系统既能监测_____，又能监测_____；与非加强型 EVAP 系统相比，加强型 EVAP 系统增添了_____、_____和旁通电磁阀（部分配置）。
4. 蒸气压力传感器用于检测_____与外界大气压力之差。
5. 净化电磁阀（VSV）安装在_____和_____之间。

二、简答题

1. 燃油蒸发排放系统的作用是什么？

2. 废气再循环的作用是什么？

项目六　辅助控制系统的故障诊断与检修

任务二　可变配气相位控制系统的故障诊断与检修

学习目标

1. 能准确讲述凸轮轴位置执行器电磁阀的作用，并在发动机上指明部件所在位置。
2. 能准确讲述智能可变气门正时系统和智能可变气门升程系统的组成。
3. 结合原理图能准确叙述智能可变气门升程系统的工作原理。
4. 能准确规范地完成排气凸轮轴位置执行器电磁阀的诊断与检修。

任务描述

一辆 2013 款 1.6L 自动档科鲁兹轿车，发动机指示灯点亮，对故障车进行检测，发现凸轮轴位置执行器电磁阀故障，经维修处理后，车辆运行正常。

知识储备

在轿车发动机上，经常可以看见像 VVT-i、VVTL-i、VTEC、i-VTEC 等技术标号，这些标号代表发动机采用了可变配气技术。可变配气技术，从大类上分，包括可变气门正时和可变气门升程两大类。有些发动机只匹配可变气门正时，如丰田的 VVT-i 发动机；有些发动机只匹配了可变气门升程，如本田的 VTEC；有些发动机既匹配了可变气门正时又匹配了可变气门升程，如丰田的 VVTL-i、本田的 i-VTEC。

一、可变气门正时（VVT）

一般发动机进排气门的气门正时，在任何转速与负荷时，都是在固定位置开闭的，这种固定不变的正时很难兼顾到发动机不同转速的工作需求。采用可变气门正时（VVT）技术，改善了发动机在低、中转速下的转矩输出，大大增强驾驶的操纵灵活性，发动机的转速也能够设计得更高。

可变气门正时（VVT）技术又可分为连续可变气门正时技术和非连续可变气门正时技术两大类。非连续可变气门正时是一种比较简单的可变正时技术，通常仅仅有两个相位或者三个相位可调；而连续可变气门正时技术则可在一定转角范围内，根据发动机转速不同连续线性可调。

在单可变气门正时（VVT）技术的基础上，各车厂又提出双可变气门正时（VVT）技术，分别控制发动机的进气系统和排气系统，目前丰田的卡罗拉、皇冠和锐志等车型均采用此技术。

ECU 根据发动机转速和负荷等传感器信号来控制凸轮轴调整机构的机油压力，从而改变进、排气门的开启和关闭时刻，这样的系统称为智能可变气门正时（VVT-i）系统，如图 6-23 所示。

1. 智能可变气门正时（VVT-i）系统的组成

VVT-i 系统包括可通过调整进气凸轮轴转角气门正时的 VVT-i 控制器和一个控制油压的凸轮轴正时机油控制阀。凸轮轴正时机油控制阀是控制油压的。

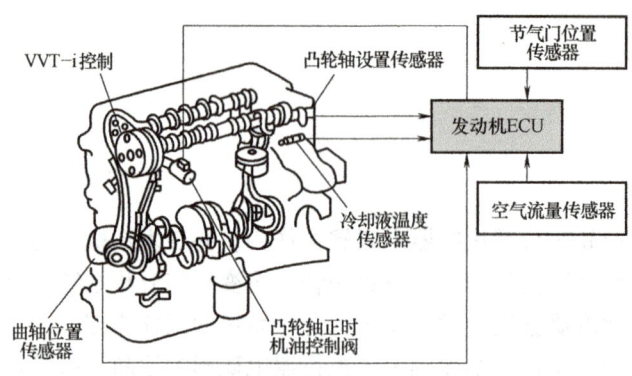

图 6-23 智能可变气门正时系统

（1）VVT-i 控制器　VVT-i 控制器由一个由定时链条驱动的外壳和固定在凸轮轴上的叶片组成。由来自进气凸轮轴提前或者延迟侧的通道传送的油压使得 VVT-i 控制器的叶片沿圆周方向旋转，从而连续不断地改变进气气门正时。当发动机停止时，进气凸轮轴被调整（移动）到最大延迟状态以维持起动性能。在发动机起动后，油压并未立即传到 VVT-i 控制器时，锁销便锁定 VVT-i 控制器的动作机械部分以防撞击产生噪声，如图 6-24 所示。

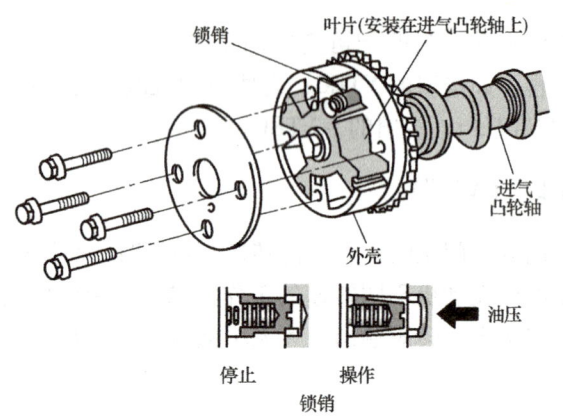

图 6-24　VVT-i 控制器

除了以上所述外，还有一种类型是活塞在外齿轮（相当于机壳）和内齿轮（直接附在凸轮轴连接）的螺旋齿条之间作轴向运动以改变齿轮轴状态。

（2）凸轮轴正时机油控制阀　凸轮轴正时机油控制阀是顺应于发动机 ECU 的占空控制而控制滑阀位置和分配用于 VVT-i 控制器流到提前侧或延迟侧的油压。发动机停止时，进气气门正时是在最大延迟角度上，如图 6-25 所示。

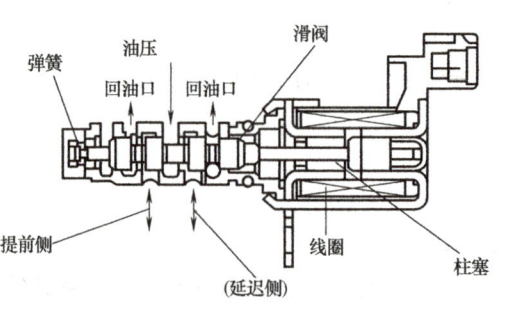

图 6-25　凸轮轴正时机油控制阀

2. 智能可变气门正时（VVT-i）系统的工作原理

以丰田进气门智能可变气门正时（VVT-i）系统为例，说明智能可变气门正时系统的控制原理。凸轮轴正时机油控制阀是根据发动机 ECU 输出的电流量，来选择流向 VVT-i 控制器的通道。VVT-i 控制器应用油压使进气凸轮轴旋转到提前、延迟或保持气门正时所应该的位置。发动机 ECU 根据发动机转速、进气量、节气门位置和冷却液温度来计算出各种运行条件下的最佳气门正时，以便控制凸轮轴正时机油控制阀。此外，发动机 ECU 使用凸轮轴位置传感器和曲轴位置传感器传出的信号用来计算实际气门正时，并进行反馈控制以达到阀的目标气门正时，如图 6-26 所示。

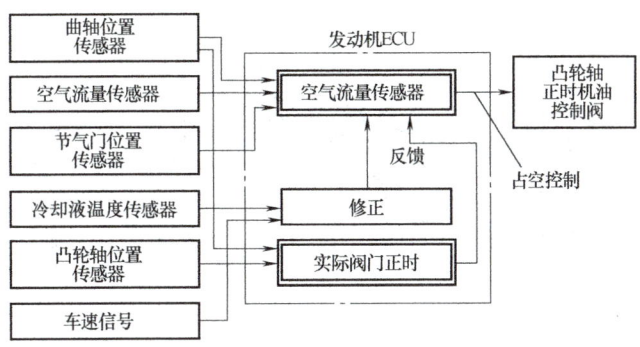

图 6-26　丰田进气门智能可变气门正时系统控制原理

1）正时提前。由发动机 ECU 所控制的凸轮轴正时机油控制阀所放置的位置，处在如图 6-27 所示的说明状态时，油压作用于气门正时提前侧的叶片室，使进气凸轮轴向气门正时的提前方向旋转。

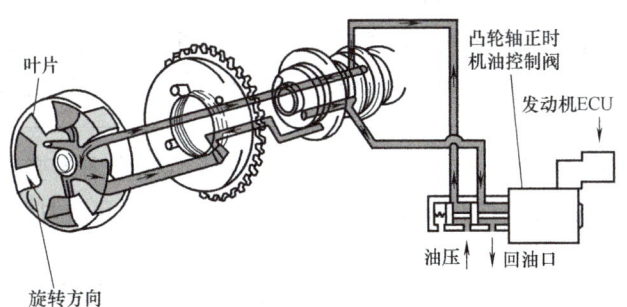

图 6-27　正时提前

2）气门延迟。由发动机 ECU 所控制的凸轮轴正时机油控制阀所放置的位置，处在如图 6-28 所示的说明状态时，油压作用于气门正时延迟侧的叶片室，使进气凸轮轴向气门正时的延迟方向旋转。

3）气门保持。发动机 ECU 根据具体的运作参数进行处理，并计算出目标气门正时角度，当达到目标气门正时以后，凸轮轴正时机油控制阀通过关闭油道来保持油压，如图 6-29 所示的说明状态，是保持现在的气门正时的状态。

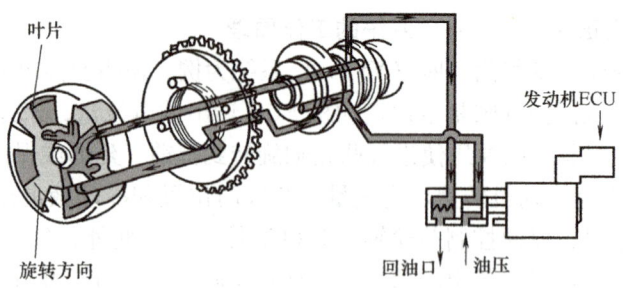

图 6-28 气门延迟

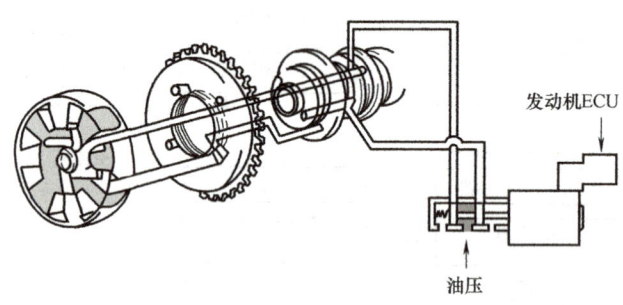

图 6-29 气门保持

二、可变气门升程

可变气门正时系统只改变气门打开的时机，却不能显著改变进气量，因此它对动力的提升帮助不大。而采用可变气门升程技术控制的发动机，气门升程能随发动机转速的改变而改变。在高转速时，采用长升程来提高进气效率，让发动机的呼吸更顺畅；在低转速时，采用短升程，能产生更大的进气负压及更多的涡流，让空气和燃油充分混合，因而提高低转速时的动力输出。

VVTL-i 系统以 VVT-i 系统为基础并应用了凸轮转换机构来改变进气和排气气门的升程，这就使在不影响燃油经济性和排放性能的前提下，而实现高动力性。

VVTL-i 装置的基本构造及运作与 VVT-i 系统相同，但还采用了能转换两个不同升程量的凸轮装置，用于改变气门的升程量。至于凸轮转换机构，发动机 ECU 依据冷却液温度传感器和曲轴位置传感器传来的信号，作为参数进行处理，并利用机油控制阀（用于 VVTL）在两个凸轮之间进行转换控制，如图 6-30 所示。

1. 智能可变气门升程（VVTL-i）系统的组成

VVTL-i 系统的构造和 VVT-i 系统的构造基本相同。VVTL-i 系统的特殊部件是用于 VVTL 机油控

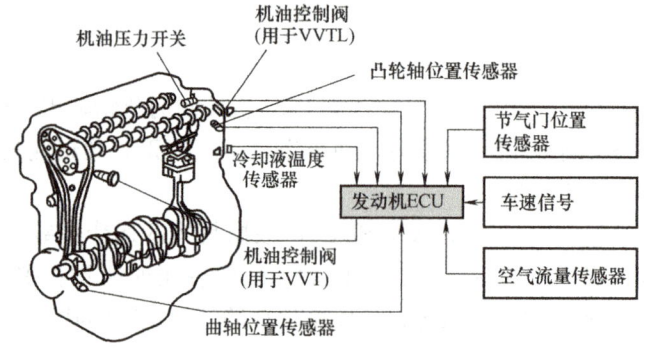

图 6-30 VVTL-i 系统

制阀、凸轮轴和摇臂。

（1）用于 VVTL 的机油控制阀　VVTL 的机油控制阀在发动机 ECU 控制下，利用对滑阀位置控制，来实施对凸轮转换机构的高速凸轮侧的油压进行控制操作的，如图 6-31 所示。

（2）凸轮轴和摇臂　为改变气门的升程量，凸轮轴上有两种类型的凸轮：每个气缸都有低-中速用凸轮和高速用凸轮。凸轮转换机构是由气门和凸轮之间的摇臂所

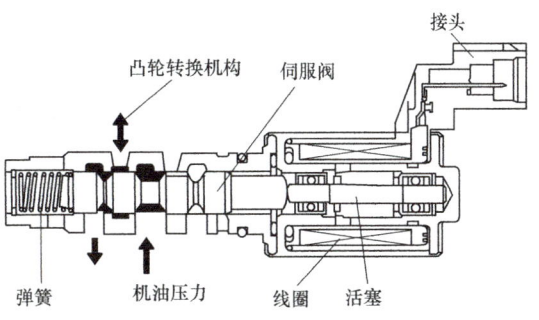

图 6-31　VVTL 的机油控制阀

构成。来自 VVTL 的机油控制阀的油压传送到摇臂的油孔并使锁销推到垫块的下方，这样垫块被固定并和高速凸轮衔接。当失去油压作用时，锁销被弹簧力送回，使垫块处于自由状态从而使垫块能在垂直方向自由移动，从而使高速用凸轮失效，如图 6-32 所示。

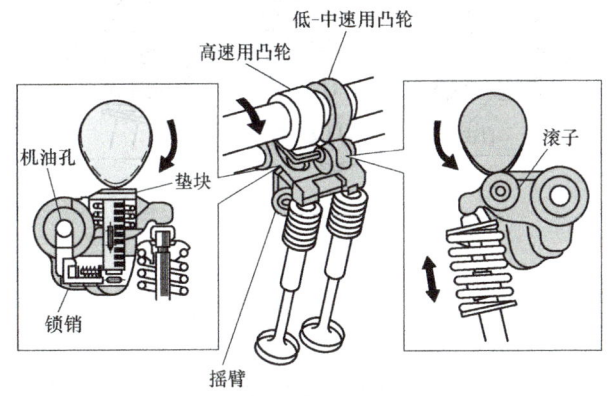

图 6-32　凸轮轴和摇臂

2. 智能可变气门升程（VVTL-i）系统的工作原理

进气和排气凸轮轴所对应的每个气缸都有两个不同的升程量的凸轮，并且发动机 ECU 通过油压来控制这些凸轮以使之运作。

1）发动机低-中速运转时（发动机转速低于 6000r/min）。如图 6-33 所示，机油控制阀打开回油口，油压不能作用在凸轮的转换机构上。如图 6-34 所示，此时油压没有作用在锁销上，弹簧将锁销推到未锁定方向。在这种情况下，垫块丧失互顶作用，这时由低-中速用凸轮揭升气门。

2）发动机高速运转时（发动机转速超过 6000r/min，冷却液温度高于 60℃）。如图 6-35所示，机油控制阀关闭回油口，以使油压作用于凸轮转换机构的高速用凸轮上。如图 6-36 所示，此时在摇臂内部，油压将锁销推到垫块的下方，以使垫块作用于摇臂。所以，在低-中速用凸轮推下（作用于）滚子之前，高速用凸轮已先推下（作用于）摇臂，由高速用凸轮提升气门。而此时，发动机 ECU 同时根据机油压力开关传送的信号探测到所使用的凸轮已转换为高速凸轮。

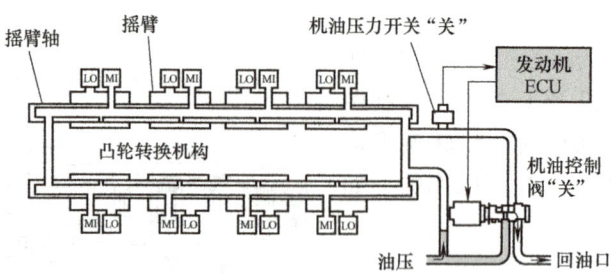

图 6-33　发动机低-中速运转（1）

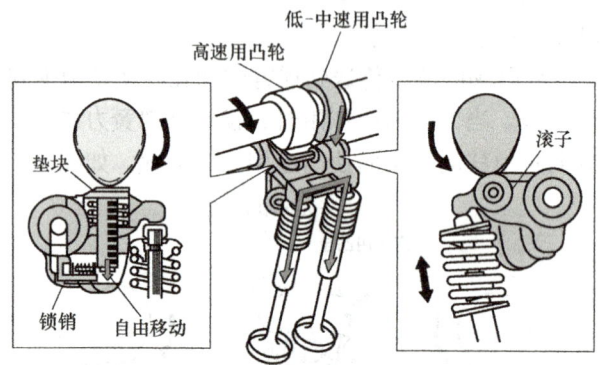

图 6-34　发动机低-中速运转（2）

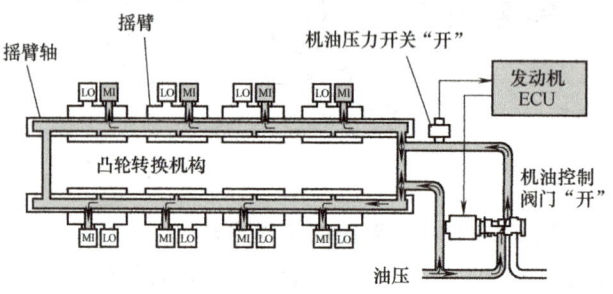

图 6-35　发动机高速运转（1）

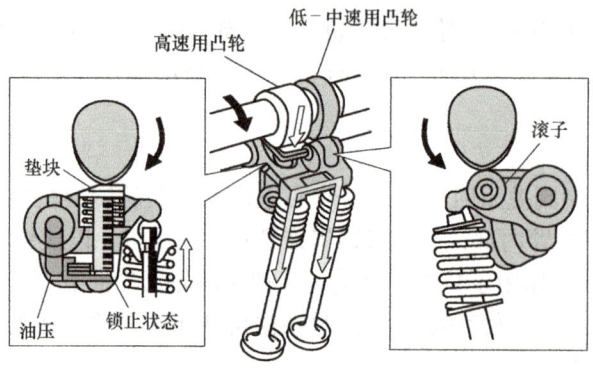

图 6-36　发动机高速运转（2）

任务实施

任务解析1　科鲁兹轿车进气凸轮轴位置执行器电磁阀

以雪佛兰2013款科鲁兹发动机采用的进气凸轮轴位置执行器电磁阀的检测为例，加以说明，图6-37为其实物图。

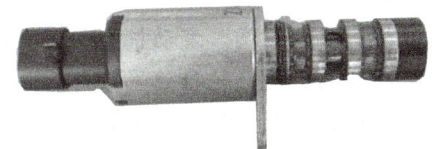

图6-37　进气凸轮轴位置执行器电磁阀实物图

任务解析2　科鲁兹轿车进气凸轮轴位置执行器电磁阀电路图解读

图6-38为进气凸轮轴位置执行器电磁阀系统电路图。

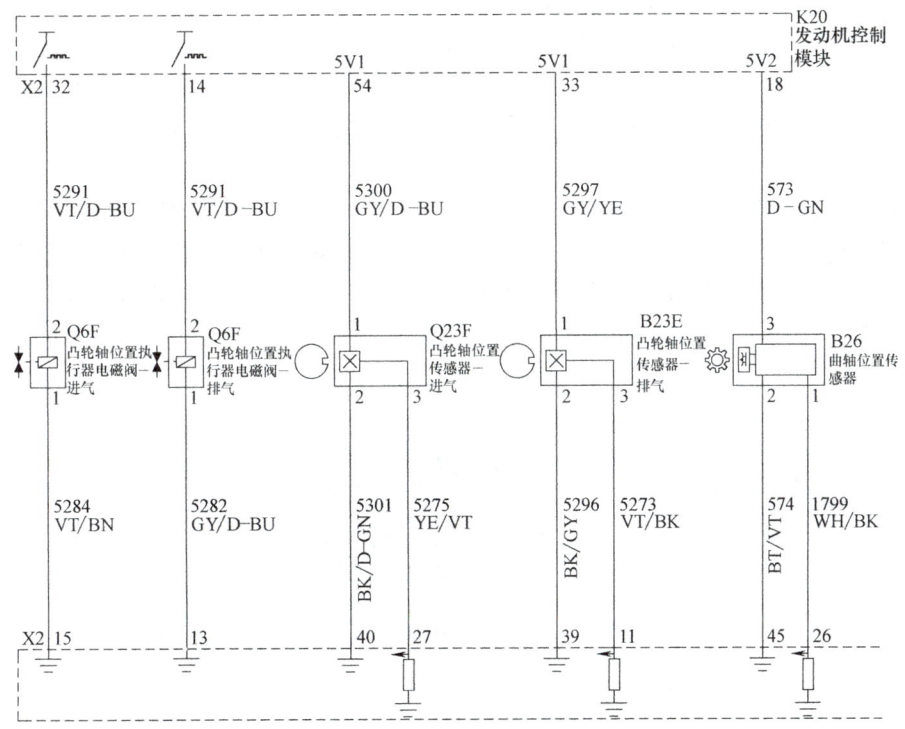

图6-38　进气凸轮轴位置执行器电磁阀系统电路图
1号线—低电平参考电压（搭铁电路）　2号线—控制电路

发动机正在运行时，进气凸轮轴位置执行器电磁阀和排气凸轮轴位置执行器电磁阀系统启用发动机控制模块以改变凸轮轴的正时。来自发动机控制模块的进气和排气凸轮轴位置执行器电磁阀信号是经过脉宽调制（PWM）的信号。发动机控制模块通过控制电磁阀的通电时间，以控制进气和排气凸轮轴位置执行器电磁阀的占空比。进气凸轮轴位置执行器电磁阀和排气凸轮轴位置执行器电磁阀控制每个凸轮轴的提前或延迟。进气凸轮轴位置执行器电磁阀和排气凸轮轴位置执行器电磁阀用控制机油流量施加压力的方法控制凸轮轴的提前或延迟。点火电压直接提供至进气凸轮轴位置执行器电磁阀和排气凸轮轴位置执行器电磁阀。发动机控制模块通过一个称为驱动器的固态装置将控制电路搭铁，从而控制进气凸轮轴位置执行器电磁阀和排气凸轮轴位置执行器电磁阀。驱动器中配备了连接到电压的一个反馈电路。发动机控制模块监测反馈电压，以确定控制电路是否断路、对地搭铁短路或对地电压短路。

科鲁兹轿车进气凸轮轴位置执行器电磁阀维修过程：

1）读取静态故障码、冻结帧和数据流。
2）检查进气凸轮轴位置执行器电磁阀的安装状态。
3）确认故障症状。起动发动机前，确认车辆周围环境是否安全。起动发动机时，观察起动状况，确认故障症状并记录症状现象。
4）动态下再次读取故障码、冻结帧和数据流。
5）将点火开关置于"OFF（关闭）"位置并关闭所有车辆系统，断开相应的 Q6F 进气凸轮轴位置执行器电磁阀的线束插接器。可能需要 2min 才能让所有车辆系统断电。测试搭铁电路端子 1 和搭铁之间的电阻是否小于 10Ω。

① 如果等于或高于 10Ω，将点火开关置于"OFF（关闭）"位置，断开蓄电池负极接线柱，断开 K20 发动机控制模块的线束插接器，测试搭铁电路端对端的电阻是否小于 2Ω。如果为 2Ω 或更大，如图 6-39 所示（图中数值为无穷大），则修理电路中的断路/电阻过大故障（断路故障）；如果小于 2Ω，如图 6-40 所示（图中数值为 0.6Ω），则更换 K20 发动机控制模块。

图 6-39　线路断路检查（1）

项目六　辅助控制系统的故障诊断与检修

图 6-40　线路断路检查（2）

② 如果小于 10Ω，如图 6-41 所示（图中数值为 0.6Ω），在控制电路端子 2 和 B + 之间连接一个数字式万用表，设定为二极管档，将点火开关置于"ON（打开）"位置，用故障诊断仪指令进气凸轮轴位置执行器电磁阀"OFF（断开）"，数字式万用表读数应高于 2.5V 或显示"O.L（过载）"，如图 6-42 所示（图中数值为无穷大）。

图 6-41　搭铁电路检查

图 6-42　控制电路检查

241

A. 如果等于或小于2.5V，将点火开关置于"OFF（关闭）"位置，断开蓄电池负极接线柱，断开K20发动机控制模块的线束插接器，再将点火开关置于"ON（打开）"位置。测试控制电路和搭铁之间的电压是否低于1V。如果是1V或更高，则修理电路上的对电压短路故障；如果低于1V，则更换K20发动机控制模块。

B. 如果高于2.5V或显示"O.L（过载）"，当使用故障诊断仪指令进气凸轮轴位置执行器电磁阀接通时，确认数字式万用表读数低于1V。

a. 如果等于或高于1V，点火开关置于"OFF（关闭）"位置，断开蓄电池负极接线柱，断开K20发动机控制模块的线束插接器，测试控制电路和搭铁之间的电阻是否为无穷大。如果电阻不为无穷大，如图6-43所示（图中数值为0.6Ω），则修理电路上的搭铁短路故障。如果电阻为无穷大，测试控制电路端对端的电阻是否小于2Ω。如果为2Ω或更大，则修理电路中的断路/电阻过大故障（断路故障）；如果小于2Ω，如图6-44所示（图中数值为0.8Ω），则更换K20发动机控制模块。

图6-43　线路短路检查

图6-44　线路断路检查

b. 如果低于1V，测试相应的Q6F进气凸轮轴位置执行器电磁阀。

部件静态测试：测试控制端子2和低电平参考电压端子1之间的电阻是否为7~12Ω。如果不在7~12Ω之间，更换相应的Q6F进气凸轮轴位置执行器电磁阀，如图6-45所示（图中数值为8.3Ω）。

6）修复后再次检查故障码和数据流。

项目六 辅助控制系统的故障诊断与检修

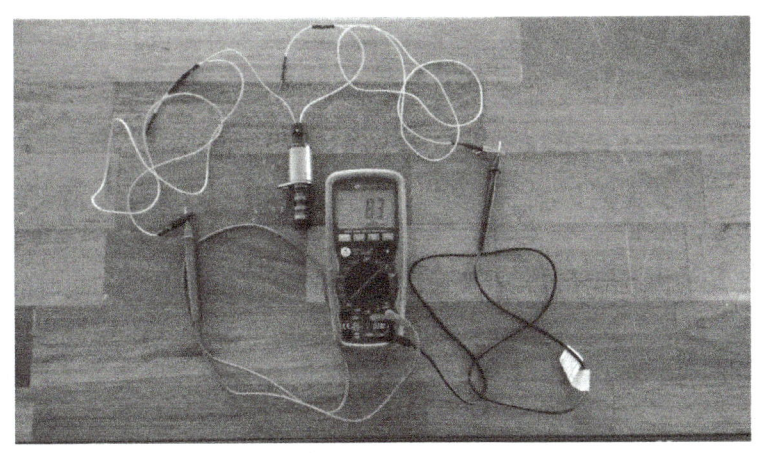

图 6-45　Q6F 进气凸轮轴位置执行器电磁阀检查

任务评价

表 6-2　任务评价表

任务名称	排气凸轮轴位置执行器电磁阀的故障诊断与检修		姓名		日期	
序　号	评价内容		要　求	分值	自评	互评
1	讲述凸轮轴位置执行器电磁阀的作用,并在发动机上指明部件所在位置		表达清楚准确	20		
2	讲述智能可变气门正时系统和智能可变气门升程系统的组成		表达清楚准确	20		
3	结合原理图能准确叙述智能可变气门升程系统的工作原理		原理图解析要清楚,思路清晰	20		
4	完成排气凸轮轴位置执行器电磁阀的诊断与检修		思路清晰,操作规范	20		
5	操作过程 5S 管理		工具摆放,场地整理按 5S 要求	20		
6	总分					
教师评语						

243

课后测评

一、填空题

1. 可变配气技术从大类上分,包括_____和_____两大类。可变气门正时(VVT)技术又可分为_____和_____两大类。
2. VVT-i 系统的构造部件包含着可通过调整进气凸轮轴转角气门正时的 VVT-i 控制器和一个控制油压的_____。
3. VVT-i 控制器由一个由定时链条驱动的外壳和_____组成。

二、简答题

1. 智能可变气门正时(VVT-i)系统的概念是什么?

2. 智能可变气门升程(VVTL-i)系统的工作原理是什么?

任务三　可变进气系统的故障诊断与检修

学习目标

1. 能准确讲述进气歧管调节电磁阀的作用,并在发动机上指明部件所在位置。
2. 能准确讲述可变进气系统的类型。
3. 结合原理图能准确叙述各类可变进气系统的工作原理。
4. 能准确规范地完成进气歧管调节电磁阀的诊断与检修。

任务描述

一辆 2013 款 1.6L 自动档科鲁兹轿车,发动机指示灯点亮,对故障车进行检测,发现进气歧管调节电磁阀故障,经维修处理后,车辆运行正常。

知识储备

在 20 世纪 80 年代末,发动机气缸已开始采用四气门结构,以提高发动机高转速时的进气效率,使发动机性能得以改善。但气门数量的增加对提高进气效率是有限的,而且要同时扩大进气歧管。一旦进气歧管口径加大,发动机在低速时,会使空气流速降低,造成低速进气效率下降，低速转矩输出小。

目前可变进气系统弥补了上述缺陷，利用进气控制阀改变进气歧管的有效长度或口径大小，提高了发动机从低速到高速的所有转速范围内的动力性。进气控制阀由 ECU 控制的真空开关阀（VSV）或真空执行器使其动作，如图 6-46 所示。

图 6-46　可变进气系统

一、可变进气系统的概念

可变进气系统是利用发动机工作时进气管道的进气动态效应来提高充气效率，以达到在发动机转速范围内增大发动机的转矩和功率的目的。

为便于分析，常将进气动态效应视为惯性效应和波动效应共同作用的结果，利用进气动态效应工作的进气系统称为"谐波控制进气系统"。

1. 进气惯性效应

进气惯性效应，一般是指利用进气行程时进气管内高速流动气体的惯性作用来提高充气效率。在发动机进气行程前期，由于活塞下行的吸入作用，气缸内产生负压。新鲜空气从进气管进入，同时传出负压波，经进气门、气道，沿进气管向外传播。当负压波传到稳压室等空腔的开口端时，又从开口端向气缸方向反射回正压波。如果进气管的长度和直径适当，从负压波发出到正压波返回到进气门所经历的时间，正好与进气门从开启到关闭所需的时间配合，即正压波返回到进气门时，正值进气门关闭前夕，从而提高了进气门的正压力，起到增压作用，达到提高充其量的效果。

2. 进气波动效应

进气波动效应，一般是指利用进气门关闭后，进气管的气体还在继续来回波动的作用来提高充气效率。在进气门关闭时，气流的波动在进气管中周而复始地来回传播，致使进气门处的压力时高时低。如果进气管的形状、长度和直径较合适，有利于压力波的反射和谐振，使正压波与下一个循环进气过程重合，就能使进气终了时的压力升高，达到提高充气效率的目的。

二、可变进气系统的结构形式

一个长度和截面面积固定的进气道，只能在一定的转速范围内有较好的动态效应和充气效果。一般在低转速工作时，较细长的进气道充气效果较好，而在高转速工作时，短而粗的进气道充气效果较好。如果采用长度可变的进气道，则可使发动机在较大的转速范围内都有较好的充气效果。

进气气流在进气管中的变化是非常复杂的，为了有效地利用进气动态效应、提高充气效率，可变进气系统分为两种类型：动力阀控制系统和进气谐振系统（ACIS）。

1. 动力阀控制系统

动力阀控制系统的功能是控制发动机进气道的空气流通截面的大小，以适应发动机不同转速和负荷时的进气量需求，从而改善发动机的动力性。在进气量较少的低速、小负荷工况下，使进气道空气流通截面积减小，提高进气流速、增大进气惯性、加强气缸内的涡流强度，以提高发动机的充气效率，改善了发动机低速性能。而在进气量较多的高速、大负荷工况下，增大进气空气流通截面积，以减小进气阻力，有利于改善发动机的高速性能。

在ECU控制的动力阀控制系统中，控制进气道空气流通截面积大小的动力阀安装在进气管上，动力阀的开闭由真空控制阀控制，ECU根据各传感器信号通过真空电磁阀（VSV）控制真空罐和真空控制阀的真空通道。真空电磁阀有常态常开型和常态常闭型两种类型。常态常开型真空电磁阀的动力阀控制系统的工作过程如下。

1）当发动机小负荷运转时，进气量较少，ECU断开真空电磁阀，真空罐中的真空进入真空控制阀，动力阀处于关闭位置，进气通道面积变小，如图6-47所示。

2）当发动机大负荷运转时，进气量较多，ECU接通真空电磁阀搭铁回路，真空罐中的真空不能进入真空控制阀，控制动力阀开启，进气通道面积变大，如图6-48所示。

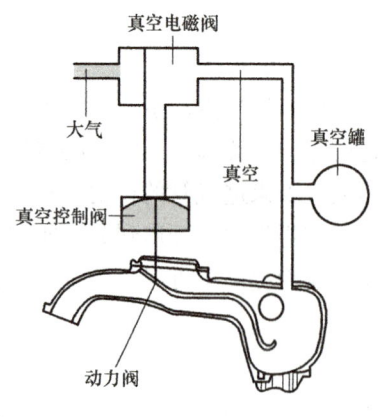
图6-47　发动机小负荷运转

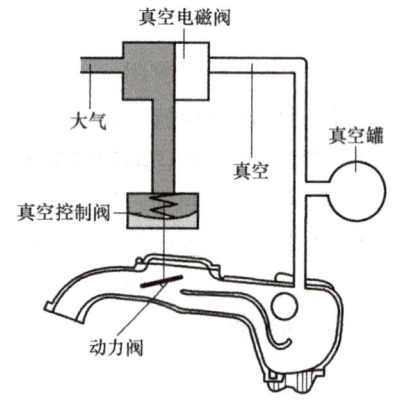
图6-48　发动机大负荷运转

2. 进气谐振控制系统

进气谐振控制系统（ACIS）通过分阶段改变进气歧管的长度，使发动机在整个转速范围内都能提高转矩输出,尤其是在低转速范围内。进气谐振控制系统对进气空气控制阀进行优化控制以实现进气歧管长度分阶段改变,ECU 主要通过参考发动机转速和节气门开度信号来控制进气空气控制阀的动作。

进气谐振控制系统有两阶段和三阶段进气歧管长度的变化。两阶段变化的进气谐振控制系统的工作原理图如图 6-49 所示。ECU 根据发动机转速和节气门开度信号控制真空电磁阀的开闭,从而控制真空罐内的真空经过真空电磁阀通往进气空气控制阀的驱动膜片气室内,驱动进气空气控制阀的开关,其工作过程如下:

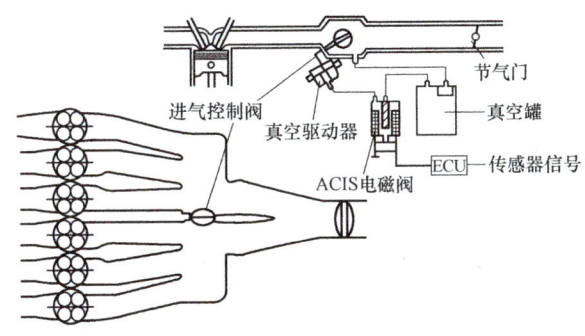

图 6-49　两阶段变化的进气谐振控制系统的工作原理图

1)低速时,真空电磁阀开启,真空罐内的真空通过真空电磁阀进入进气空气控制阀的驱动膜片气室内,进气空气控制阀关闭,进气歧管的通道变长。这一变化延伸了进气歧管的有效长度,改善了进气效率、提高了发动机在低—中转速范围内的转矩输出,如图 6-50 所示。

2)高速时,真空电磁阀关闭,真空罐内的真空不能经真空电磁阀进入进气空气控制阀的驱动膜片气室内,进气空气控制阀开启,进气歧管的通道变短,达到最大进气效率以提高转速范围内的功率输出。如图 6-51 所示。

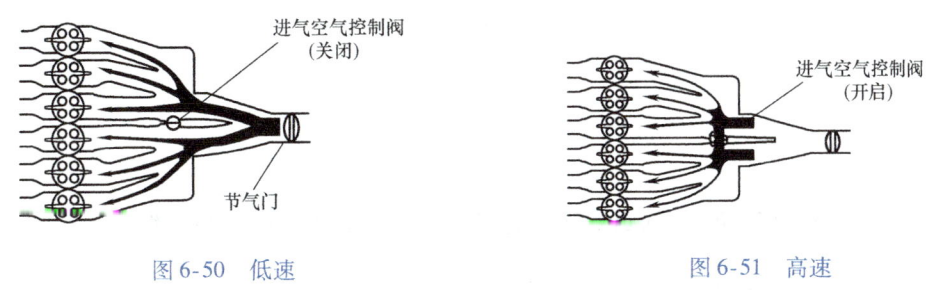

图 6-50　低速　　　　　　　　　　图 6-51　高速

其他类型的进气谐振系统的结构如图 6-52 所示,左图为发动机低速时,转换阀关闭,进气歧管变长,右图为发动机高速时,转换阀开启,进气歧管变短。

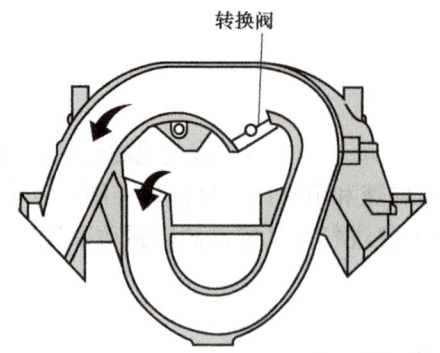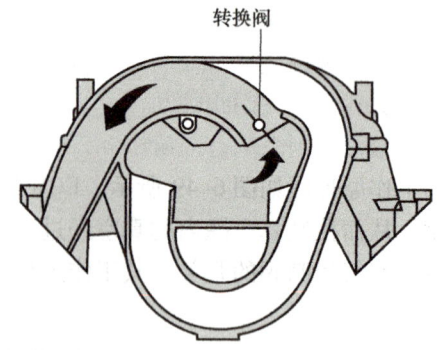

图 6-52 进气谐振系统

知识储备

任务解析 1　科鲁兹轿车进气歧管调节电磁阀

以雪佛兰 2013 款科鲁兹发动机采用的进气歧管调节电磁阀的检测为例,加以说明,图 6-53 为其实物图。

图 6-53 进气歧管调节电磁阀的实物图

任务解析 2　科鲁兹轿车进气歧管调节电磁阀电路图解读

图 6-54 为进气歧管调节电磁阀系统电路图。

直接向进气歧管调节电磁阀提供点火电压。发动机控制模块（ECM）通过内部驱动器开关使控制电路搭铁来控制进气歧管调节电磁阀。驱动器的主要功能是为进气歧管调节电磁阀提供搭铁。发动机控制模块通过监测控制电路电压来确定控制电路是否断路、对搭铁短路或对电压短路。

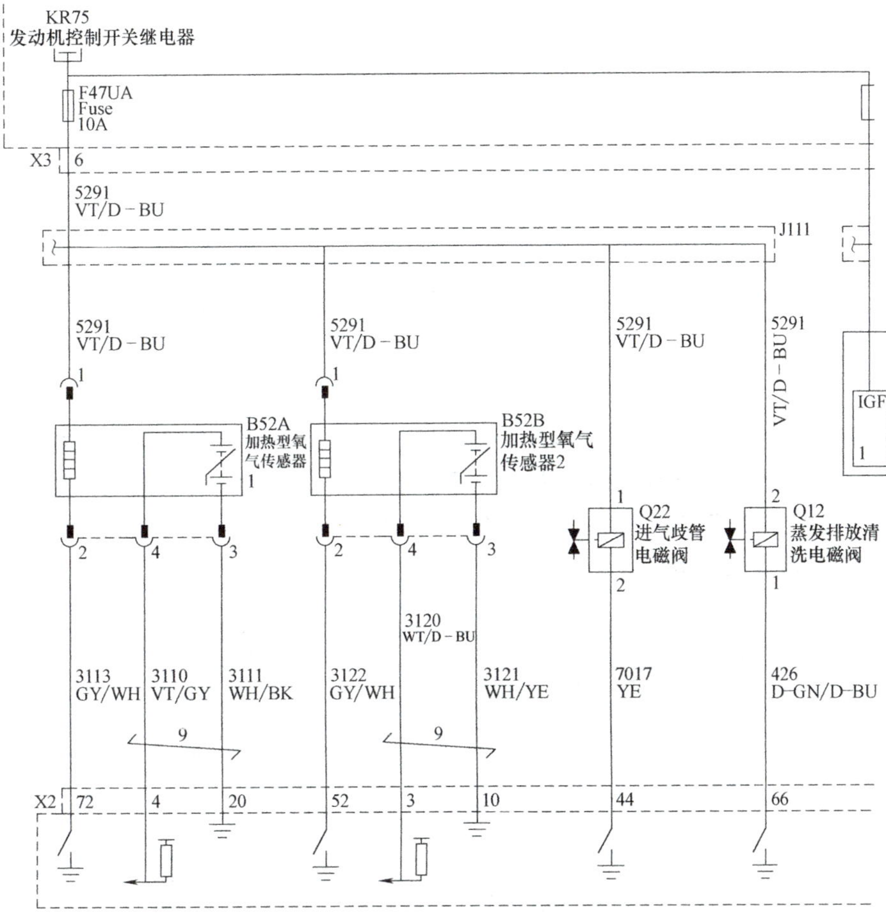

项目六 辅助控制系统的故障诊断与检修

图 6-54 进气歧管调节电磁阀系统电路图

1 号线—点火电压电路

2 号线—低电平控制电路

科鲁兹轿车进气歧管调节电磁阀维修过程：

1）读取静态故障码、冻结帧和数据流。

2）检查进气歧管调节电磁阀的安装状态。

3）确认故障症状。起动发动机前，确认车辆周围环境是否安全。起动发动机时，观察起动状况，确认故障症状并记录症状现象。

4）动态下再次读取故障码、冻结帧和数据流。

5）将点火开关置于"OFF（关闭）"位置，断开 Q22 进气歧管调节电磁阀处的线束插接器。将点火开关置于"ON（打开）"位置，确认点火电路端子 1 和搭铁之间的测试灯点亮，如图 6-55 所示（图中测试灯点亮）。

249

图 6-55　点火电压电路检查

① 如果测试灯未点亮，且电路熔丝状态良好。将点火开关置于"OFF（关闭）"位置，拆下测试灯。测试点火电路端对端的电阻是否小于2Ω。如果为2Ω或更大，则修理电路中的断路/电阻过大（断路故障），如果小于2Ω，如图6-56所示（图中数值为0.8Ω），则确认熔丝未熔断且熔丝处有电压。

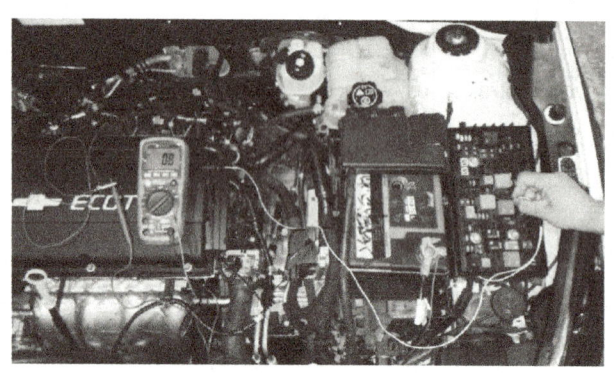

图 6-56　线路断路检查

② 如果测试灯未点亮，且电路熔丝熔断。将点火开关置于"OFF（关闭）"位置，拆下测试灯。测试点火电路和搭铁之间的电阻是否为无穷大。如果电阻不为无穷大，则修理电路上的搭铁短路故障；如果电阻为无穷大，如图6-57所示（图中数值为无穷大），则更换Q22进气歧管调节电磁阀。

③ 如果测试灯点亮，确认在控制电路端子2和点火电路端子1之间的测试灯未点亮，如图6-58所示（图中测试灯未点亮）。

A. 如果测试灯点亮，点火开关置于"OFF（关闭）"位置，断开蓄电池负极接线柱，断开K20发动机控制模块的线束插接器，测试控制电路和搭铁之间的电阻是否为无穷大。如果电阻不为无穷大，则修理电路上的搭铁短路故障；如果电阻为无穷大，如图6-59所示（图中数值为无穷大），则更换K20发动机控制模块。

图 6-57 线路短路检查（1）

图 6-58 控制电路检查

图 6-59 线路短路检查（2）

B. 如果测试灯未点亮，拆下测试灯。当用故障诊断仪指令进气歧管调节控制阀断开时，确认故障诊断仪上的"Intake Manifold Tuning Control Valve Control Circuit High Voltage Test Status（进气歧管调节控制阀控制电路电压过高测试状态）"参数为"OK（正常）"。

a. 如果未显示"OK（正常）"，将点火开关置于"OFF（关闭）"位置，断开蓄电池负极接线柱,断开 K20 发动机控制模块的线束插接器,再将点火开关置于"ON(打开)"位置,测试控制电路和搭铁之间的电压是否低于 1V。如果是 1V 或更高,则修理电路上的电压短路故障;如果低于 1V,则更换 K20 发动机控制模块。

b. 如果显示"OK(正常)",在控制电路端子 2 和点火电路端子 1 之间安装一条带 3A 熔丝的跨接线,当用故障诊断仪指令进气歧管调节控制阀断开时,确认故障诊断仪上的"Intake Manifold Tuning Control Valve Control Circuit High Voltage Test Status(进气歧管调节控制阀控制电路电压过高测试状态)"参数为"Malfunction(故障)",如图 6-60 所示。

图 6-60 控制电路检查

如果未显示故障,点火开关置于"OFF(关闭)"位置,断开蓄电池负极接线柱,断开 K20 发动机控制模块的线束插接器,测试控制电路端对端的电阻是否小于 2Ω。如果为 2Ω 或更大,则修理电路中的断路/电阻过大(断路故障);如果小于 2Ω,如图 6-61 所示(图中数值为 0.9Ω),则更换 K20 发动机控制模块。

图 6-61 线路断路检查

如果显示故障,更换 Q22 进气歧管调节电磁阀。

6)修复后再次检查故障码和数据流。

项目六 辅助控制系统的故障诊断与检修

任务评价

表 6-3 任务评价表

任务名称	进气歧管调节电磁阀的故障诊断与检修		姓名		日期	
序　号	评　价　内　容	要　　　求	分值	自评	互评	
1	讲述进气歧管调节电磁阀的作用，并在发动机上指明部件所在位置	表达清楚准确	20			
2	讲述可变进气系统的类型	表达清楚准确	20			
3	结合原理图叙述各类可变进气系统的工作原理	原理图解析要清楚，思路要清晰	20			
4	操作完成进气歧管调节电磁阀的诊断与检修	思路清晰，操作规范	20			
5	操作过程 5S	工具摆放，场地整理按 5S 要求	20			
6	总分					
教师评语						

课后测评

一、填空题

1. 为了有效地利用进气动态效应、提高充气效率，可变进气系统分为：动力阀控制系统和_____。

2. 在 ECU 控制的动力阀控制系统中，控制进气道空气流通截面积大小的动力阀安装在进气管上，动力阀的开闭由_____控制，ECU 根据各传感器信号通过真空电磁阀（VSV）控制_____和_____的真空通道。真空电磁阀有_____和_____两种类型。

3. 进气谐振控制系统（ACIS）通过分阶段改变_____，使发动机在整个转速范围内都能提高转矩输出。

4. 进气谐振控制系统有_____和_____进气歧管长度的变化。

二、简答题

1. 可变进气系统的概念是什么？

2. 动力阀控制系统的作用是什么？

附录

2013款科鲁兹轿车维修手册部分电路图

发动机控制示意图（2H0或LDE）（电源、搭铁、串行数据和故障指示灯）

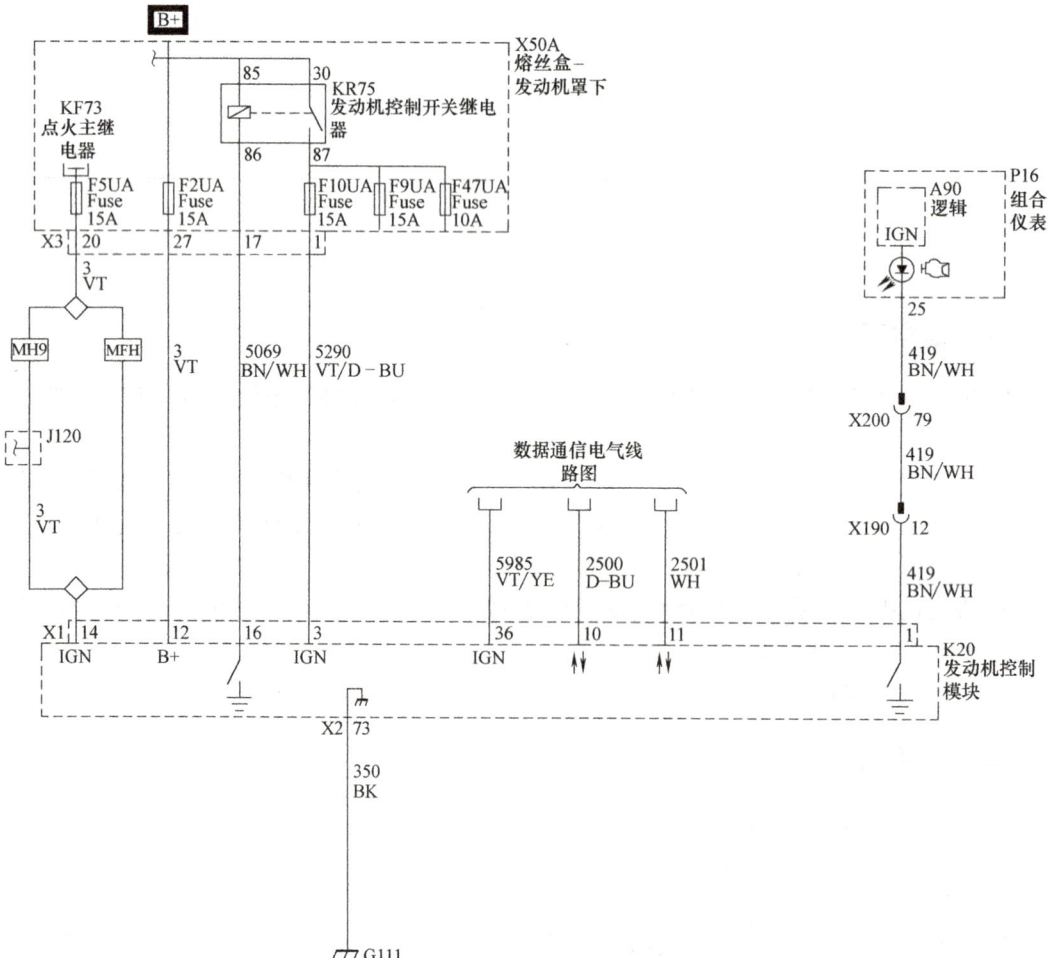

附录 2013款科鲁兹轿车维修手册部分电路图

发动机控制示意图（2H0 或 LDE）（5V 和低电平参考电压总线（第 1 页，共 2 页））

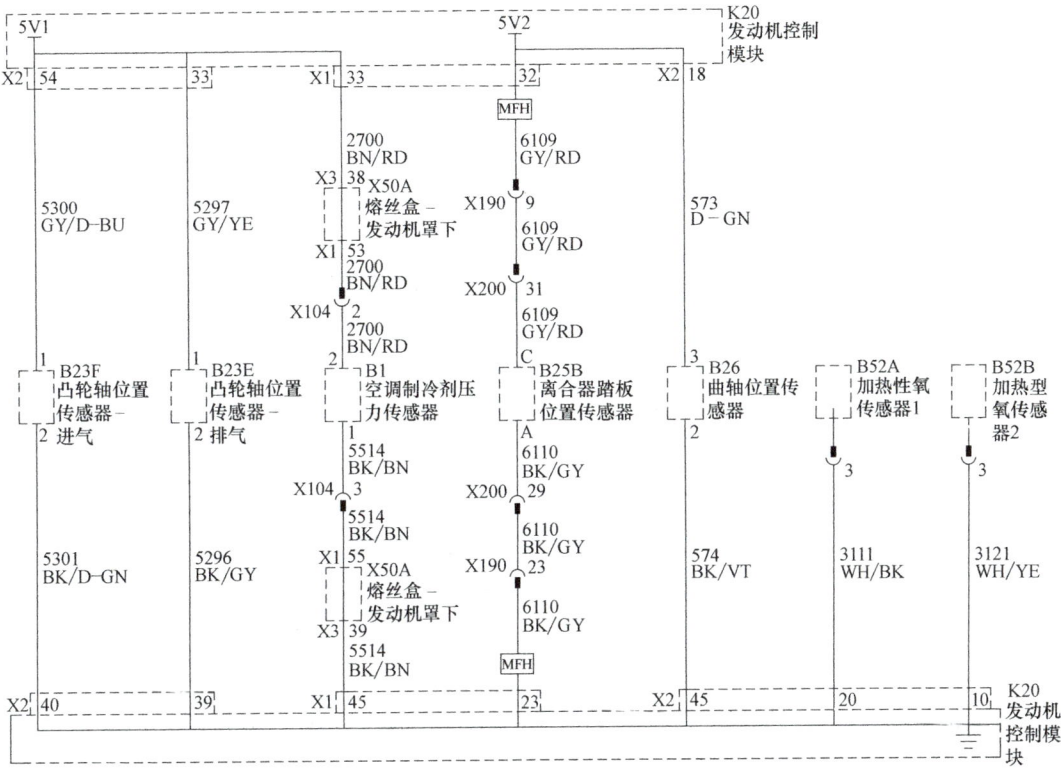

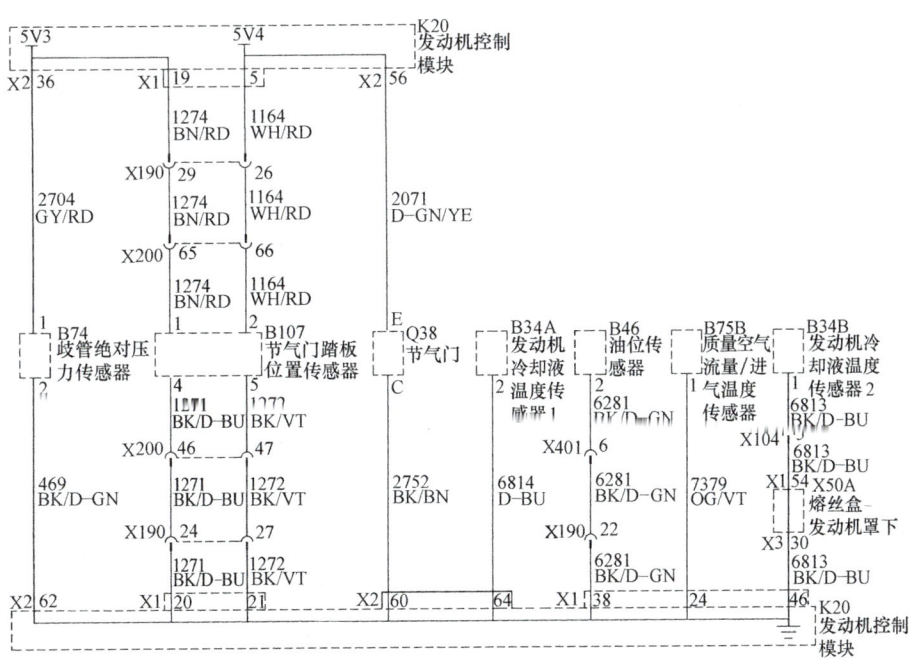

发动机控制示意图（2H0 或 LDE）（发动机数据传感器—压力和温度控制装置）

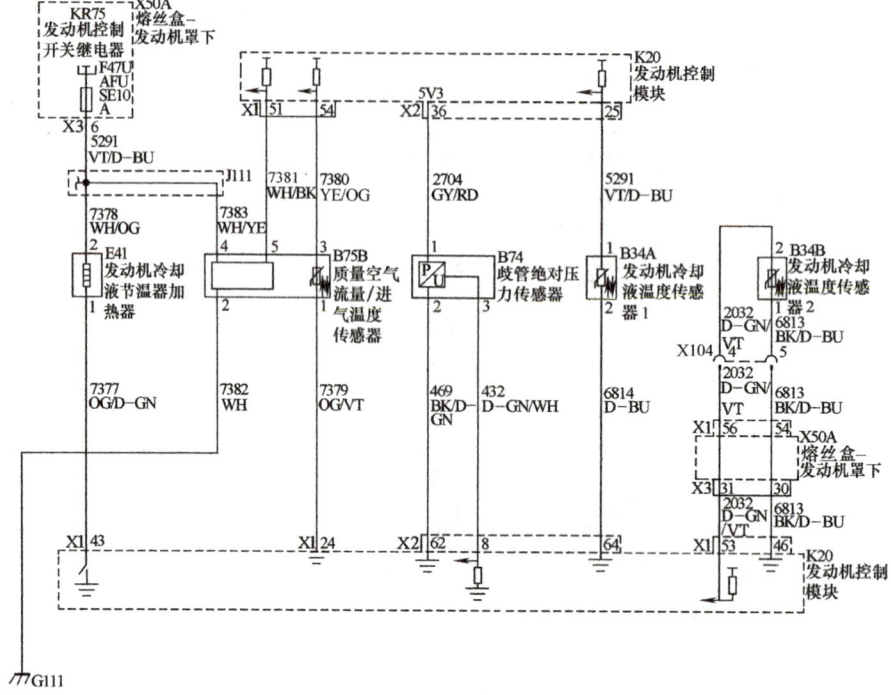

发动机控制示意图（2H0 或 LDE）（发动机数据传感器—节气门控制）

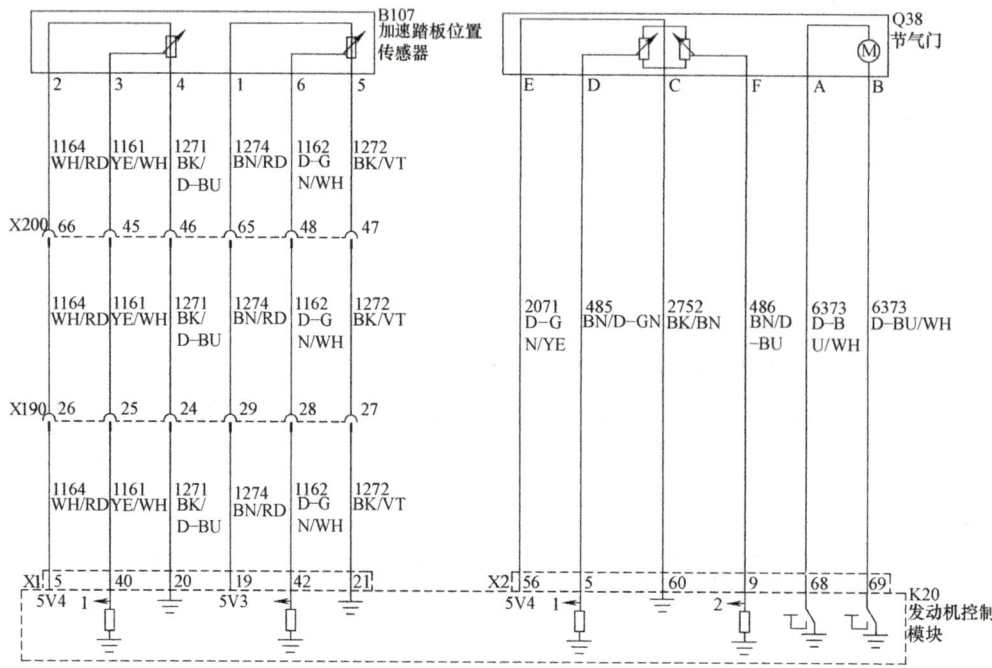

发动机控制示意图（2H0 或 LDE）（氧传感器和点火系统）

附录　2013款科鲁兹轿车维修手册部分电路图

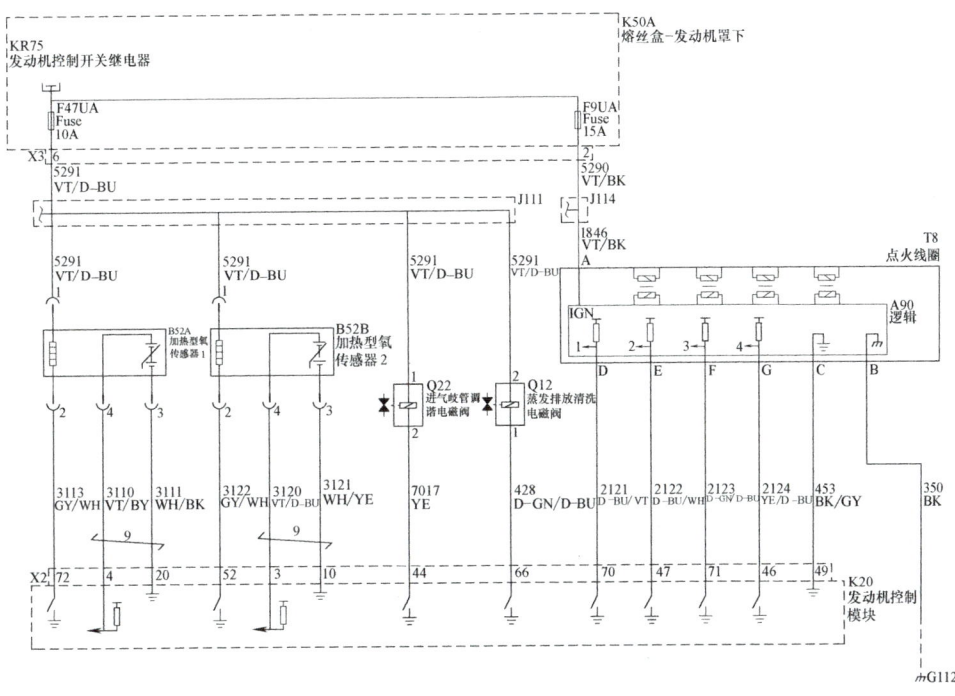

发动机控制示意图（2H0 或 LDE）（点火控制系统—凸轮轴、曲轴、爆燃传感器和凸轮轴执行器）

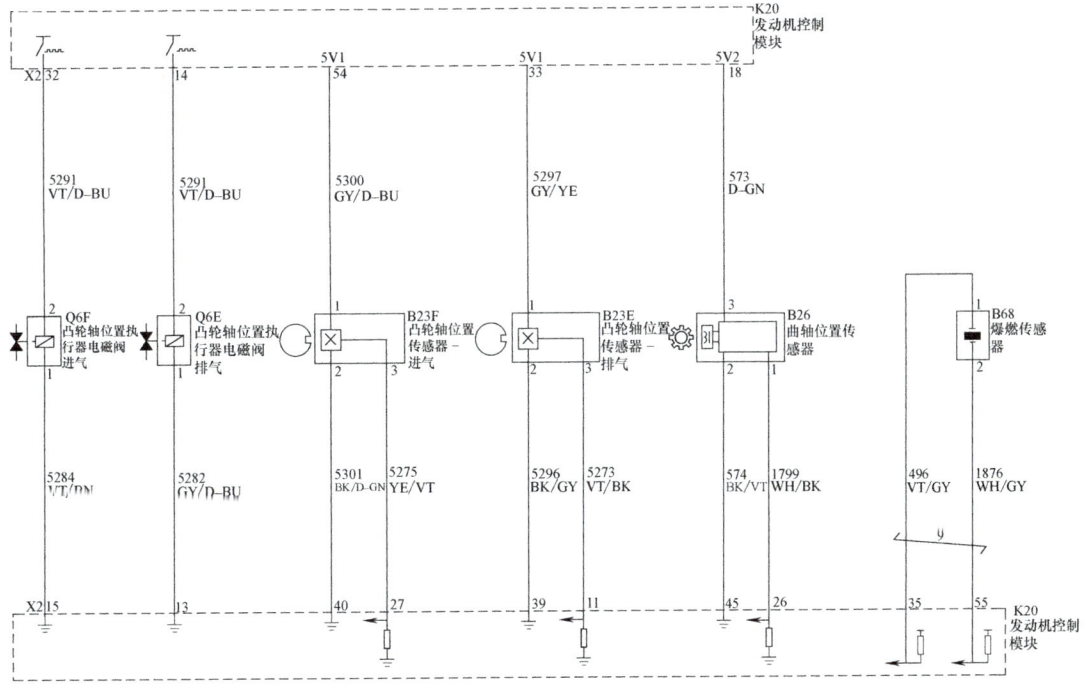

发动机控制示意图（2H0 或 LDE）（燃油控制装置—喷油器和燃油泵）

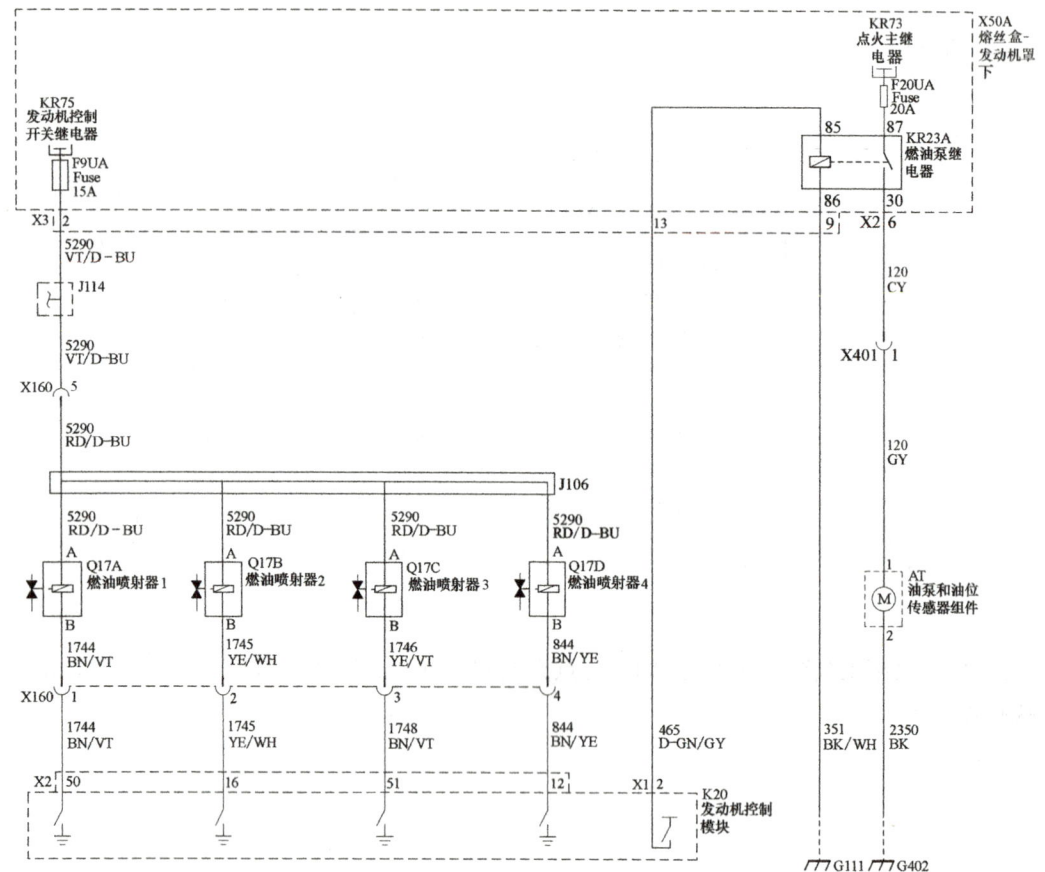

参 考 文 献

[1] 魏春源. BOSCH 汽车工程手册 [M]. 北京：北京理工大学出版社，2007.
[2] 吴森，徐尔强. BOSCH 汽油机管理系统 [M]. 北京：北京理工大学出版社，2001.
[3] 石义贤，杨维俊. 电控发动机结构原理及典型故障案例 [M]. 北京：机械工业出版社，2009.
[4] 赵振宁，李冬兵. 电控发动机原理与检修 [M]. 北京：北京理工大学出版社，2011.
[5] 毕少远. 新编电控发动机维修速成图解 [M]. 南京：江苏科学技术出版社，2008.
[6] 唐晓丹. 汽车电控发动机构造与检修彩色图册 [M]. 北京：人民交通出版社，2006.
[7] 郑烨珺. 汽车电器设备维修 [M]. 北京：机械工业出版社，2013.
[8] 张葵葵. 电控发动机原理与检测技术 [M]. 北京：机械工业出版社，2012.
[9] 陈高路，蔡北勤. 汽车发动机控制系统检测与维修工作页 [M]. 北京：人民交通出版社，2007.
[10] 人力资源和社会保障部教材办公室. 汽车电控发动机构造与维修 [M]. 北京：中国劳动社会保障出版社，2013.
[11] 邯郸北方学校. 怎样维修电控发动机 [M]. 北京：机械工业出版社，2003.
[12] 何琨，卫登科. 发动机电控系统检修 [M]. 北京：清华大学出版社，2012.